中山大学社会工作实务系列

中山大学社会工作实务系列

主编／罗观翠

社区网络与集体行动

Community Network and Collective Action

曾　鹏／著

社会科学文献出版社

SOCIAL SCIENCES ACADEMIC PRESS（CHINA）

图书在版编目（CIP）数据

社区网络与集体行动/曾鹏著．—北京：社会科学文献
出版社，2008.3
（中山大学社会工作实务系列）
ISBN 978 - 7 - 5097 - 0065 - 5

Ⅰ．社…　Ⅱ．曾…　Ⅲ．社区 - 社会工作 - 研究 - 中国
Ⅳ. D669.3

中国版本图书馆 CIP 数据核字（2008）第 016583 号

衷心感谢香港林护纪念基金会对本书的
研究和出版的支持

总　序

　　二〇〇八年伊始，虽是寒冬季节，但中山大学校园里满树的紫荆花还是让人感到温馨和生意，这不由让我想到内地社会工作的发展，也想到中山大学社会工作的发展。

　　最近几年，内地社工事业的发展犹如雨后春笋，非常迅速。特别是十六届六中全会以来，中央确定和强调要建设宏大的社会工作人才队伍，这不仅是对内地社会工作事业发展的一种鼓舞，更是对投身社工事业者的一个鞭策。

　　这些年来，本人一直致力于内地社工人才的培养和社工实务的推广，并一直尝试将两者相结合。社会工作是一门十分注重理论与实务相结合的专业，基于如此的考虑，本人于二〇〇三年创办了中山大学社会工作教育与研究中心（以下简称"社工教研中心"），一方面希望学生能以此为平台实践其理论知识，提升专业实务水平和科研能力；另一方面，也希望以此为平台，进行本土社工发展的探索。

　　社工教研中心成立以来，一直积极开拓社会工作创新及试验性服务，服务领域涉及儿童、青少年、妇女、老人、外来工和义工等，邀请并组织了一批来自香港、美国、加拿大等国家和地区的资深社工来督导学生在这些服务领域进行专业实习和探索。基于服务与学术研究并轨的宗旨，社工教研中心同时开展了一系列的社工研究，包括青少年发展、学校社工、义工管理、老年社工、家庭寄养、外来工服务模式、智障人士社会适应、社工教育、社工职业化、社会政策、服务评估等。在此种社工人才培养、社工实务推广和经验研究三结合的过程中，我们积累了一定的经验。

在推动内地社会工作事业专业化和职业化的过程中，不仅需要普及社会工作的基本知识以及理论和实务方法，同时也需要本土社工实践和探索的经验分享和总结。为国内社工界提供资讯一直是我们的宗旨和愿望，通过这些年的努力和发展，我们亦有必要跟社工界的各位同仁分享我们的实践经验和研究总结。基于如此的考虑，社工教研中心组织了一批优秀的老师进行此套丛书的编撰工作。经过各位老师的辛勤编写，"中山大学社会工作实务系列"终于付梓。

本系列丛书主要涉及学校社会工作、老年社会工作、社区工作和义工发展等专业领域。参与编写的老师不仅是优秀的社会工作从教者，也是出色的社会工作从业者，这些老师都十分注重学术研究与实务的结合，更注重香港经验与内地本土文化的融合，这一点在他们的著作中有深刻的体现。为了帮助读者在具体实务上的技巧训练和提升，达到理论与实践相结合的效果，我们还特地整理、选取和编辑了中山大学社会工作专业硕士生和本科生在800小时专业实习中的相关案例，并加入了资深社工督导的精辟分析和点评，让读者可以在实际的社工服务中举一反三，从而进一步提高专业素质。我热切希望，"中山大学社会工作实务系列"能够为内地的社工从业界和教育界提供专业支持和经验参考，对社工界同仁有所助益。

中大校园生机勃勃，我坚信内地社工事业在我们社工界同仁的一起努力下，也必将愈发欣欣向荣！

是为序。

中山大学政务学院教授

中山大学社会工作教育与研究中心主任

丛书主编　罗观翠教授

二〇〇七年十一月于康乐园

序
社会结构断裂与社会行动

高速的社会经济发展，其中一个后果是社会结构的断裂，这是曾鹏在其论著中所指出目前的一个社会现象。

无可否认，社会结构是动态的，它必然随着社会变迁而有所改变，社会结构为不同阶层人士缔造生活环境，当中有一定的秩序和规范；为个人成长的每一个阶段，从幼儿照顾到学校、医疗服务、工作与职业组织、政府行政系统、文化、宗教、政治、乡亲、邻里、家族、社区等组织提供了行为守则、价值观，又设定了社会期望；为个人的社会身份、社会关系提供了直接和间接的指标。换言之，人基本是生活在社会体系中，彼此是联系着的，也就是因为这种联系需要，产生了文化规范，文化规范提升成为明文的法则与规则，作为分配社会资源、权利与义务的依据，社会成员获得了生存的安全感与生活秩序。

由于外在环境，如天灾、战乱，或内在环境、政治改革、政府更换或制度改变，社会结构一贯的秩序受到干扰，人就要面对两种可能性：一是改变自己的期望、行为模式，接受改变以作为改善或保障自己生活的交换条件；另一种可能性是做出消极或积极的抗衡行为，以期可以保障自己既有的权益或防止自己的利益受剥夺。若社会结构产生剧烈转变，在新与旧制度之间缺乏有效的过渡结构，成员便难以从一种结构形态慢慢调适心态与行为方式，通过转型而逐渐过渡到另一种制度，就像小学升到中学、由结婚到生子、由学生到社会就业，这些都须经过长时间的学习和心理准备以适应改变。

剧烈的转变，顾名思义是来得突然，缺乏改变前的准备，以至于有关体系忽然失去了接合点，这令依附于社会结构的秩序骤然失效，却又没有可替代机制，引致一些体系利用这些空隙霍抢其他成员的利益，较弱势的群体因以往的保护机制失效而无从抗衡。

曾鹏的论文就是针对社会结构断裂所产生的社会后果所做的一个实证研究。社会结构紧密或疏离、成员间社会地位的高低与拥有资源的多少，催生不同形态的社会网络，社会网络研究是近年不少从事行为科学学者关注的议题。社会网络影响了成员对社会事物的态度。而在抗衡社会结构断裂的当前，社会网络是社会行动决定性的因素，这是曾鹏在其研究中一项重要的发现。

在商品房日渐成为居民所追求的经济成就，社会结构也骤然制造了大量新的社会角色，如发展商、物业管理公司、业主等，因而在商品房小区出现相关新的社会结构，如业主委员会。

虽然改革开放政策承认私有产权，但对私有产权的保护还未有形成明确的行政程序，某些物业管理公司便有机可乘，做出种种侵犯业主权益的行动，而旧有小区管理体系，特别是居委会，对物业管理公司却未能发挥制衡的作用，这在成熟型的市场经济体系中看似荒诞的事情，却经常在不同的新商品房小区出现。在市场经济体系里，物管公司受聘于业管会，理应受命于业主，并为其提供服务，以业主的满意度为公司生存的指标。可是目前，发展商与物管公司往往连成一线，剥夺业主的利益，曾鹏的研究是一个鲜明的案例，指出社会断裂对群众利益产生的负面效果。而群众能否做出抗衡，其中重要的因素乃在其可动员的社会网络。在众多有关社会网络形态及相关的社会效果研究中，曾鹏提出社会网络与社会行动的相关性是非常重要的，他指出融合性的社会网络与离散性的社会网络对成员是否采取社会行动，无论在动机、决策、以至行动形式、效果等，都有不同程度的影响。再进一步而言，当个人认为在安全或利益受到威胁时，其所采用的防卫机制，以个人行动为主或诉诸集体行动，皆会因应其依附的社会网络性质做出不同的考虑。这一研究成果在以下方面都有启示作用，例如：（1）管理者与被管理者的关系；（2）社会网络的形成、维系与持续发展；（3）社会结构断裂对社会网络产生影响；（4）集体行动的启动与运行因素；（5）集体行动的成员间的角色与身份的转换，领导与成员间的互动元素等。

多角度的考虑，皆说明社会网络是动态的，虽然曾鹏在研究中发现其属性：融合性或离散性，由一定的社会背景因素产生，例如主要成员的社会阶层与拥有资源的多少等，但亦需要考虑其在发展阶段影响其转变的其他未被发掘的因素，在这项研究中，只采用两个不同社会背景的小区做比较研究，固然提供了重要的案例作为范本，但社会网络的动态，特别在市场经济急速发展所引发的社会断裂状态，其发展轨迹及对社会行动的触动，有必要做进一步深入探讨，以更全面地了解融合性与离散性社区网络的变化，及相关社会行动的其他可能性。

社会工作者，特别是社区工作者，对社会行动的课题要加强认识及研究，因为社区工作，经常面对的是群众事务，不论大小政府政策或社会事件，人际关系矛盾，皆会成为社会行动的导火线。社区工作人员要有高的敏感度，留意区内社会网络的动态，适当地介入。因此，社会行动研究，是社区工作人员重要的参考资料，为他们提供有用的理性分析工具，作为制定服务策略的基础。

罗观翠博士
中山大学政务学院教授
二〇〇七年十一月于香港

中 文 摘 要

转型时期，中国社会结构发生了急剧的变迁和分化。经济体制的变革造就了大量的利益受损群体，面对不公正的社会结构和不公正的利益分化机制，很多社会成员产生了社会不满和社会怨恨。由于严重滞后的政治体制难以为这些社会怨恨提供制度化的释放渠道，造成了社会怨恨的长期积压。在这样的社会情境下，一些弱势群体被迫将集体行动视为释放社会怨恨的主要渠道。

尽管面对的是同样的社会情境，但不同的抗议性集体行动并非一致，这些集体行动在生发可能性、表现形态和绩效上存在巨大差距。可见，社会结构并非集体行动的唯一决定性因素，本研究把正处于急剧变迁和分化中的转型社会作为不同集体行动的共同社会情境，聚焦于"社会网络与集体行动的相关性问题"，试图考察不同的社会网络如何影响集体行动生发的可能性、表现形态和行动绩效。由于本研究要考察的集体行动主要是发生在社区层面的集体行动，所以本研究主要考察的对象也就是社区网络对集体行动的影响。本研究将社区网络对集体行动的影响分成 3 个维度来加以考察。

其一，考察社区网络对集体行动生发可能性的影响。本研究主要分析社区网络对集体行动的微观动力机制的影响，即不同的社区网络对意义建构、理性计算和情感生成等个体行动选择的制约因素的影响。通过比较两种不同的社区网络（融合性社区网络和离散型社区网络）对集体行动 3 种动力机制的作用，发现融合性社区网络与离散性社区网络相比更能强化这 3 种动力机制，对个体行动者产生更强的动员潜能，因而更有可能提高集体行动生发的可能性。

其二，考察社区网络对集体行动表现形态的影响。笔者主要分析比较融合性社区网络与离散社区网络对集体行动的规模、组织化程度和暴力程度的影响。结果表明，融合性社区网络比离散型社区网络更能扩大集体行动的规模、更能提高集体行动的组织化程度但同时也更可能降低集体行动的暴力程度。

其三，考察社区网络对集体行动绩效的影响。笔者主要对不同特性的社区网络中发生的集体行动的群体绩效和社会绩效进行了比较。结果发现，就群体绩效而言，融合性社区网络中的集体行动的社区行动成本更低、且更可能融洽社区关系和提高社区声望；就社会绩效而言，融合性社区网络中的集体行动更可能降低社会破坏力、更有利于释放社会怨恨、提高社会系统的协调能力和促进社会整合。

总体而言，社区网络对集体行动的可能性、表现形态和绩效都产生显著性影响。其中融合性社区网络能产生促进集体行动准制度化（注：相对于集体行动制度化而言）的作用机制，即融合性社区网络在提高集体行动生发可能性的同时也降低了集体行动的社会破坏力。也就是说，融合性社区网络有利于社会怨恨通过集体行动及时有效适度地加以释放，促进社会整合。

这一发现对政府和社会工作者而言具有重要的指导意义，面对当下长期积压亟待释放的社会怨恨，面对业已形成的强势利益集团，集体行动制度化遭遇重重阻力的社会情境，要使社会怨恨能够得到及时有效适度的释放，建构一个有助于集体行动准制度化的作用机制不失为一种可取之道。研究表明，融合性社区网络就是一种为转型时期的高压社会"舒气降压"的集体行动准制度化机制。笔者结合融合性社区网络建构的经验，发现对当前新型社区网络建构影响显著的3种重要因素：人际吸引、互动空间和交往实践，然后提出改革现行社区体制的新方案，通过改革，将目前新型都市社区的"单边垄断型"社区关系模式转变为"多边互赖型"社区关系模式，促进社区网络的融合；同时，提出社区工作者介入社区网络建构的创新实务模式，社区工作者应致力于促进社区人际吸引、创设社区互动空间和增进社区交往实践，从而达致建构融合性社区网络、推进和谐社区建设的目标。

本研究主要采用定性研究方式，辅之以定量研究。运用文献法、调查法、访谈法和实地观察法等等来收集资料。在收集资料的基础上，对选取的两个典型个案进行比较，通过比较研究来考察不同特性的社区网络对集体行动的影响。

本研究的不足主要是收集的资料尚待深入挖掘，理论层次亦待进一步提高。

关键词： 社区网络　集体行动　生发可能性　表现形态
　　　　　绩效　准制度化机制

Abstract

In the transition period, China has undergone dramatic changes in so-
cial structure and social division. The changes in the economic system
has created a lot of interests groups, in the face of the iniquitous social
structures and the unjust interests-divided mechanisms, many members
of the society have a dissatisfaction and resentment. But the political
system that seriously fell behind is difficult to provide the institutiona-
lized channels to release the social resentment, make the social resent-
ment keep long in stock. In this social situations, some groups regard
the collective action as t the dominant channels to release the social re-
sentment.

Faced with the same social situation, but the collective actions of differ-
ent protest-groups is not unanimous, and the possibilities of collective
action, Consequences and performance patterns have huge disparities.
Thus, the social structure is not the only decisive factor to collective ac-
tion. The study will focus on the relevance between social networks
and collective action, in an attempt to study different social networks
how to affect the possibility of collective action, performance patterns
and Consequences. As a result of the collective action researched is pri-
marily the community-level collective action, the main mission is to re-
search the community networks how to affect collective action.

To inspect the relevance between the community network and the pos-
sibility of collective action, the research mainly analysis the community

networks how to impact the micro-power mechanisms of collective action. Namely, the different community networks how to impact meaning-construction, how to affect the rational calculation and emotion-generation. Through comparing effects of two different community network (integrated community networks and separated community networks) to the three driving forces mechanism of collective action, found that the integrated community networks is more likely to strengthen three motivation mechanism, supply a stronger mobilizable potential for the individual actors, thus more likely to raise possibilities of the collective action than the separated community networks.

In order to inspect the relevance between the community network and the performance patterns of the collective action, the author primarily analyses and compares the integrated community networks and the separated community networks how to affect the size and the level of systematization and violence of the collective action. The consequence shows that the integrated community networks is more likely to expand the size of the collective action, improve the systematization and reduce the level of violence in the collective action.

To analysis the relevance between the community network and the effects of the collective action, the author mostly compares the groups effects and social effects of the collective actions happening in the different community network, and found that, on the groups performance, the cost of the collective action in integrated community networks is cheaper, and more likely to make community relations harmonious and enhance the community prestige; on social performance, the collective action in the integrated community networks is more likely to reduce the social destructive power, is more conducive to release the social resentment and improve the harmonious capacity of social systems and put spurs to the social integration.

In short, the integrated community networks on the one hand raise the possibility of the generation of the collective action, on the other hand reduce the level of violence and the social damage of collective action, and promote social integration. Therefore, the collective action in the integrated community networks is more similar to institutionalized collective action in western society.

This discovery is of great significance in guiding to the government and the social workers. In the face of the backlog of social resentment that is eager to release, in the face of the powerful interest groups have been formed, in the face of the social environment that the institutionalization of the collective action fall across numerous resistance, for social resentment can be timely and modest release, it's good way to belgrade and relief in Social transformation, namely, to construct the community networks that help to raise the possibility of the collective action, on the other hand reduce the destructive power to the contemporary society. The author integrate with the experience in building the integrated community network in KC area, put forward three important factors that have significant impact in constructing the new-style community networks. interpersonal charm, interactive space and intercourse practice, and provide the programme to reform community institutions and the substantive model community workers how to involved in constructing the community networks.

Keyword: Community network, Performance,
　　　　　　Collective action, Performance patterns,
　　　　　　Homothetic institutionalization-mechanism

目 录

Contents

每到周二、周四、周六的晚上，KC小区的歌唱爱好者聚在一起高歌

每年举行的楼栋之间的篮球赛事为KC业主及其家属增进了交往实践机会

KC 小区业主维权大会一角

开发商与 KC 小区维权委员会的成员就规划路事件进行沟通

DT 物业公司保安与 JD 小区的业主正处于对峙状态

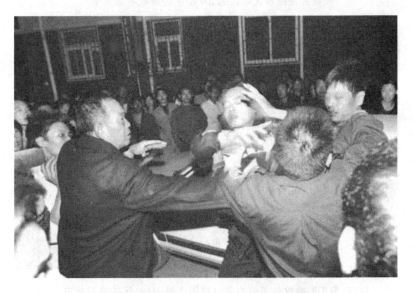

JD 小区的业主与 DT 物业公司的保安发生肢体冲突

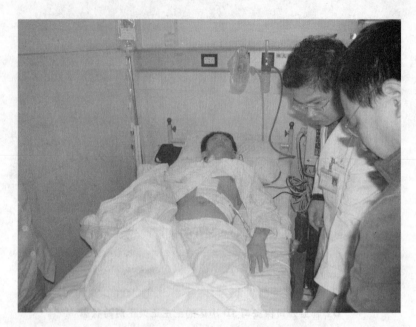

被开发商雇人砍伤的 JD 小区的维权积极分子

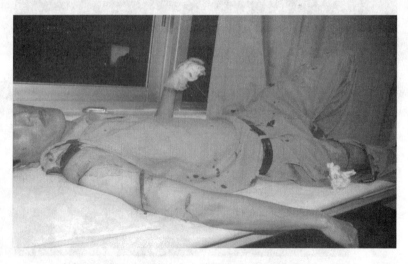

在与 DT 物业公司的冲突中被划伤的 JD 小区的维权业主

第一章
中国转型期冲突性集体行动的
宏观情境

　　体制转轨是对社会利益分配格局的重大调整，在此过程中会有一部分人不可避免地因为相对利益受损而萌生社会怨恨；而强势阶层为了维护和增加其既得利益，直接或间接地借助公共权力干预利益分配，则使社会怨恨更加迅速地扩大。在社会怨恨快速生产的同时，弱势阶层制度化的利益表达渠道却在一定程度上淤塞而日渐失效。这就是转型时期冲突性集体行动的社会情境。于是，转型过程里的中国如同一个大气罐，一方面怨气在不断地生产和积聚，另一方面"安全阀"的泄气降压功能在一定程度上失灵。要防止这个气罐爆裂，一方面应该停止怨气的生产，另一方面应当修好安全阀。如果什么都不做或者变本加厉地增加气罐启动压力，则后果是可想而知的。

　　转型过程中的中国确实创造了令世人瞩目的经济奇迹，但与此同时社会不满以及表达不满的群体性事件也有惊人的增长。2005 年发表的《社会蓝皮书》表明，这类群体性事件由 1994 年的 1 万起增加到 2003 年的 6 万起，而且规模不断扩大，参与群体性事件的人数年平均增长 12%，由 73 万多人增加到 307 万多人，其中百人以上的由 1994 年的 1400 起增加到 2003 年的 7000 多起（汝信、陆学艺、李培林，2004）。另据全国总工会提供的数字，1992 年到 1997 年间，每年卷入劳动纠纷的工人人数大约在 126 万。① 一份官方资料指出，1995 年，在 30 多个城市里发生的与工人有关的示威活动中，参与人数超过了 100 万；②1998 年，参加这类示威的工人人数进一步上升到 360 万。③ 同时，全国各省（区、市）县级以上党政信访部门受理的群众集体上访批次、人次迅速增加，2000 年分别比 1995 年上升 2.8 倍和 2.6倍。仅国务院信访局受理的群众集体上访批次和人次，2000 年就比上年上升 36.8% 和 45.5%，2001 年又比 2000 年上升了 36.4%和 38.7%（程浩、黄卫平、汪永成，2003）。此外，在农民抗税和土地维权中，由于冲突双方的争议无法协调，导致农民维权抗争的方式不断升级，由到政府机构门前静坐、游行示威发展到高速公路、铁路上静坐；尽管中央明文禁止使用警力，但一些地方政府为平息农民的抗争还是动用警力对待维权的农民，引起了一定规模的警农冲突。④

以上资料表明，转型时期的群体性事件不论在数量、规模、频率、范围和强度上都呈现惊人的增长态势，这种态势无疑对社会稳定与和谐构成威胁。应当如何看待和处理这些群体性事件呢？若运用消极和强硬的方式来压制参与者，可能奏效一时，但治标不治本。要想达到长期的社会稳定与和谐，就应当透过这些群体事件的表象，探究社会不满的真正根源，这才是对国家对民族负责任的态度。

第一节　转型时期导致社会不公正的结构再造

自改革开始至今已将近 30 年了，目前社会结构正日趋断裂

---

① 全国总工会研究室，1999：40。
② FBIS-CHI-96-007，19 April 1996。
③ South China Morning Post, 26 March 1999.
④ 于建嵘：《农民土地维权抗争的调查》，《中国经济时报》，2005 年 6 月 21 日。

和固化，一个由政治精英、经济精英和部分知识精英结成的同盟如同巨大的水泵和严守城门的卫士，将稀缺的资源源源不断地向社会上层输送和积聚，而同时却将社会大众排除在资源共享和规则制定之外。

改革前的中国社会，国家垄断了几乎所有重要的稀缺资源（孙立平，1996）。举凡土地、有形财富、收入等物质性资源，权力、声望等关系性资源，教育、信息等文化性资源，全部都由政府垄断。国家通过强制性的资源配置方式分配社会财富，虽然在一定程度和某些范围里分配得相对比较平均，但并未实现社会的公正；相反，这种分配方式造就了一个不公正的等级社会。

首先，再分配权力自上而下的授受方式造就了一个特权阶层——干部或国家代理人。这个阶层拥有对社会资源再分配的特权，在这种体制内，与其说是政府直接或间接地垄断着各种社会资源，倒不如说是干部或国家代理人（精英阶层）以"国家"的名义控制着稀缺资源的分配权。在社会资源的再分配方面，再分配者（国家代理人）相对而言是自私的，总是以福利、价格补贴的方式，使自己在使用、租用以及购买国家供给的公共物资和消费品时处于有利地位（Ivan Szelenyi，1978）。而普通民众为了在资源分配中维护或增进自我利益，就不得不对掌握资源配置权的干部（或国家代理人）表示服从甚至忠顺，从而形成了全面的依附型等级关系。其次，这种再分配方式是在某些阶层内部实行相对的平均主义，而在阶层之间则按照等级化的社会阶梯和权力体系来安排资源的占用。严格的户籍制度和资源向城市倾斜的经济政策便是其典型特征，这造成了城乡社会分割的二元格局（谢海定，2003）和工农之间在身份等级和财富占有上的悬殊差距。再次，国家在一定历时阶段按照民众的政治态度和个人历史上的身份实行歧视性政治和社会政策，将当权者不认可或欲打击的人定义为"地富反坏右"、"叛徒"、"特务"、"走资派"、"反动学术权威"等专政对象（徐贲，2005），这些专政对象及其亲属因此沦为下等公民。结果中国社会被从政治经济上分割成一个以身份为主要划分标准的不公正的等级社会，其中各社会群体由高向低排列依次为干部、工人、农民、专政对象。

再分配体制窒息了社会发展的动力，引起了经济衰退，产生了不公正的社会结构，由此造成的政治冲突在 20 世纪 70 年代末几乎使国家政权遭遇合法性危机，从而引发了由邓小平所主导的使再分配体制向市场体制转轨的变革。改革开放虽然使一部分人先富起来，社会的总财富也迅速增加，但这种经济繁荣在某种程度上也以牺牲社会公正为代价。从 20 世纪 80 年代初开始至今的20 多年里，中国社会逐渐形成了政治精英（官僚集团）、经济精英和部分知识精英垄断的权力资本经济形态，社会公正原则被扩张（致富）欲望严重扭曲，于是在社会分配的规则、机会、过程和结果方面出现了公正性困境。社会公正的愿景不仅难见端倪，反而渐行渐远，一种新的不公正结构正在取代原有的不公正结构。改革中出现的这种不公正结构主要表现为贫富分化、社会结构刚性化和社会结构断裂和固化。

（一）　社会结构的断裂

早在 20 世纪 90 年代初，就有不少社会学家关注日趋严重的贫富分化现象，他们的实证研究主要集中在 3 个方面，即阶层差距、城乡差距和中间阶层的发育状况。

按国际通行的基尼系数衡量，中国的基尼系数按最保守的估计也已达到 0.40，相当于国际上中等的不公平程度；而大多数专家的相关研究发现，中国现在的基尼系数实际上高达 0.458，有的学者甚至认为在 0.49 以上，换言之，这样的基尼系数表明收入分配的社会不公已大大超出了合理的范围。[①]

若按照五等分法按收入高低分组，中国总户数中 20% 最富有户的收入占全社会收入的 51% 以上，而 20% 低收入户只占 4% 左

---

① 吴忠民：《贫富差距合理论有误？专家撰文挑战权威》，《中国经济时报》，2003 年 3 月 28 日；《改革内参》2003 年第 4 期。

右，两者之比从改革初期的 4.50∶1 扩大到 12.66∶1，这一差距今后还会进一步扩大。

还可以按照最富和与最穷的差距来比较。2001 年度《福布斯》排名显示，2000 年中国最富有的前 50 名富豪的财富之和为 100 亿美元，而该年陕西、宁夏、青海、云南、甘肃、贵州 6 省区的人均年纯收入为 1464 元，50 个富豪的资产相当于 5000 万中国农民的年纯收入；而中国最富有的 300 万人的资产则相当于 9 亿农民两年的纯收入。① 这意味着我国居民收入的库兹涅茨指数和阿鲁瓦利亚指数都已经达到警戒线。

在阶层差距日益拉大的同时，城乡差距也显著扩大。由于家庭农业的规模偏小、效率低下，加上乡镇企业相对不景气，农户的苛捐杂税繁重，城乡收入差距不断拉大。现在农民的平均年收入只有 317 美元，与城市居民平均收入之比已从 20 世纪 80 年代中期的 1.8∶1 扩大到 2003 年的 3∶1。2000 年到 2002 年间，42% 的农村家庭的绝对收入呈下降状态。2003 年生活在人均年收入 75 美元这一政府确定的贫困线以下的农民人数增加了 80 万，这是 1978 年以来农村贫困人口绝对数的首次净增加。②

贫富差距悬殊的另一个表现是经济高增长情况下中间阶层比例相对偏低。据统计，由高级知识分子、中小型企业经理、中小型私有企业主、外资企业白领雇员、国家垄断行业职工组成的中间阶层上层共 2930 万人左右，占从业人口的 4% 左右；由专业技术人员、科研人员、律师、大中学教师、普通文艺工作者、普通新闻从业者、中低级机关干部、企业中下层管理人员、个体工商业者中的上层所构成的中间阶层底层共约 8200 万人，占从业人口的 11.8%（杨继绳，1999）。两者合计仅占从业人员的 15% 左右。

几乎所有关于收入和财富分配的实证研究都表明，中国社会

---

① 《改革内参》2003 年第 4 期。
② 乔治·吉尔博伊、埃里克·赫金伯瑟姆：《中国的拉美化》（http：//www.cfr.org/pdf/gilboyhegin.pdf）。

的贫富差距悬殊，这已成为国际上公认的事实。世界银行在其研究报告中称：在如此之大的国家之中，在如此之短的时间之内，收入分配差距如此迅速地扩大，这是历史上任何一个国家不曾有过的现象（世界银行，2002）。

社会资源分配失衡造成了当今中国社会结构的断裂：一个垄断了所有政治、经济特权与大多数社会财富的权贵（精英）阶层，和一个主要由贫困的农民、农民工和城市下岗工人构成的底层社会构成了尖锐对立的两极；在对立的两极之间，中间阶层只占很小的比例。据此，孙立平指出，中国已出现了一个断裂的社会（孙立平，2002）。

（二）社会结构刚性化

在一个正常的社会里，社会成员可以有大致均等的向上流动的机会，这样就能形成一个富有活力和弹性的社会结构，社会不满得以消解。在这样的社会中，阶层分化并不一定引起社会冲突。例如，美国社会虽然贫富悬殊，但它的社会结构富有弹性，所以其政权几乎从未遇到合法性危机。

在改革前的中国社会里，户口制度、人事档案制度和意识形态控制为人们的社会流动设置了3道难以逾越的高墙，极大地阻碍了社会中下层成员的向上流动，从而使社会结构在一定程度上具有刚性、僵硬、封闭的特质（李春玲）。

改革最初十几年中，原有的3道制度性屏障的作用日渐弱化，社会上层、中层和下层群体开始重组，社会流动机会大大增加；同时，体制外领域也为社会流动开辟了新渠道。

但进入20世纪90年代以后，由权力资源、经济资源屏障、文化资源屏障和工作机会屏障构成的新的结构性屏障开始形成，这样阶层之间的流动机会大大减少。首先，对权力和资源的垄断将社会中间层和控制着大量权力资源和经济资源的党政官员阶层、经理人员阶层和私营企业主阶层构成的社会上层区隔开来；社会上层特别是党政官员阶层在社会流动中表现出日益强烈的

"封闭性"和"排他性"。随着这道屏障的不断闭合和加固，下层社会成员进入中上层社会的障碍越来越难以逾越。其次，文化资源屏障将由专业技术人员阶层、办事员阶层和个体工商户阶层构成的中间阶层与商业服务业员工和产业工人构成的社会下层或蓝领阶层区分开来。由于获取文化资本的难度日益增加，蓝领阶层及其后辈接受良好教育的成本明显提高，因而他们的受教育机会减少，结果蓝领阶层上升流动的可能性大大减少，且随时可能因工作机会的丧失而沦落到社会底层。再次，工作机会屏障将缺乏工作机会的社会底层与其他阶层区隔开来，这个阶层由于既没有权力资源、经济资源和文化资源，也没有社会关系资源，甚至还缺失最基本的人力资本，该阶层的成员要摆脱限制、向上流动，简直比登天还难。

总之，20 世纪 90 年代以来新筑的 3 个结构性屏障如同樊篱一样，将社会成员圈定在一定的范围之内，尽管部分社会成员还能在层内流动，但要翻越这些樊篱进入更高的阶层就如同远涉重洋。社会结构的这种日益明显的刚性化趋势意味着社会成员社会地位的固化，而中下阶层持久的社会地位固定化很容易导致底层社会不满情绪的积蓄、阶层意识和冲突意识的不断强化。

(三) 权力商品化：社会结构不良变化的重要原因

在讨论转型国家制度和权力结构演变基本趋势时，美国社会科学界有两种判断截然不同的观点。以倪志伟（Victor Nee）为代表的"市场转型论"以及以伊万·泽兰尼（Ivan Szelenyi）为代表的"精英再生论"认为：在市场转型过程中，行政精英的权力和特权会受到市场机制的冲击；随着市场机制的扩大，他们的权力和社会地位会日益削弱，而在市场机制中人们的禀赋、技能、资本将对社会分层发挥关键性作用。泽兰尼的"精英再生论"是根据东欧国家转型期的特点提出来的，它与中国的情形不符并不奇怪。倪志伟的"市场转型论"是根据他对中国农村改革前期情况的观察提出来的，这一观点过分强调了市场机制的作用。中国的现实表明，它忽视了一个最根本的事实，那就是中国的权力垄断体制和市场机制二元并存的混合状态为权力的寻租活动打开了大门。美国还有一些社会科学学者①批评了上述观点。他们认为，在中国这个渐进式改革过程中，操纵资源配置的行政权力通过原有的社会网络、对形成中的市场机制的强力介入、主导改革的优势位置和权力的重组等等方式，不断扩大权力寻租的机会和收益。

社会分化的根源何在，是什么因素导致了日益严重的社会结构断裂和固化？不可否认，市场机制确实会对社会分化产生影响，但权力商品化对当下中国社会结构的断裂和固化起了至关重要的作用。随着经济改革的推进，一部分从集权体制内脱胎出来的政治精英，还有与政治精英紧密结合的商业人士，利用经济改革过程中的规则真空，成功而快速地从"计划型"分配机制和"市场化"机制中攫取资源，完成了个人的资本原始积累，成为新一代的经济精英。这些经济精英并未像某些学者所预期的那样成为制约威权政治的主力军；相反，他们和体制内的政治精英联起手来（谢岳，2004）。其实，体制内政治精英的权力资本和体制外经济精英的经济资本彼此之间有很强的共存性，经济精英的经济资本之扩大在很大程度上需要有政治精英的支持和保护，而政治精英手中权力的商品化过程只能通过经济精英的协助才能实现。在上层和民间的有效监督均付诸阙如的情况下，这两类精英结成巩固的精英同盟是必然趋势。为了维持他们支配下的改革之权威话语和合法性，他们又与一部分拥有文化资本、并且主动放弃社会责任的知识精英合作。

这3类精英结盟的后果是，经济资本、政治资本和文化资本在不受监督的情况下顺利地建立了牢固的"圈内交换"机制（孙立平，1998）。这种圈内交换主要有以下几个渠道：政治精英的

---

① 如简·奥伊（Jean Oi）、阿科斯·罗纳塔斯（Akos Rona-Tas）、边燕杰和约翰·罗根（Yanjie Bian and John Longan）、白威廉和麦谊生（Willian Parish and Ethan Mechilson）等。

集团性腐败、"私有化"过程中"国有"资本的大规模流失、各种税收优惠向富裕群体倾斜的政策、权贵阶层利用现行法律在"私有财产保护"方面的缺失而对普通民众私人财产的巧取豪夺。这种牢固的"圈内交换"使得权力、财富、声望和社会等级之间的关联日趋紧密。为了保护和增进这个强势群体的既得利益，他们构筑起垄断性边界，加大对规则制定和实施的影响力（陈映芳，2003）。这个垄断性的精英同盟培育了一个集聚社会资源又排斥社会成员流动机会的机制。它如同一个能量巨大的水泵，将来自底层社会的资源持续不断地输送积聚到上层社会，同时剥夺了弱势群体的利益和权力；它又如同一个严守城门的卫士，不让精英同盟这座城堡外面的弱势群体有机会过问各种稀缺资源的占有和制度设置。

在中国社会的结构断裂和固化过程中，虽然市场经济在一定程度上产生了催化作用，但公共权力的商品化无疑是主要推手。公共权力理当为公众共有和共享，而权力的商品化实质上就是将公共权力窃为私用。在这种情况下，任何促进社会公正的政策都可能被扭曲成为强化社会不公的工具，任何促进经济发展的措施都可能被转化成为窃取公共利益以自肥的手段；而过程的不公正比结果的不平等可能产生更多的社会不满和冲突意识。

第二节　日益明显的相对剥夺感与阶层意识

中国的改革未能从根本上改变旧体制造成的社会不公，而且还造就了一种新的严重的社会不公。社会不公并不会必然引起冲突性集体行动。克兰德尔曼斯认为：只有当社会问题被人们感知并赋予其以意义时才会成为问题（即引发集体行动），许多原本可以被视为严重社会问题的状况并未成为公众讨论的话题，甚至未被察觉，所以也不可能激发集体行动（Klandermans and Oegama，1987）。"在有关社会抗议（冲突性集体行动）的文献中，有一个见解正在赢得广泛的支持，即人们对现实的解释，而非现实本身，引发了集体行动"（Klandermans，1987）。由此看来，要了解中国是否会因为严重的社会不公引发冲突性集体行动，就必须探讨人们对这种社会不公的评价（即不公正社会的意义建构）。究竟目前社会成员对社会不公持什么态度，底层社会成员是否有相对剥夺感和阶层意识（即意义建构）呢？许多学者的研究表明，① 面对改革中出现的社会不公，很多人在回忆和旁顾中产生了一种被剥夺和地位不平等的感觉。这是一种危险的现象。

（一）相对剥夺感的产生原因

按照结构决定论（如马克思、韦伯）的观点，相对剥夺感的形成与现存的不公正的社会结构之间有必然的逻辑关联。但实际上，不公正的社会并不必然唤起民众的相对剥夺感。例如，改革前的中国社会同样是一个不公正的等级社会，但人们并未因此产生强烈的相对剥夺感。显然，结构决定论缺乏足够的解释力。

在分析相对剥夺感的产生原因时，有些学者认为，发展失衡引起的贫富差距导致了相对剥夺感的产生（吴群芳 1999）；有的认为，改革开放刺激了人们的欲望，从而产生了相对剥夺感（杜传贵，1995）；也有一些学者认为，是收入和财富获取过程的不公正引发了相对剥夺感（张贤明 1996）。笔者认为，古尔的看法值得参考。他指出，相对剥夺感是行动者对价值期待和价值能力不一致的认知，主要源于参照群体的选择、生活条件的变化和公平理念。这种视角综合了现实、历史和文化等多方面的因素，据

---

① 参阅刘欣的《相对剥夺地位与阶层认知》（《社会学研究》2002 年第 1 期）、李培林的《社会冲突与阶级意识——当代中国社会矛盾研究》（《社会》2005 年第 1 期）、于建嵘的《转型期中国的社会冲突——对当代工农维权抗争活动的观察和分析》（《凤凰周刊》）、李俊的《相对剥夺理论与弱势群体的心理疏导机制》（《社会科学》2004 年第 4 期）、张贤明的《论当代中国利益冲突与政治稳定》（《中国政治》1996 年第 6 期）、张海东的《城市居民对社会不平等现象的态度研究》（《社会学研究》2004 年第 6 期）和张翼的《中国城市社会阶层冲突意识研究》（《中国社会科学》2005 年第 4 期）。

此分析，改革中倾向与选择高于自身地位的群体为参照系的人群、生活条件比过去相对恶化的人群、非常关注结果平等的人群，比较容易产生相对剥夺感。

　　从动态上看，改革 25 年来，获益者的总量呈下降趋势；尽管大多数人的生活状况比改革前好，但 20 世纪 90 年代中期以来，农民、部分城市国有企业和集体企业职工以及部分离退休人员实际上已沦为利益相对或绝对受剥夺阶层。早在 20 世纪 80 年代中期，农民就开始逐渐退出改革的相对获益者行列；近年来，行政部门对他们的剥夺日甚一日，几乎把农民变成了被绝对剥夺的阶层。随着大批国有和城镇集体企业的经营失败，部分城市国有企业和集体企业职工从原本享有诸多福利待遇变成了收入极其微薄且几乎没有福利和社会保障的群体。从改革前一直到 80 年代，工作单位始终是现职和退休员工福利和社会保障的载体，但随着许多企业的衰落，退休员工的基本福利和社会保障面临威胁（李朝晖 2003），而政府建立的社会保障系统无法支撑企业退休员工的医疗和其他社会保障。近年的调查显示，离退休社会群体中的绝大多数人认为自己的收入趋于下降，产生了严重的被剥夺感（孙立平、沈原、李强，2004）。

（二）阶层意识的强化

　　这里讲的阶层意识指的是个人对社会不平等状况及其自身所处的社会经济地位的主观意识、评价和感受。改革前，特别是在"文化大革命"时期，平均主义意识形态弱化了人们在经济层面的阶层意识，但政治层面的阶级意识空前强化。而在改革初期，随着阶级意识的淡化，中国出现了一种"非阶层化"趋势（Parish，1984）。这种情况延续到 20 世纪 90 年代初，例如，1991 年卢汉龙对上海市民的调查结果仍然显示，"中国社会目前有阶层化差别但无阶层化意识"。

　　自从 20 世纪 90 年代中期以来，社会成员当中的阶层意识不断强化。有学者指出，中国城市居民的绝大多数具有明确的阶层认知，有大约 3/4 的人意识到自己所处的是一个不平等的社会；财富和权力对阶层意识的影响最大；各阶层对自己的权力地位的认知有向下"位移"的倾向，2/3 的人认为自己的权力地位属中等以下层次，而自认权力地位属社会上层的只占 0.4%（刘欣，2002）。从总体上看，中国社会里的阶层意识有以下 3 个特点：其一，公众的阶层意识比改革开放前更为普遍、明显；其二，社会成员的阶层自我认同明显偏向低层，自认属于中间阶层的人并不多；其三，即便是自认为属于中间阶层，他们对现存体制的规则合法性也持怀疑态度。

究竟哪些因素影响着社会成员的阶层意识？在这个问题上大致有两种认知框架。其一是静态的或结构决定论的认知，它假定人们的阶层意识由其社会经济地位决定；[1] 其二是"相对地位变动论"，它强调阶层之间社会流动和生活机遇的相对变化影响和决定阶层意识。[2]

有学者认为，阶层意识的产生和发展与社会变动的剧烈程度有关。在一个相对稳定的社会里，阶级阶层分化的程度也可能会

---

① Robinson, Robert V. & Jonathan Kelley 1979, "Classas Conceived by Marx and Dahrendorf: Effects on Income Inequality and Politic sin the United States and Great Britain" (*American Sociological Review*, Vol. 44); Vanneman, Reeve and Fred C. Pampel 1977, "The American Perception of Class and Status" (*American Sociological Review* Vol. 42); Wright, Erik Olin, 1978, Class, Crisis, and the State (London New Left Books); Wright, Erik Olin, 1997, Class Counts: Comparative Studies in Class Analysis (Cambridge: Cambridge University Press); Jackman, Mary R. & Robert Jackman 1973, "An Interpretation of the Relation between Objective and Subjective Social Status" (*American Sociological Review*, Vol. 38); Jackman MaryR. & Robert Jackman 1984, Class Awareness in the United States (Berkeley: University of California Press); Hodge, Robert W. & Donald J. Treaman 1968, "Class Identificationin the United States" (*American Journal of Sociology* Vol. 73).

② Weber, Max. Economy and Society, ed. by Guenther Roth and Claus Wittich (Berkley: University of California Press, 1978); Thompson, E. P. 1963, The Making of the English Working Class (Harmondsworth: Penguin Books); Thompson, E. P, 1965, "Peculiarities of the English," in the Socialist Register, ed. by R. Miliband (London: Merl in Press).

相当明显，但未必导致阶层意识的强化；而在一个急剧变动的社会中，人们的社会经济地位的相对变化使他们对自己的得失格外敏感，因此可能产生明确的阶级阶层意识。改革中一部分人在社会经济地位或生活机遇上处于相对剥夺状态，即丧失了旧体制赋予的既得利益或未能获得充分的改革时期的新机会，这时无论他们自认的社会分层地位是高还是低，他们都会倾向于做出社会不平等的判断（刘欣，2002）。还有学者发现，中国目前的社会中间阶层受到相对地位变动和社会地位矛盾的影响，可能产生消极的主观阶层认同；某些中间阶层的成员在改革过程中经济社会地位不断下滑，且没有改善的希望，这些人就会质疑现存社会的合法性（张翼，2005）。

被剥夺感和阶层意识是社会成员对不公正社会结构的意义建构，这种消极的意义建构背后隐含着弱势阶层指向政府或某些特权阶层的社会怨恨。若这种社会怨恨能通过适当的途径化解，它未必会成为弱势阶层参与集体抗议的驱动力；如果这种社会怨恨无法找到制度化的发泄渠道而不断积压和发酵，它就极有可能变成集体抗议的引擎或导火索。

第三节 民众利益表达途径的梗阻

弱者的声音本来就不大，如果还要穿透重重阻隔才能传到远处，这声音就更加微弱和失真。在贫富分化成为严重的社会问题，社会不满和阶层意识日渐明显并不断强化的情景下，社会下层利益表达渠道的畅通是消解社会不满和冲突意识的基本要件之一：一方面，民众的利益表达本来就应该是政府制定决策时必须参考的依据；另一方面，畅通的利益表达渠道本身可以是一种下层不满情绪的泄洪装置（陈映芳，2003）。中国历史上一向是国家权力过于强大，社会力量过于弱小。改革以来虽然在城市基层社会里这种情形稍有改变（朱健刚，1997），但这只是某些地方政府为追逐政绩而制造的局部的暂时的社会表象。总体说来，目前中国依然是强国家弱社会模式，特别是弱势群体的声音和力量十分弱小。

　　表面上看，中国社会成员的利益表达途径比西方国家更加多样化（例如，信访制度、人民代表制度、政治协商制度），此外还有行政领导接待制度（如市长接待日、书记信箱、市长热线等），但对弱势群体而言，这些渠道往往存在着梗阻现象，民众无法有效地表达他们的利益诉求。那些政府"热线电话"、地方行政首长"接待日"，以及电视台、广播电台和报社开设的"热线电话"，仅仅是为政府增加了搜集民众意见的管道。至于民众的"要求"能否得到满足、民众的"意见"能否被采纳，在法律制度上并无任何保障，民众只能寄希望于个别"好干部"的热心和真诚，这样的制度措施明显带有很大的随意性和人治色彩。实际上，不少地方政府设立"热线电话"和地方行政首长"接待日"，只不过是为政府的形象工程或政绩工程做"表演"，并不是真要给弱势群体更多的利益表达机会，更不打算处理弱势群体亟待解决的问题。据调查，弱势群体普遍表示，面对各种现存的正式利益表达渠道，他们往往倾向于"不利用"，而且认为"表达无门"、"表达无用"（陈映芳，2003）。

（一）政党利益表达制度的困境

　　改革以来出现了利益多元化的格局，共产党人不再是铁板一块，他们必然被分化到不同的利益群体之中。而当部分共产党人的个人利益与广大民众的根本利益发生矛盾和冲突的时候，要求共产党作为一个整体来充当最广大人民尤其是弱势阶层根本利益的代言人，事实上是十分困难的。而所谓的"民主党派"多年来它们一直属于与底层社会没有直接利益关联的以知识精英为主体的小圈子，要让他们为社会大众代言只能寄望于他们作为知识分子的道德、良知和勇气。尽管"民主党派"近年来为了向执政党和公众证明自己存在的价值，越来越积极地利用各种机会为弱势群体呼吁（康晓光，1999），毕竟那不是一种基于自身直接利益需要的行动。只有允许"民主党派"吸收更多的来自底层社会的成员时，他们表达和维护弱势群体利益的声音才可能真正变得响亮而执著。

(二) 信访制度的缺陷

信访制度是中国特色的利益表达途径，一直是执政党和政府了解民意的重要渠道，也是民众表达利益诉求的特殊方式。信访制度建立于1951年，经历了大众动员型信访 (1951～1979年)、拨乱反正型信访 (1979～1982年)、安定团结型信访 (1982年至今) 这样3个阶段 (应星，2004)。

这种利益表达制度存在诸多缺陷，已不适应目前的社会政治环境。这些缺陷主要表现在5个方面：首先，信访体制只是接受来信来访，然后转送同级或下级行政部门，既不能依法立案，也没有适当的结案监督机制，不但无法有效地处理民众要求解决的问题，也不可能对各级政府官员的行为构成有效约束。相反，由于信访部门将来自民间的申诉转给案发地政府，导致当地政府对信访者的打击报复，反而进一步诱发官民冲突 (于建嵘，2005)。其次，由于地方政府的信访部门事实上没有能力解决当地发生的各种问题，地方信访机构对本地民众信访的不作为逼得民众只能越级上访，导致中央的信访部门的接待压力越来越大。据国家信访局统计，2003年国家信访局受理群众信访量上升14%，省级只上升0.1%，地级上升0.3%，而县级反而下降了2.4%。而中央政府的信访部门其实也缺乏处理民间申诉的制度化权力。再次，对急切需要表达利益诉求的民众来说，现有的信访系统实际上基本上处于失灵状态，信访立案几率非常低，而信访解决率就更低了。2004年5月至10月，一个课题组对上访人群的专项调查结果显示，民众通过上访解决问题的比率只有千分之二 (李俊，2005)。第四，中央政府曾经提出了信访责任追究制，结果却在各级政府之间意外地生成了一个自上而下的畸形机制，由于民众的上访可能构成对其居住地部分强势群体不当利益的威胁，一些地方政府或强势群体拦截、收买、欺骗、强制遣送上访者，甚至打击迫害他们，使上访者在人格尊严、自由安全、身心健康上受到更大的伤害。最后，信访制度与法治建设存在着制度性矛盾，本来应该通过法律诉讼解决的民间申诉并不能通过信访加以解决，也不应该用信访制度来替代司法程序。当然，这里涉及的不仅是信访制度的缺陷，也涉及司法制度的缺陷。

以上情形最终将导致人们对信访制度的信任危机，结果信访制度的缺陷本身就可能成为国家政治认同性流失的重要原因。对上访者来说，上访成功的可能性不断下降，而代价却越来越高。加上政府部门以及信访机构对民众的信访推诿塞责，信访者不得不在中央和地方、各部门的信访机构之间不断"转圈"，付出大量的时间、财力和精力，"转圈"的时间甚至长达几年到几十年，许多上访者为此倾家荡产。上访者经常处于非常艰难的生活环境里，无处洗澡，无衣服可更换，病了则只能听天由命，实在忍耐不下去了就只能去"自首"、让"截访"的拉回家去。① 随着信访制度的作用日益衰微，弱势群体对这种利益表达途径渐渐望而却步，不得不转而寻求其他更为奏效的表达方式。

（三）人民代表大会的利益表达制度之名与实

名义上最主要的民众利益表达制度本来应该是人民代表大会制度。如果人民能够在选举中选择他们提名的各级人民代表大会代表，通过这些民众的利益代言人来表达各自的利益诉求，同时又允许各级人代会真正监督同级政府，那么民众的利益表达应该就有了制度化的正常管道。改革以来，尽管各级人民代表大会在国家政治生活中的地位有所提高，作用有所增强，但不可否认的是，人民代表大会制度仍然存在着不少缺陷。

首先，各级人大代表现行的遴选提名体制完全由党政部门主

---

① 苏永通：《"上访村"的日子》，《南方周末》，2004 年 11 月 4 日。

导，这种提名方式不能确保代表和选民之间的代表关系。同时，人大代表的候选人产生后，在投票、计票等一系列选举环节中，又有过多的政府干预，影响选举程序的公正透明，使得人大代表的选举仅具有形式主义的意义。其次，人大代表名额的分配以及各类代表的比例与选民的人口结构并无关联，被提名代表的民主性和代表性因此也令人质疑。例如，随意抽查某省"出席第十次全国人民代表大会代表名单"，结果发现 67 名代表中只有一位代表可被推断为"农民"，没有一个工人；而与此同时，在京官员、知名人士占用各地代表的名额已成惯例，约占去各地代表团名额的 1/10（于立深，2004）。再次，人大代表的权力极为有限，在相当程度上只不过是一种摆设。近年来，尽管人大代表的职能有所强化，但他们的权限仍不足以对政府部门实行有效的监督。最后，选民对人大代表无法有效的监督，因此人大代表事实上也未必是民众利益的代言人。

各级人民代表大会怎样对选民负责，人民怎样监督各级人民代表大会，目前并没有明确的法律规范。只有当每个公民都真正享有基本政治权利时，他们才可能运用自己的政治权利去制约权力（郭道晖，1997）。如果民众不能有效地监督各级人代会，那么各级人大代表在利益驱动下就可能与强势阶层结成巩固的利益同盟，从而由名义上的人民的利益代言人变为实质上的利益侵犯者。近年来，人大代表的权力寻租现象屡见报端，可能被披露的还只是其中的一部分。

（四）政治协商制度的局限

中国的政治协商会议从名义上看是一个各民主党派、各社会团体和各少数民族通过政治参与和民主监督来表达和维护各阶层利益的重要制度。然而，如果考察一下政协制度的实际运作，就很难消除对此制度之真实作用的疑虑。在现行制度下，政协委员产生方式的非民主性、委员构成的倾斜特征、委员提案的非透明性以及缺乏社会代表性等问题，大大消解了政协作为社会利益表达管道的价值。

政协委员的产生一般经过团体推荐、党委组织部审议、政协常委表决，然后向社会公布。候选人由内部推荐产生，再经过党政系统的层层把关，这种产生方式实难体现程序的民主性和委员的代表性。而这种产生方式的必然后果是委员构成的倾斜性。例如，上海市过去 3 届政协委员的人数分别为 627 人、694 人和 685 人，其中的农民委员每届都是 10 人，[①] 这样的比例显然与农民阶层在总人口中所占比例大相径庭。

提案是政协委员表达民众利益的主要方式。如果分析提案的内容，可以充分了解提案的诉求在社会上是否具有代表性。有学者比较分析了全国政协第九届会议的全部 14346 份提案的题目，结果发现，虽然全国政协的提案质量整体上比地方政协好得多，但提案内容仍然具有随意性、地方性和寻租企图（于立深，2004）。显然，提案的如此特征表明，政协委员所关注之事不见得代表着民众的利益。即便其中有些提案能充分表达一些社会集团的利益诉求，提案提出后还要提交由一小部分政协委员组成的提案审查委员会和提案委员会审查、处理，然后再交有关行政部门办理。[②]由于提案的"审查——处理——办理"程序完全采取闭门方式，在小范围内完成，这种提案处理的非透明性令政协制度表达利益的效力大打折扣。

（五）民间社团的生存空间狭窄

社会团体是具有某些共同特征的人相聚而成的互益组织。中国近代有无数的社团，早期有名的有孙中山的同盟会和毛泽东的农民协会。社团可以代表、综合、表达、捍卫特殊集团的利益，这是社团存在的根本目的之一。而社团表达和维护群体利益的效能则受制于社会的自由度、社团目标与政府及民间目标的共意性

---

① 上海市地方志办公室：《上海地方志》，上海人民出版社，2004。
② 见"中国人民政协全国委员会提案工作条例"。

以及社团的资源获得途径和自主性。

1949 年以来，中国的宪法中虽然规定公民有结社自由，但这种自由就像宪法所列的言论自由一样，只是抽象地存在，并不受任何具体的法律保护，同时却存在着许多剥夺这些自由的法律法规。结社活动就像言论发表行为一样，随时都可能遭到难以意料的后果。在这样的环境下，民间自发社团的形成由于不可预知的风险而陷入难产境地，而这对弱势群体社团的产生以及弱势群体利益的有效表达尤其不利。

中国目前存在的社团可分为"自上而下型"、"自下而上型"和"外部输入型" 3 类。① "自上而下型" 社团与党政目标共意程度高，主要从党政系统获得权力资源和经济资源，因为对党政系统高度的依附关系而失去相当程度的自主性，无法真正表达和维护民众的利益。共青团、妇联、残联、工会、科协、文联和侨联即属此类。城市的居民委员会和农村的村民委员会尽管名义上是社区居民的自主组织，但它们从产生方式、资源获取、绩效奖惩到人事安排都在很大程度上受党政系统的控制，所以实质上还是一个"自上而下型"社团。

"自下而上型" 社团与民间社会的目标共意程度高，其资源获得主要来自民间社会，因此拥有更多的独立于政府的自主性，但它们缺乏稳定的资金来源而只能艰难度日乃至自生自灭。另一方面，政府又担忧其目标与党政目标不一，甚至担心此类社团与政府对立或成为民间的抗争工具，所以长期以来一直将此类社团视为异己而严格控制。1989 年之后，政府颁布了《社会团体登记管理条例》，将所有社团置于党政系统的严格监控之下，"自下而上型"社团的发展空间被压缩到极限。此外，即便有一些小型民间社团试图维护小群体的利益，也会遭到来自强势群体的直接或间接打击和压力。近年来，城市商品住宅小区的业主为了维护小群体的利益而自发组织业主委员会，但业主委员

---

① 康晓光：《转型时期的中国社团》，《中国青年科技》1999 年第 3 期。

会的选举、成立到运作往往受房地产开发商和物业管理公司的强力干预。

总之，在党政系统的严密控制和强势群体的挤压下，真正能表达弱势阶层利益的社会团体难以生存发展，勉强存活的民间社团的活动空间则被限制在社会和政府共同认可的"交叉地带"。在这种情景下，民间社团要想成为有效表达维护民众权益的压力集团，旷日持久。

由于正式的利益表达渠道存在种种缺陷，中国的弱势群体通过这些途径来表达自己的利益诉求时或者求告无门，或者代价高昂而收效甚微，因此他们就可能对这些利益表达渠道表示怀疑甚至加以否定，转而寻求其他表达方式，比如借助媒体表示对现状的不满和抗议、集体上访、甚至非正式地组织对抗等艰难而危险的方式。当然，当弱势群体既不可能通过适当途径声张其利益、而他们的诉求又得不到公正的对待时，他们可能因为不敢与强制性权力公然对抗而选择"服从"。但这种"服从"对社会结构的稳定而言完全是消极的，因为他们随时都会成为支持捣毁现存社会结构的力量（彼得·德鲁克，2002）。改革中强势阶层为了维护和增加其既得利益，直接或间接地借助公共权力来干预利益分配，使社会怨恨迅速积蓄，与此同时，弱势阶层制度化的利益表达渠道因梗阻而淤塞失灵，这就是今天中国频繁发生冲突性集体行动的社会情境。

第二章
新型都市社区集体行动的
中观情境

在中国转型时期频发的冲突性集体行动中，随着城市住房体制改革而出现的新型都市社区（即商品小区）成为集体行动上演的主要场域。随着住房供给主体和供给模式的改变，新型都市社区住房的产权归属、社区组织、权力结构以及公共物品的供给模式也随之发生新的调整和变化。社区利益的多元化和社区权力的严重失衡使社区矛盾日益蔓延和加剧，在难以获得制度化解决途径的宏观社会情境下，利益受损群体转而寻求集体行动的表达方式。

第一节　一个强势利益集团的形成

与其他产业不同，中国房地产业的独特发展路径，为房地产市场筑起一道只有极少数人可以进入的门槛。住房从计划经济时代的国家供给模式转向市场转轨时期的市场供给模式，供给主体的变化必然涉及房地产生产要素的流转的变化，而土地和资金作为最为重要的生产要素非普通百姓可以获得，能否获得也就决定了是否可以取得进入这个暴利行业的"入场券"。

随着市场化改革的推进，其他的生产资料逐渐流向体制之外，但土地作为计划经济的公共财富依然由政府牢牢控制，所谓由政府控制实质上就是为一些掌握了土地配置权的政府职能部门及其代理人所掌控，在土地租售管理和监督制度远未健全的情境之下，土地流向市场时经过的是一条"暗道"。谁可以经过这条"暗道"争取土地资源，取决于他和政府代理人之间的非正式关系的强弱。在中国经历的几波圈地运动中，有目共睹的是，那些和政府代理人有着非正式强关系的"特殊群体"而非普通社会成员获得了廉价的土地资源。

在住房制度改革初期，资本尚处于原始积累的初级阶段，资金不足成为制约房地产市场发展的瓶颈，为了缓解住房供不应求的矛盾，刺激房地产投资，扶持房地产业的发展，政府在1994年出台《城市房地产管理法》，建立了商品房预售许可制度。这种制度的出台降低了准入房地产市场的资金门槛，意味着低资本同样可以拿到进入房地产业的许可证。这种资金门槛的降低并不意味着为更多的国民敞开了进入房地产业的大门，只是为享有特权的少部分人打开了方便之门。因为除了房地产市场准入的低成本，还必须从银行获得大量贷款。在有权无责的国有银行监管机制之下，能否获得贷款不以诚信和实力为依据，而取决于贷款人与银行或政府代理人的非正式关系的强弱。这种贷款的非市场化获得机制无疑大大限制了那些没有和银行或政府代理人建立特殊关系来取得贷款许可的普通百姓。

可见，房地产业两种基本的生产要素是通过非市场化途径获得的，这种获得方式为房地产业构筑了另一套不可明言的门槛，那就是一道高高的"关系门槛"。这道门槛将那些与政府代理人有着强关系的特殊群体纳入房地产开发市场，而普通公民则被挡在门外。使得这个产业天生就带有垄断性和权贵性。房地产开发商从娘胎里就和政府代理层结下了坚固的利益同盟关系，并且随着时间的延长这种非正式的强关系将不断得到强化和拓展。目前，一个以开发商为中心，以部分政府代理人为附庸的房地产利益集团已然成型。

第二节　单边制定的游戏规则

一个完善的市场游戏规则应该是利益相关各方共同参与、平等协商的产物，只有在共同参与和平等协商的基础上制定的游戏规则才能保证规则的公正性与合理性。但刚从计划体制中走出来的业主对新生的房地产市场的低认知度和居住模式转型造成的业主无组织化，与房地产商和政府代理人结成的非正式强关系及其高度组织化形成鲜明对比，这种一强一弱的反差注定中国房地产市场的游戏规则制定过程实行的是单边主义。尽管陆续出台的房地产市场规则皆由作为市场裁判员的中央或地方政府相关职能部门执笔，但在执笔的背后，开发商有什么样的动作，普通公民不得而知。不过，我们从房地产市场每一次出台的游戏规则都有利于开发商而不利于业主，每一种对开发商不利的政策建议都受到阻挠最后难以转化成规则这样一种社会事实，似乎可以察觉到有一只无形的巨手在操纵着政府的笔。

1994 年出台的《城市房地产管理法》以及随后由建设部发布的《城市商品房预售管理办法》标志着预售制度在房地产市场领域得以确立。按国际惯例，预售制度只应当建立在具备良好的诚信体系和完善的监管机制的市场环境之上。但是，1994 年的中国，其他市场领域信任危机泛滥，为什么政府却对尚待发育的房地产市场保持如此高的信任度，允许开发商将一个"想象中的商品"用于交换业主的现金（预售款）呢？对于商品房预售这样一种高风险的市场行为，应当建立强有力而具有可操作性的监管机制。但《管理办法》中关于监管的条文只有寥寥数语，它将直接监管的权力交给了与开发商存在强关系的建设行政部门和房产管理部门。关于惩罚性条款居然只有数目极小的上限而没有下限。这样的规则大大增加了开发商获取暴利的机会而大大降低了开发商越轨的成本。

1998 年出台的《物业管理条例》虽然经过历次修改，但房地产利益集团对这些规则的影响力非常明显。由建设部制定的《条例》明显倾向于开发商和物业公司。总体看来，《条例》赋予业主与业主委员会的权利与赋予开发商与物业公司的权力明显不均衡不对等，赋予业委会和业主的权利相当有限，而对开发商和物业公司的约束却明显不足。比如，《条例》第二条规定："业主通过选聘物业管理企业，由业主和物业管理企业按照物业服务合同规定，对房屋及配套的设施设备和相关场地进行维修、养护、管理、维护相关区域内的环境卫生和秩序"，这一条款实际上是剥夺了业主或业主委员会对物业服务供应商的选择权；《条例》第十条规定："同一个物业管理区域内的业主，应当在物业所在地的区、县人民政府房地产行政主管部门的指导下成立业主大会，并选举产生业主委员会"。业委会是具有自治性质的组织，本应在民政部门的指导下成立并开展活动，但是此规定却赋予房地产行政主管部门对业主大会和业委会的控制权，这在一定程度上剥夺了业主自治权；《条例》规定，业主不缴物业管理费，物业公司可以向法院起诉业主；但如果物业公司没有提供相应的服务，或者物业公司所提供的服务没有达到承诺的标准，《条例》却没有对等地规定业主和业委会可以向法院起诉物业公司，没有明确确立业委会在法律上的主体资格。《条例》只是规定业委会是业主大会的执行机构，并没有指明业委会还是业主大会独立的法人，这使得法院可以以业委会不具备法人资格为由拒绝其起诉请求。物业管理领域相关法律、法规的不完善不公正不合理，为开发商和物业公司的侵权行为提供了空间。

以后陆续出台的与房地产相关的政策法规，都有利于开发商而不利于业主。这样的制度安排为业主和开发商之间的利益冲突埋下了隐患。

第三节　房地产消费者社区的矛盾

可以说，中国目前开发商和消费者（业主）之间的冲突已经十分普遍和尖锐。这些利益冲突主要源于在以下几个方面。

（一）业主与开发商之间的矛盾

首先，开发商向业主转嫁市场风险。

通常来说，任何一种市场行为都是机遇与风险并存，但是，中国特色的房地产市场却只给开发商提供机遇而无须承担市场风险。商品房预售制度不仅降低了开发商的投资成本，而且可以让开发商顺利地将风险成本转嫁到了消费者或银行身上。开发商一个项目的前期成本由银行贷款、承建商垫付款和开发商自己的投资成本三部分构成。房屋建筑刚一开始，就可以通过消费者给付的房屋预售款很快让自己资金回笼。用消费者的房屋预售款还清银行贷款和承建款，剩下的就是开发商的纯利润。如果出现任何市场风险，开发商因为钱已落袋也可以高枕无忧，最终将风险成本转嫁给消费者和银行。

其次，开发商从业主身上获取高额利润。

开发商获得高额利润的手段与方式主要是虚高房价。房地产市场主要生产要素（土地、资金）的行政性垄断决定了其流通的非市场化途径，生产要素非市场化决定了其产品价格的非竞争性或垄断性。所以，国内房地产价格并不是由市场机制来决定而是由开发商自己说了算。显然，这样一种价格垄断机制为开发商获取暴利提供了机会。

房地产开发商群体内部的共同利益驱动他们在价格上采取集体行动，形成价格共谋机制及其脱离价格同盟行为的惩罚机制。导致房价违背市场规律，即使在供大于求的情况下，房价也居高不下。此外，开发商还通过"炒楼花"来制造楼市的虚假紧缺，借机囤积居奇抬高价格。

另一种攫取暴利的方式就是设置购房陷阱。商品房预售制度为开发商设置陷阱提供了机会，开发商靠一个概念产品换取到消费者的预售款，从而把消费者套牢，为日后开发商提供了宰制消费者的主导权。不少开发商通过房屋面积缩水、建筑设计变更、环境描述浮夸等种种行为来侵犯购房者的权益；更有甚者，把已抵押的房屋再预售，把已预售的房屋再抵押，或者进行房屋重复预售，最后"携款潜逃"。

再次，剥夺或侵占业主的公共权益。

业主在小区的公共权益主要包括公共物权、公共维修基金和公共服务主导权。小区公共设施公共场馆（如屋顶、外墙面、房屋附着物、会所、停车场等）的公共物权到底应归谁所有，相关房地产政策法规都没有对公共空间所有权的法律契约关系做出明确规定。这种制度空白为开发商从业主身上获取利益再次提供了机会。开发商正是利用了这个制度盲点，既让所有业主为小区所有公共设施公共空间买单，又可私自侵占、更改、租售小区的公共空间与公共财产。通过将公共物权模糊化，开发商再次从业主身上获取利益。

小区的公共维修基金在购房时就被分摊在所有业主头上，公共维修基金占整个购房款的2%。这笔基金主要作为小区公共设施的维护之用，理当为全体业主拥有和使用。但由于对基金缺乏严格的监管机制，导致公共维修基金为开发商所挪用或去向不明。

小区的物业管理，属于业主的公共事务，业主应当拥有绝对主导权。但开发商依据《物业管理条例》的相关规定（应注释）和业主的组织困境，合法地掌握了公共服务的控制权，由它主导公共服务的供给和服务价格。公共服务的垄断机制导致业主公共利益持续受到开发商的剥夺。

（二）业主与物业公司之间的矛盾

目前，在各大中型城市，业主与物业公司之间的矛盾日久弥深，并且较为普遍。导致二者之间矛盾的因素是多方面的。首先是业主和物业公司不均等的制度支持。按自由市场规则，业主和物业公司作为交换双方都有权进行双向选择和讨价还价。但物业相关条例规定，在业主组织没有成立之前，提供公共服务的物业公司由开发商指定，在服务价格方面很大程度上也由开发商或物业公司来自己决定。其次是物业服务与物业收费的不对等。目前，在物业收费方面，在业主组织没有成立之前，业主缺乏讨价还价的空间。在公共损耗方面的收费，由于业主与物业公司信息不对称，物业公司的收费达到了惊人的地步，比如一些小区公共水电分摊的收费居然超出了家庭水电费。再次，对业主公共财产的不合理占用。会所、运动场所、停车场、楼体广告位、公用车道等公共财产在法理上应该为全体业主所有，但在事实上，这些公共财产在绝大部分小区为物业公司占有并利用。业主作为公共财产的主人，不仅无权参与对公共财产的管理监督和利益分配，反而要为使用公共场所付费。最后，是业主的反抗与物业公司的反制。目前，一些物业公司为了维持其在小区的利益，对业主的维权行动进行阻吓和打击，使业主组织的成立难上加难。近年来，反抗与反制，使物业公司和业主之间的矛盾和冲突不断升级，已经成为影响社会稳定与和谐的一大隐患。

（三）业主与政府的矛盾

一个运行良好的市场，政府应当在市场交易各方之间扮演一个公正的裁判员角色。我们且不论政府在其他市场领域到底扮演着何种角色，但在房地产市场中，政府在房地产供应商和消费者之间扮演了一个不公正的角色。

房地产市场独特的发展路径决定了政府代理层难以在供应商和消费者之间扮演公正角色，供应商在进入这个市场前就和政府代理层建构了特殊的非正式关系，进入市场后又存在相互之间的资源依赖及其因此而产生的资源交换。这些非法交易进一步强化了二者之间的强关系。在这种情形下，政府代理层的天平倒向开发商一边就是顺理成章的了。

政府代理层的不公正主要体现在规则制定和规则执行当中。

一个公正的市场游戏规则应当是利益相关主体共同参与下的制度安排，而政府在制定房地产市场游戏规则时没有体现程序公正，每一个关于房地产的政策法规都是在住房消费者不知情的情况下出台了。而这种没有程序公正的规则其内容自然也缺乏公正性。在这些规则中，开发商的利益得以彰显和保护，而业主或消费者的利益却不能得到来自政府的有效的保护，即使业主想自力救济，也会因为不公正规则而致使这种努力面临重重阻碍。例如，在物权划分上，物业管理和房地产的相关条例都没有对理当属于业主的公有部分的使用权和所有权给一个明晰的界定，使业主在权益维护中难以找到法律支持；在组织建构上，物业管理条例不仅没有赋予业主应有的制度支持，反而给业主组织的组建设置种种制度壁垒，加大业主组织建设的难度。比如业主组织组建要由开发商或物业公司来启动，要经过高比例业主的同意，要由物业主管部门审批等，这些规定无异于妨碍业主成立自己的组织；在组织定位上，条例没有给业主组织相应的法律定位，业主是拥有物权的法人，但他们的组织却没有法人地位。鉴于此，许多业主对相关法规的客观公正与立法用意表示质疑和不满。

在规则执行当中政府的职能主要是监督和裁判。但是，房地产市场中，政府对于开发商虚制房产广告、虚高房产价格、擅用业主房产做贷款抵押、挪用公共维修基金、占用业主的公共财产、重复出售业主房产等违规行为，在物业服务市场中，对于物业公司高收费、乱收费、强占用、非法挪用等违规行为，一些政府相关职能部门事前没有进行有效监督、事后没有进行合理公正的制裁，致使这些剥夺业主权益的市场违规行为越演越烈，业主的权益长期以来得不到有力的保障和维护，业主也因此怨声不断。

（四）亟待释放的社会怨恨

伴随着住房供给模式的转型，业主的权益日益受到了来自房地产利益集团的侵害，这已成为不争的社会事实。在住房市场化的初始阶段，刚从计划经济体制的福利分房模式中走出来的消费者，也许根本没有意识到自己的权益有哪些，受到了什么样的损害，受到了哪些人的侵害？面对一个陌生的市场，消费者茫然无知是正常的。但这种无知只是暂时的，当业主越来越多地亲身体验到所遭受的权益损害时，或者通过人际网络和互联网络获得越来越多关于房产黑幕的资讯时，业主开始醒悟了，开始觉察到已经遭受和即将面临的权益损害。

业主如何来表达和维护公共利益，以释放对房地产利益集团的不满甚至怨恨。作为弱势群体的业主，他们首先试图通过正式制度化渠道来表达和维护公共利益、释放社会怨恨。

在这些商品小区，尽管社区居委会已经渗入其中，作为社区居民的自治组织，理当发挥自我管理、自我教育、自我服务的功能。但实质上，由于居委会在人事安排、职责分工、绩效考核和财政来源上为政府全面控制，居委会基本上失去了应有的"自治性"，变成了一个行政性的政府组织（林尚立，2003）。所以，在这些新型社区，居委会仍然是政府的代言人，而不是社区居民的代言人。居委会绝大部分时间和精力用来应对政府各职能部门下派的各种任务（陈伟东，2003），它既缺乏动力也缺乏精力来维护居民公共利益治理社区公共事物。

作为市场裁判员的政府代理层是否可能有效地维护业主权益，考察中国房地产发展所走过的独特路径，可以研判这种可能性极低。中国特色的房地产发展路径，如同一个过滤装置，这个装置只让与政府代理层有着非正式强关系的群体获得了进入房地产开发市场的许可证，这些拿到许可证的特殊群体为了扩大再生产继续维持和增进在房地产市场中的暴利，必然不断加固和拓展与政府代理层之间的非正式关系。而在现存的政制之下，政府代理层的政治经济利益与普通社会成员的利益日益脱钩乃至对立，他们之间的正式与非正式关系都趋于弱化。要让与开发商建构的非正式强关系而与消费者只有弱关系的政府代理层扮演一个公正的裁判员角色，显然有点不切实际。而业主在维权过程中屡战屡败的共同体验，亦使业主认识到冀望于政府代理层来有效维权多少有点幼稚。

在缺乏正式利益表达途径来释放社会怨恨、消解社区冲突之时，业主开始采取非正式的释放渠道。他们最初的维权是以个体抗争的形式开始的，但是，在有着强大的经济资源、组织资源和政治资源的房地产利益集团面前，个体业主的抗争好比鸡蛋碰石头，最后总是以抗争业主的惨败收场，高成本和零收益甚至负收益成了维权业主的共同体验。这种痛苦的维权经验使业主认识到集体行动的必要性，业主必须联合起来并且成立自己的组织便成为广大业主的共识。目前，在这些都市新型社区，集体抗议成为业主维护利益、释放社会怨恨的主要途径。

第三章
问题、意义与思路

目前，都市新型社区业主指向开发商或政府的集体维权事件迅猛增长，虽然至今还没有关于这类群体性事件的权威统计数据，但从见诸各大媒体关于业主集体维权的报道的数量、从都市平民的日常舆论以及从近来物业纠纷被"问题化"的种种迹象来看，业主集体维权已经成为普遍的社会现象。

第一节 问题的提出

类似于业主集体维权的群体性事件近年来同样与日俱增，以农民的集体上访为例，2000 年，全国 31 个省（区、市）县级以上党政信访部门，受理的群众集体上访批次、人次分别比 1995 年上升 2.8 倍和 2.6 倍。2000 年，国家信访局受理的群众集体上访批次和人次，分别比上年上升 36.8% 和 45.5%，2001 年，同比又上升 36.4% 和 38.7%。[①] 2005 年发表的《社会蓝皮书》表明，由 1994 年的 1 万起增加到 2003 年的 6 万起，增长 5 倍；规模不断扩大，参与群体性事件的人数年均增长 12%，由 73 万多人，增加到 307 万多人；其中百人以上的由 1400 起增加到 7000

[①] 程浩、黄卫平、汪永成：《中国社会利益利益集团研究》，《战略与管理》2003 年第 4 期。

多起，增长 4 倍。[①]

　　如何因应这些集体行动？这是摆在中国政府面前的一大难题。美籍华人学者赵鼎新主张将集体行动制度化，也就是将集体行动合法化或者说将集体行动纳入体制轨道。集体行动制度化虽然使集体行动生发的可能性提高，但另一方面却能降低集体行动的社会破坏力，促进社会整合。不过，正处于急剧变迁和快速分化的转型中国，社会怨恨不断生产，加上利益表达途径的长期堵塞而导致社会怨恨长期积压。在这种情境之下，集体行动一旦立即制度化，会引起社会怨恨的遽然释放，集体行动的发生几率和总量遽然飙升，引发"爆米花机效应"。[②] 其释放的能量可能引起巨大的社会震荡，可能超过中国社会所能承受的限度。但是，如果继续压制集体行动，堵塞社会怨恨的释放渠道，即持续将集体行动非制度化，尽管这种策略可以大大降低集体行动的可能性，但是一旦由偶发事件引发，集体行动会以非理性暴力方式出现，产生"压力锅爆炸效应"。[③] 可能会使中国社会遭受巨大冲击，进而对社会秩序造成颠覆性破坏。

　　对于转型中国社会而言，将集体行动持续制度化或者立即制度化，都是高风险的策略选择。那么，能否找到第三条道理，在不危及现存社会秩序的情况下，妥善应对集体行动，使社会怨恨及时适度的得到释放？之所以要"及时"，是为了规避集体行动持续非制度化引起的"压力锅爆炸效应"，之所以要"适度"，是为了避免集体行动立即制度化引发的"爆米花机效应"。要做到"及时"，就必须了解与掌握集体行动的生发可能性，要做到"适度"，就要降低集体行动的社会破坏力。

---

① 汝信、陆学艺、李培林：《2005 年：中国社会形势分析与预测》（社会蓝皮书），社会科学文献出版社，2004。
② 爆米花机在绝对封闭状态下加热产生气体，达到一定程度后，爆米花师傅遽然撬开气阀，引起巨大的爆炸和声浪。
③ 压力锅爆炸由于气阀被堵塞不能正常排气导致气体积压超过压力锅所能承受的限度引起爆炸。

要找出一条及时适度释放社会怨恨的因应集体行动的策略，必须对集体行动的生发机制有所了解。对集体行动生发机理的研究浩如烟海，但是在这些研究当中，可以归纳出 4 种取向，即结构取向、理性取向、建构取向和情感取向，每一种取向都强调了某一种因素对集体行动的作用。结构取向特别强调社会结构分化和变迁对集体行动的影响，如马克思的阶级革命论（马克思，1848）、达伦多夫（达伦多夫，1958）、大众社会理论（Kornhauser，1959，大众社会政治）、科瑟的冲突功能论（科塞，1956）、托克维尔的国家中心论（Tocqueville，1955）、穆尔的国家崩溃论（Barrington Moore，1966）、佩奇的农业革命论（Jeffery Paige，1975）、斯科奇波尔的国家与社会革命论（Theda Skocpol，1979）、麦克丹尼尔的寡头政体现代化和革命理论（McDaniel，1991）、华人学者赵鼎新的国家社会关系论（赵鼎新，2005）等等，主要从社会结构的视角来分析集体行动的生发机制；情感取向则将情感视为引发集体行动的最重要因素，如勒朋的心智归一论（LoBon，1979）、布鲁默的循环反应论（Blumer，1946）、特纳的紧急规范论（Turner，1964）、格尔的相对剥夺感（Gurr，1970）、斯梅尔塞的"不耐心者的冲动"（Smelser，1962）、霍奇斯柴德的感觉规则理论（Arlie Hochschild，1979）、贾斯帕和鲍尔森的情感激发理论（James M. Jasper and Jane D. Poulsen，1995）和新近卷土重来的情绪决定论（Goodwin 1997；Goodwin and Jasper 2004；Jasper 1997，1998）等等，这种取向的理论认为情感是导致集体行动的首要因素；建构取向则是侧重于强调社会现实的意义建构对集体行动的决定性作用，如符号决定论（Furet 1981；Hunt 1984；Pye 1990；Sewell 1985）、斯诺及其同事的框架联合论（Snow et al. 1986）、克兰德尔曼斯的意义建构论（Klandermans，Bert，and Dirk Oegama，1987）等等。这种取向的学者认为行动者依据对社会现实的意义建构而行动，因此，对社会现实的意义建构才是集体行动的决定性因素；理性取向的学者特别关注行动者的理性计算对集体行动的影响，如马歇尔需求决定论、霍曼斯的社会交换论（George C. Homans，1961）、布劳的交换冲突论（布劳，1988）、埃蒂克斯（Ehtics）的公共物品理论（Ehtics viii. 9. 1960a.）、奥尔森的集体行动的逻辑（Olson，1965）、赫克特的群体团结理论（Michael Hechter，1987）、梯利的资源动员理论（Tilly，1978）、科尔曼的理性选择理论（Jame S. Coleman，1990）等等。这种取向的学者则在行动者是理性人假设的基础上认为个体行动者是基于行动成本和收益的权衡来做出行动选择的。

结构取向主要阐明集体行动生发的成因，侧重于强调集体行动的宏观生发机制；建构取向、理性取向和情感取向主要关注集体行动的微观动力机制。微观个体对社会现实的意义建构、对行动的理性计算和情感生成都是对宏观社会结构的主观反映。尽管"变迁和分化的社会结构"是个体行动者主观反映的客体，但是，即使是对完全一样的社会结构，不同的个体行动者可能产生完全不同的主观反映。为什么不同的个体会对同样的客体产生不同的主观反映，这除了与个体行动者的文化背景、认知能力等内因有关之外，还与个体行动者所处的社会网络这个外因密切相关。个体所处的社会网络具有传播信息和传递情感的功能（潘正德，1998）。而信息正是微观个体解释社会现实和进行理性计算的主要参与依据，同时，个体的情感在很大程度上为传播情感的社会网络所形塑。所以，可以说，宏观社会结构并非直接作用于微观个体，也并非对集体行动的微观动力因素具有决定性作用，它通常要以个体所处的社会网络作为中介来对个体的意义建构、理性计算和情感生成产生影响。个体所处的社会网络对集体行动的微观动力机制同样发挥重要的作用。

所以要影响集体行动生发的可能性，既可以通过改变社会结构，也可以通过改变群体的社会网络。但是，本课题无意于研究如何改变社会结构来影响集体行动的生发，因为其他学科已经对此进行了非常深入的研究。本课题将转型时期正在急剧变迁和分化的社会结构作为既定的社会情境，主要关注在这种社会情境之下，社会网络对集体行动产生什么样的影响。

关于网络与集体行动的相关性研究在国外已经很多（McAdam, McCarthy and Zald, 1988；Gamson, Fireman and Rytina, 1982；Rosenthal and Schwartz, 1989；Klandermans, 1989a；Johnston, 1991b, 1995b；Pamela Oliver, 1984；Piven and Cloward, 1992；McAdam and Paulsen, 1993；Walsh and Warland, 1983；McAdam, 1986；Friedman and McAdam, 1992；Melucci, 1984a, 1989；Taylor and Whittier, 1992；Erickson, 1982；Donatella della Porta, 1990；Roger V. Gould, 1993；Markus S. Schulz, 1998；Peter Hedstrom, 2000；Fernando J. Bosco, 2001；Flore Passy & Macro Giugni, 2001；等等）。但这些研究存在 3 个方面的不足，其一是都只限于考察网络对集体行动中个体行动选择某一方面约制因素的影响。还没有一项研究将网络对集体行动的所有或多种约制因素的影响进行整合；其二，这些研究都只限于考察网络与集体行动生发产生的影响，还极少有研究将网络对集体行动的表现形态和绩效的影响纳入自己的理论关怀之内；其三，这些研究中所涉及的社会网络一般都是处在北美和欧洲的社会情境中的网络，而没有涉及在转型中国社会情境中的网络。正如武考克所言，社会网络的运作与其所嵌置的制度环境、尤其是国家的作用密切相关（Woolcock, 2001），所以在不同的社会结构中，其社会网络应有不同的样态，可能会对集体行动施加不一样的影响。中国特色的社会网络对集体行动到底会有什么样的影响，仍然是一个尚待研究的课题。

因此，本研究试图填补以上 3 个方面的不足，考察转型中国社会情境下的社会网络对集体行动的产生、形态和绩效的影响。由于当前集体行动主要发生在社区层面，因此，本研究也只考察社区网络如何作用于集体行动。对社区网络与集体行动的相关性的考察涉及 3 个向度：其一是社区网络对集体行动生发的影响，因为集体行动的可能性取决于潜在集体行动参与者个体的行动选择，所以对这个向度的考察，主要集中论证社区网络如何影响个体行动选择；其二是社区网络对集体行动绩效的影响，这个绩效又包括群体绩效和社会绩效；由于集体行动的绩效和集体行动的表现形态高度关联，所以还有一个向度必须考察，那就是社区网络对集体行动的形态的影响。集体行动生发的可能性是集体行动形态和绩效的前提，没有集体行动的可能性，则集体行动的形态和绩效也就无从谈起，所以，本研究将重点论证社区网络的融合性对集体行动生发可能性的影响。

在长期积压的社会怨恨急需释放，集体行动难以避免的情境下，如何应对集体行动，以利于社会怨恨及时适度的释放，是本研究的主要现实问题。因此，在解答了社区网络与集体行动的生发、形态和绩效的关系之后，接下来的问题就是以本研究的理论成果作为理论依据，探讨政府如何改革现行的社区体制以及社会工作如何建构有利于及时适度释放社会怨恨、促进社会整合的社区网络。这个问题涉及两个维度，一是社会工作研究人员如何介入社区网络的建构，主要是向政府提出关于改革社区体制的建设性意见；一是社区社会工作者如何介入社区网络建构。

综上所述，笔者将本研究的问题归纳如下：

核心问题：社区网络如何影响集体行动？这个问题涉及对集体行动 3 个维度的考察，即：

（1）社区网络对集体行动生发可能性的影响如何？

（2）社区网络对集体行动形态的影响如何？

（3）社区网络对集体行动绩效的影响如何？

第二节　研究意义

对于社区网络与集体行动的关系进行研究，有着极其重要的理论意义和现实意义。

（一）理论意义

1. 对集体行动理论中"动员网络"这个研究对象的拓展

在社会运动或集体行动的众多研究中，许多理论家对网络在集体行动中所发挥的作用给予了高度关注（McAdam, McCarthy and Zald, 1988; Gamson, Fireman and Rytina, 1982; Rosenthal and Schwartz, 1989; Klandermans, 1989a; Johnston, 1991b, 1995b; Pamela Oliver, 1984; Piven and Cloward, 1992; McAdam and Paulsen, 1993; Walsh and Warland, 1983; McAdam, 1986; Friedman and McAdam, 1992; Melucci, 1984a, 1989; Taylor and Whittier, 1992; Erickson, 1982; Donatella della Porta, 1990; 等等）。不过，仔细分析这些研究，发现这些作品中所指涉的社会网络或动员网络，是指有着共同利益的群体成员之间或者利益受损群体与重要第三方之间的非正式关系网络。而本文要研究的社会网络所指涉的范围做了进一步的拓展，它不仅包括被剥夺群体成员之间的非正式关系网络，而且也包括这个群体成员与群体以外的个体、群体和组织所建立的非正式关系网络，甚至包括了被剥夺群体成员与敌对群体成员之间建立的非正式关系网络。比起过往集体行动研究中提及的社会网络，这种社会网络涉及更广更复杂的关系，它对集体行动作用机制以及由此产生的影响力同样可能更为复杂。而对动员网络这一研究对象的拓展，无疑有助于人们对集体行动这一社会现象更深入的认识。

2. 对社区网络与集体行动生发的相关性研究加以整合和补充，同时对社区网络与集体行动的形态和绩效的相关性进行开创性的研究

集体行动何以发生？这是集体行动理论家们至今不断追问的话题。而探索集体行动本源的研究成果，也浩如烟海。不过，在这众多理论研究中，可以抽象出几种基本的理论取向，即结构取向、建构取向、理性取向和情感取向。结构取向将集体行动的根源归咎于社会结构的变迁和分化，如马克思的阶级革命理论，达伦多夫的辩证冲突论，科塞的冲突功能论，康豪瑟的大众社会理论，政治过程论等等；建构取向将集体行动的动力来源归结为人们对社会现实或社会问题的意义建构或者说集体认知，对此看法，克兰德尔曼斯有一个精辟的论述，"在有关社会抗议（冲突性集体行动）的文献中，有一个见解正在赢得广泛支持，即人们对现实的解释，而非现实本身，引发了集体行动"；① 理性取向将集体行动生发归结为人们对集体行动成本和收益的计算，科尔曼的理性选择理论、布坎南的公共选择理论、奥尔森的集体行动的逻辑、赫克特的群体团结理论以及梯利的资源动员理论都基于理性人假设；而情感取向认为集体行动根源于情感的激发，如黎朋的情绪感染论、布鲁默的循环反应论、古尔的相对剥夺感理论、斯梅尔塞的结构性怨恨理论。

　　以上这4种理论模型在特定的社会情境下有其独特的解释力，不过，这些模型解释力的局限性使它们经常面对质疑和批判，但如何将4种模型有机结合起来以拓展它的解释力，这正是笔者要努力的目标。而笔者发现一个能够将结构模型、理性模型、建构模型以及情感模型有机联系起来的中介变量就是与集体行动相关联的社会网络，宏观的社会结构影响社会群体的关系网络，同时，宏观社会结构在很大程度上需要借助社会网络作为中介对集体行动微观动力机制施加影响；社会网络对个体行动者的意义建构、情感激发以及理性计算产生影响，建构、情感和理性计算都会对个体的行动选择产生影响，个体行动选择又将对集体行动的可能性及其形态产生影响，而群体一旦出现了集体行动，会程度不等地对制约集体行动的政治机会结构造成冲突，社会群体以集体行动的方式与政府的约制力进行博弈的结果，就是可能突生出一个新的社会结构，这个变化了的结构反过来又会对群体的社会网络产生新的影响，如此周而复始。那么，在这个理论模型中，不仅包容了4种理论取向，而且克服了以往4种模型中所犯的决定论的偏颇，在这里，就整个集体行动的生发过程而言，不管是结构、建构、理性还是情感都对集体行动产生难分伯仲的影响。但是，具体到集体行动的某个时点或某个环节，各种因素

---

① Klandermans. Bert, 1989b. "Grievance Interpretation and Success Expectations: The Social Construction of Protest." *Social Behaviar4*: 113 - 25.

又发挥着程度不等的影响力。所以，通过建立社会网络与集体行动的关系模型，可以将集体行动的宏观成因机制和微观动力机制全面有机系统地整合到一个模型当中，使集体行动的宏观机制、中观机制和微观机制所发挥的影响以及 3 个层面之间相互作用都能在一个模型当中得到清楚的显现。

除此之外，社区网络与集体行动的表现形态和绩效的相关性研究尤其是转型时期中国社会情境下的社区网络与集体行动的形态和绩效的相关性研究至今是一个空白，因此，对这一问题的研究无疑具有开创性意义。

3. 丰富和发展本土化的社会工作理论

社会工作发源于西方社会，其社会工作理论经过辗转传播，植入中国内地社会才是近十几年以来的事情，由于西方社会工作理论植根和成长于西方社会的土壤，植入中国社会这块陌生的土地，不可避免地会遭遇水土不服。社会工作要走出水土不服的困境，必须要经历一个本土化的过程。要完成这样一个本土化的历程，必须要社会工作理论与转型中国社会的经济、文化、制度、需求等实际情况结合起来，才能创造出与中国国情相适应的本土化社会工作理论。本研究正好是在把握中国社会需求和制度环境的基础上，探索如何创造性地应用社会工作来解决实际问题的路径，尤其是对当下中国社区社会工作的角色定位、工作目标、实务模式提供了许多新的理论思考。因此，本研究在一定程度上推动社会工作的本土化。

（二）现实意义

新型社区是社会转型的必然产物，新型社区作为一种有别于传统社区的都市居住模式，其所发生的变迁并不仅限于住房的供给模式，与这种供给方式相伴随，这种新型社区的成员来源、成员构成、社区组织、权力关系都发生了重大的变化，在缺乏合理完善的制度对这种重组的社区关系进行约定的情境下，不同利益群体或组织之间的权力和利益博弈必然陷入无序的状态。目前，新型社区潜在的或者正在激发的矛盾和冲突以及由此引发的集体行动已经成为一种普通的社会现象，它正在成为影响人们生活质量、社区安宁乃至整个社会稳定和谐的一种巨大威胁，是当今政府正在努力倡导的和谐社会建设中的一大障碍。本研究对社区网络与集体行动的生发、形态和绩效的相关性进行考察，能给政府相关职能部门如何理性因应日益增长和加剧的社会冲突以及由此引发的群体事件提供一些政策参与，如何对社区体制进行重新设计，对社区群体或组织之间的权力关系加以重构，如何面对新型社区的迫切需要来推动社区建设提供一些建设性意见。同时，也可以为处在转型之中的有点茫然无措的社区工作者如何因应社区需求转变性质和职能、协助社区自主自助和促进社区发展提供指导。当然，最大的现实意义在于提升都市新型社区各利益相关群体或组织化解社区矛盾的能力，提升社区消解社会紧张和冲突的能力，融洽社区成员之间以及社区成员与利益相关组织或群体之间的关系，建构和谐、稳定、安康的社区，以推动整个和谐社会建设的进程。

第三节 写作思路

第一章主要介绍中国转型期冲突性集体行动频发的宏观社会语境，第二章进入发生集体行动的重要场域——新型都市社区，介绍了社区集体行动生发的中观情境。

第三章主要介绍本文的研究背景、选题的来由、研究的问题以及研究的意义。这种安排旨在让读者对本研究有个初步的了解，以便于更好地理解本文后面的内容。

第四章"相关文献回顾"，这一章分3个部分对社区网络与集体行动的相关理论加以介绍，第一部分主要介绍集体行动中个体行动选择的制约因素，分结构、情绪、建构、理性等4种不同的理论取向依次加以阐述；第二部分主要介绍关于"社区网络与集体行动关系"的相关理论，这里主要分"社区网络与情感激发"、"社区网络与意义建构"、"社区网络与理性计算"等3个方面的文献来进行阐述。其中情感激发主要涉及两个指标，即社区成员内部的积极情感强度和社区成员与对立群体之间的消极情感的强度；意义建构包括集体认同度、问题论述的清晰度、策略的认受性、口号或标语的共意性；理性计算涉及信息传递量、监控能力、激励能力、组织者供给水平、保护能力以及对成功的预期等等几个方面的指标。第三部分主要介绍"群体网络形成理论"，这里主要在结合多种网络建构理论的基础上，结合转型中国都市新型社区的实际，提出群体网络建构的3个必备条件，即人际吸引、互动空间和交往实践。

第五章主要介绍研究设计，分3个小节，第一节主要对"集体行动"、"社区网络"、"融合性社区网络"和"集体行动准制度化"等主要概念进行界定；第二节主要阐述本研究的分析框架；第三节主要介绍本研究所运用的主要研究方式和研究方法；第四节讲述了本研究两个个案的选取经过。

第六章主要讲"两个小区的集体维权故事"，这两个小区的社会网络分别为融合性和离散性，两个小区的维权行动各有千秋，本文只对维权的原因、维权的经过和结局做简要的介绍，笔者这样处理的目的在于帮助读者更好地理解以后各章对社区网络与集体行动的关系论述做铺垫，不至于感到突兀或无厘头。

第七章主要阐述"两个小区的社会网络"，这一章分成两小节，两个小节分别简要描述两个小区的概况和小区的社会网络特性（融合性或离散性）。这一章对两个小区网络特性的介绍目的在于为考察社区网络对集体行动的影响提供基础性材料。

第八章主要论及"社区网络与集体行动的可能性"。由于群体成员的行动选择与集体行动的可能性存在必然的因果关联，因此，只要论述了社区网络对潜在参与者行动选择的影响，就可以推导集体行动的可能性。社区网络特性对个体行动选择的影响包括3个方面，一是社区网络对情感培育的影响（涉及对内积极情感和对外消极情感）、一是社区网络对意义建构的影响（其中包括社区网络对集体认同度、问题论述的清晰度、集体行动策略的认受性以及口号或标语的共意性的影响)、一是社区网络对理性计算的影响（其中包括社区网络对信息传递量、对搭便车的监控能力、对积极贡献者的激励作用、对组织者供给水平、对参与者的保护能力以及对成功的预期等产生影响)。不同融合性的社区网络对情感、话语和理性产生不同程度的影响，受到不同程度影响的情感、意义建构和理性对不同社区的成员产生强度不等的动员潜能。

第九章主要论述"社区网络与集体行动的绩效"。这一章分成两个小节，第一节论述社区网络对集体行动形态产生的影响（其中包括对集体行动的规模、集体行动的组织化程度和集体行动的暴力程度)，第二节则在第一节的基础上论证社区网络对集体行动的绩效产生的影响，集体行动的绩效包括两个方面，即群体绩效和社会绩效。

第十章为结语。这一章分4节，第一节主要阐述了通过对两个不同融合性的社区网络中发生的集体行动的考察、比较和分析，得到关于社区网络如何作用于集体行动的生发，并提出本研究中遇到的遗憾和不足。第二节讨论了在转型中国社会社会怨恨长期积压亟待释放之时，中国政府当选择什么样的策略以应对集体行动，以使社会怨恨能够及时有效适度地释放。其中提出3种可供选择的策略：集体行动制度化、集体行动非制度化和集体行动准制度化，顺势提出建构融合性社区网络的必要性；第三节主要阐述了KC小区（融合性）网络建构中3种必备条件即人际吸引、互动空间和交往实践所发挥的作用，为如何建构融合性社区网络提供启示；第四节主要阐述在转型中国社会，作为社会工作研究者和社会工作人员当如何介入社区网络建构，以使社会怨恨可以及时有效适度地得到释放，促进社会整合。

第四章
相关文献回顾

　　本研究主要回顾 3 个方面的理论，即集体行动中个体行动选择的制约机制的相关理论，社会网络与集体行动的相关性研究成果，社会网络建构的相关理论。对集体行动中个体行动选择的制约因素的回顾，旨在为分析社区网络对潜在集体行动参与者的行动选择的影响提供理论支持；对社会网络与集体行动相关性研究成果的回顾，旨在为考察社区网络如何作用于集体行动提供理论依据；对社会网络建构理论的回顾，旨在为如何改革社区体制和社区工作者如何介入社区网络建构提供理论指导。

第一节　集体行动中个体行动选择的
制约机制

　　本研究的根本目的不在于集体行动，而在于研究社区网络是否具有消解社会怨恨、促进社会整合的功能。要证实社区网络的这些功能，必须通过考察社区网络对某种社会现象的作用，而这个社会现象又必须是与社会怨恨和社会整合紧密关联的，而集体行动正好符合这个要求。通过考察社区网络对集体行动的影响可以证实社区网络是否具有消解社会怨恨、促进社会整合的功能。这正好像要证实一种药品的疗效，最佳的方式是找一个病人来服用，看病人的变化，就可以知道药品的疗效如何。当然，要考察社区网络对集体行动的影响，首先要了解导致集体行动者做出行动选择的原因是什么，正如医生治病，首先要查明病因一样。所以，在文献回顾中，笔者首先要回顾制约集体行动的相关因素。

集体行动生发的可能与不可能，主要取决于潜在集体行动者个体的行动选择。没有个体行动者广泛参与，也就不可能产生集体行动。而个体是否参与集体行动，受到很多因素的制约。要探讨集体行动的可能性，必须了解个体行动选择背后的约制因素。关于这方面的研究浩如烟海，要穷尽这些理论成果可能非本研究所能，笔者只能对其中一些代表性研究进行梳理，并从中抽象出个体行动选择的 4 种约制系统，即情感、理性、结构和建构。

（一）为情所动——情绪中心论

在韦伯看来，人的社会行为是情感、价值理性、工具理性和传统等 4 种因素之中的两种以上交互作用的结果。可见，情感是人类的社会行为的一种重要内驱力。集体行动作为人类社会行为的一种，同样受到了情感的影响。早在 19 世纪末，涂尔干就认识到集体情感能够在群体内部产生凝聚力从而促进集体团结。到 20 世纪五六十年代，欧美主流的社会学家更是专门从社会心理学视角来研究集体行动。通常将集体行动视为主要由情感引发的非理性行为，将集体抗议与风潮、恐慌、灾难等现象等而视之。集体行动理论的核心概念是相对剥夺感、不满、疏离、紧张、挫折或认知不协调等情绪因素，都是属于病态社会心理学的范畴。另一方面，集体行为带有行为主义的意义，它是指作为刺激后果的直接情绪反应，而不是深思熟虑后的、有责任感的行动。从这种观点来看，社会运动并不是一种"政治现象"，或者说，它本身并不涉及权力与资源的重新分配，而只不过是个体情绪的集体抒发。

从古斯塔夫·黎朋和西皮奥·西格尔时代起，社会心理学家就一直尝试着寻找集体行动的动力来源。罗伯特·帕克就将集体行动视为个体在公共或集体情感冲动作用下的结果（R. 帕克等，1925）。戴维·波普诺也认为，集体行动是因为受到某种普遍存在的情感的影响和鼓舞而发生的行为。[①]

　　那么，为什么会出现群体性感情的突然爆发，那种富有感情色彩的行为是通过什么途径蔓延到整个群体并形成同质的思想和行动的。对此，黎朋在塔德的影响下，认为聚合在一起的群众具有神经质的感染因素，并具有以下三大特征：（1）去个性化，即由于置身于许多人中，个人便确信有一种难以克服的力量使自己不能不屈服于本能；（2）感情作用大于理智作用，这容易引起情感在群体成员之间的相互暗示和感染；（3）失去个人责任感，在没有责任感的约制之下，情感容易失控。其他一些社会心理学家也从不同的角度来阐释引起集体行动的情感激发，麦孤独将自己的本能论和黎朋的感染论糅合起来，认为个人的天性容易为他人的情感表达所唤醒，在人的初级本能和情绪交互作用下往往产生集体行为。布鲁默、K. 兰和 G. 兰对黎朋的感染论加以修正而创造了"循环反应论"，他认为集体行为不仅是单向情绪感染引发而是由于在群体成员之间双向循环感染而不断强化的情绪而引起的。[②] 而特纳的紧急规范论认为，集体行动并不是由一种既有的情绪引起，而是由于个别人的可见行为形成的新规范在其他个体身上产生一种执行新规范的紧张压力感引发的。[③] 1970 年，格尔在《人民为什么造反》一书中提出相对剥夺感概念，并把相对剥夺感视为导致集体行动的主因，认为相对剥夺感越大，人们造反（冲突性集体行动）的可能性就越大（Gurr，1970）。而帕森斯的学生斯梅尔塞同样继承了传统社会心理学内核，将结构性怨恨作为引发集体行动的关键因素，即使是概化观念也被他当做"一蹴而就的观念"和"不耐心者的冲动"。在 20 世纪 70 年代之后，集体行为的情绪决定论很快被基于理性选择的资源动员理论所取代，

---

① 波普诺：《社会学》下册，辽宁人民出版社，1988，第 566～567 页。
② 巴克：《社会心理学》，南开大学出版社，1984，第 178 页。
③ R. H. 特纳：《集群行为》，载 R. 法里斯主编《现代社会学手册》，1964，第 382～425 页。

遭遇了很长一段时间的批评和冷落。而近年来，情绪对集体行动者个体行动选择的制约力重新受到了学者的高度关注和强调（Goodwin，1997；Goodwin and Jasper，2004；Jasper，1997，1998）。

上述理论尽管存在这样那样的差异，但他的立足点是相通的，即认为集体行为不是行动者有目的的理性行动的后果，而是集体行动参与者的某种情感引起的，所以集体行动是没有任何理性可言的。是聚在一起发了狂的人们的破坏性爆发的想法（Martin，1920）；同时，我们发现这些理论家也许是站在统治者的立场，所以这些理论过度借用有问题的社会心理学预设，个体的负面心理状态被假定成为集体行为的导火索。①

（二）理性主宰行动——理性中心论

后来的集体行动参与者和研究者们认为，传统社会心理学总是习惯于贬低集体行动的动机，蔑视行动者的良好判断力，既显得天真幼稚又带有还原论色彩，并把人们的注意力从冲突和压迫矗立于其上的结构性条件中转移开来。麦卡锡和查德就认为，民怨或信念导致集体行动的说法是没有根据的，因为民怨无所不在，但是却并没有必然引发抗争。② 因此，传统社会心理学对集体行动的研究造成一段时间的冲击后很快陷入了没落。为了对抗这种心理学的偏见，19 世纪 70 年代在美国兴起的资源动员论就完全抛弃了心理学的讨论，转而采用工具理性的行动预设。

早期功利主义理论家探究对个人利益及其实现手段的明确计算来解释集体行动的动力机制。在这里，人被看做始终处于计算之中，追求利益最大化，总是以牺牲他人利益为代价来寻求自己得到好处（Jonathan H. Turner，1998）。

在 19 世纪英国古典经济学中，我们可以发现功利主义社会

① 何明修：《集体行动中的情绪、仪式与宗教：一个涂尔干社会学的分析》，《社会理论学报》2004 年第 1 期，第 41～87 页。

② McCarthy and Zald，1989. Social Movement in an Organizational Socirty，17－18.

学思想基础,马歇尔从人的"需求"、个人欲望或目标的角度入手来说明人的行动。与之同时代的帕累托第一个提出这样一个议题:对个人满足的追求能否生发集体性的安排。[①]

霍曼斯建构了个体行动者行动选择的演绎解释体系,即,行动=价值×可能性,换句话说,人们估算各种行为可能带来的报酬价值以及获得这种报酬价值的可能性来做出行动选择。这种行为主义心理学分析对集体行动的动力机制的微观分析富有启发意义,个体对集体行动的价值评估以及通过参与集体行动获得利益的可能性无疑是影响人们是否参与集体行动的主要变量。

理性选择理论给了集体行动更多的关怀,这种理论取向认为所有的集体行动都是由群体成员的公共物品所引起的,不存在公共物品的群体不可能出现集体行动,"人们为了获得特别的好处,通过为生活的目的提供某些特别的好处而聚到一起"。[②] "集体成员身份的吸引力并不仅仅在于一种归属感,而在于能够通过这一成员身份获得一些什么"。[③] 所以说,对公共物品的需求才是集体行动的本质原动力。

个体行动者有了对公共物品的需求和依赖,但未必会参与生产公共物品的集体行动。之所以参与或不参与,其选择的背后仍然是理性在作梗。奥尔森的集体行动的逻辑解释了面对非排他性公共物品的生产,很大比率的个体选择"搭便车"即不参与集体行动,而致使集体行动陷入困境之中。其背后的解释逻辑就是个体对参与成本和收益的理性计算主宰了个体的行动选择。随后,奥尔森提出用选择性激励这剂良方妙药来解决集体行动困境,仍然是基于个体行动选择受到理性的驱动这一基本前提假设。

梯利的资源动员理论是基于对社会心理学的批评而建立起来

① McCarthy and Zald, 1989, Social Movement in an Organizational Socirty, 17 – 18.
② Ehtics viii. 9. 1160a.
③ Leon Festinger, 1953. "Group Attraction and Membership", in Group Dynamics, ed. Dorwin Cartwright and Alvin Zander (Evanston, III. : Row, Peterson,), p. 93.

的，这一理论的基本假设之一，就是集体行动的参与者是理性的
(Tilly, 1978)。这个模型以情绪决定论作为批评的靶子，结果走
向过分强调理性约制作用的极端。梯利认为资源是决定集体行动
成败的关键，但资源获得依赖于既存行动组织对参与者的资源动
员，不过，资源能否成功动员最终还是取决于行动者本人对行动
成本和收益的计算结果。这一模型的失误在于缺少对价值观、不
满情绪和意义形态的合理说明。[1]

上述所有的理论，都基于一个基本假设，即个体行动者的行
动选择以行动成本和收益的权衡作为参与的唯一依据，也就是
说，理性计算对个体行动选择具有决定性作用。解释集体行动微
观动力机制的理性选择模型，也有它难以回避的局限性，在这个
模型中，个体行动者都成了脱离社会情境的、激进的个人主义
者;[2] 个体所面对的社会现实是单一的、没有集体认同感的理想
类型;[3] 价值观、不满情绪、意识形态和集体认同感都因此变成
可以视而不见的和无关宏旨的东西。[4] 基于此，理性选择者对集
体行动的可能性大都持悲观的态度，但社会实践表明，在没有强
制和选择性激励存在的情况下，依然有大量的集体行动发生，这
是经验世界对理性选择模型的极大讽刺。

（三）结构决定一切——结构中心论

结构和行动，何谓结构，何谓行动，谁是本源，谁为派生，

---

① Myra Marx Ferree, 1985. " Mobilization and Meaning: Toward an Intergration of Social Psychological and Resource Perspectives on Social Movements. " *Sociological Inquiry55*: 38 – 51.

② Ferree, Myra Marx, and Beth B. Hess, 1985. Controversy and Coalition: The New Feminist Movement. Boston: Twayne.

③ Melucci, Alberto, 1989, Nomalds of the present: Social Movements and Individual Needs in Contemporary Society. Philadephia: Temple University Press.

④ Aldon D. Morris, and Cedric Herring, 1987. " Theory and Research in Social Movements: A Critical Review," in Samuel Long ed. , *Annual Review of Political Behavior*, Vol. 2. Norwood, N. J. : Ablex.

谁决定谁，一直是社会学领域争论不休的议题，对于喜欢强调结构的大部分结构主义理论家来说，结构就是各种社会安排所体现出来的模式，结构享有优于行动的本体论地位。社会变迁都是经济基础、国家和意识形态等方面的结构中矛盾汇聚的产物。在他们的视野中，个体行动者可看做由社会结构操纵的木偶，没有自主性或自主意识。同样地，在结构主义理论家对集体行动动力机制的论述中，社会结构成为主宰集体行动的最高统帅。

我们将结构对集体行动的影响分两个方面来阐述，一方面是宏观的社会结构分化对集体行动的决定作用，宏观社会结构的公正与否是决定人们是否有必要采取集体行动的决定因素，在一个理论上完全公正的社会结构下，人们没有必要采取集体行动。只有当结构不公正时，人们才有通过集体行动来改变现存不公正结构的必要。另一个方面是社会结构的变迁同样对个体行动选择产生决定性影响。

在马克思的阶级革命论里，充分体现了行动唯物质决定论色彩，这里的物质就是客观的社会结构。他认为，资源占有的不平等造成了一个两极分化的阶级结构，随着被统治阶级被剥夺感的不断增强，其针对统治阶级的反抗将集体性地组织起来（马克思，1848）。达伦多夫在对冲突性集体行动的论述中，仍然将因资源分配不均而导致的分化的社会结构视为集体行动的根源，但他更进一步分析了其他社会安排对集体行动的制约，比如培育准群体领导者和提供理论体系的组织技术条件、统治者对反利益组织许可的政治条件以及提供准群体成员招募机会和沟通机会的社会条件（达伦多夫，1958）。科塞认为被统治者集体行动发生与疏导不满的渠道、向优势地位的社会流动率、被统治者社会化自我约束以及统治者对被统治者外在约束等结构性因素紧密相关。[①]康豪瑟在托克维尔的理论进行了改造的基础上，提出

---

① Lewis A. Coser, 1956. The Functions of Social Conflict. London: Free Press.

"大众社会理论"，认为一个正常的社会结构应该由政治精英—中层组织—民众构成层级结构，发达的中层组织会导致利益和认同感的多样化而降低民众集体行动的危险，而中层组织的缺失反而将可能产生直接控制民众的民粹主义。① 纳粹德国就是大众社会的典型。

穆尔在对历史上大量集体行动的个案进行经验研究的基础上认为被统治者在物理方位、日常规范、生活经历的同质性，所经历的集体团结，统治群体与被统治群体之间的联系弱化以及被统治群体的被剥夺感是导致集体行动发生的重要因素。②

结构分化导致集体行动的观点深受马克思主义的结构冲突论的熏染，而另外一些学者却认为结构分化未必引起集体行动，结构变迁更容易导致集体行动。D. 德拉·波塔和马里奥·戴尼（Donatella della Porta, Mario Diani）总结了持这种观点的学者的理论，认为社会变迁对集体行动的影响至少表现在 3 个方面。首先，社会变迁可能加速某些具有特殊结构位置和潜在利益的新兴社会团体的出现，以及/或者降低既存团体的重要性，就像农业社会转型到工业社会再到服务型社会所显示的那样；其次，社会变迁也可能增加社会资源的容量，如教育的普及化，因而有助于行动者参与集体行动，以及/或者有助于行动者表达他们的利益所在。最后，社会变迁还可能会修正人际关系模式，从而强化或限制参加类似活动的人们之间的凝聚力。例如，工业社会的片断化妨碍了劳工发展阶级活动的能力，但是女性进入高等教育和就业市场机会增加的结果，促使女性产生新形态的连带感，并成为主要的新兴集体行动者之一。③

此外，政治过程论强调政治机会结构对个体行动选择的影

---

① Kornhauser, William. 1959. The Politics of Mass Society. Glencoe, III: Free Press.

② Barrington Moore, 1966. Social Origins of Dictatorship and Democracy: Lord and Peasant in the Making of the Modernworld. Boston: Beacon.

③ Donatella della Porta、Mario Diani：《社会运动概论》，苗延威译，巨流图书出版有限公司，2002，第 34 页。

响。政治过程论（political process theory）强调社会运动与政治体制的关联性，反对将社会运动化约成为个体心理现象。集体行动（或社会运动）是弱势者持续与制度化的权力拥有者进行互动，透过施压、讨价还价、联盟、对抗等形式，争取群体的共同利益的过程。政治过程论的核心观点就是集体行动是否可能取决于政治机会结构，即政治体制对于集体运动的开放程度。换句话说，政治机会结构是指一群以国家组织为中心的变项组合，对于集体行动者形成一定程度的限制与可能性，并且提高或降低了集体行动所需要花费的成本。[1]

从上述关于集体行动的论述可以看出，结构主义理论家对社会结构情有独钟，他们的论述都是从宏大的社会结构（如资源分配、阶级结构、社会流动等等）开始的，这样的安排隐含着这样一个理论预设，即社会结构是影响个体行动选择的本源。总之，大部分马克思主义者相信，只要存在不公正的客观社会结构，也就必然会产生集体行动。这样的论证且不管在逻辑上是否存在缺陷，在经验世界却遭遇到了自证预言失败的尴尬，尽管资本主义国家遭遇了经济大萧条和周期性的经济危机，马克思所预言的全世界无产阶级必然联合起来推翻资产阶级统治的革命（冲突性集体行动）并没有出现，至少在最近的历史中，资产阶级仍然以一个胜利者的姿态出现。[2]

（四）依据对世界的认知而动——建构中心论

集体行动领域的理论视角，从马克思的阶级革命论为代表的冲突理论，到以布劳的交换冲突理论为代表的交换理论，再到以奥尔森集体行动的逻辑为代表的理性选择理论，每一种理论对集

---

① 何明修：《政治机会结构与社会运动研究》，《国立政治大学社会学刊》2004年第 37 期，第 57 页。

② Jonathan H. Turner, 1998. The Structure of Sociological Theory (6th ed), Wadsworth Publishing Company, p.135.

体行动的动力机制的某些因素过分强调，而对另一些因素有所忽略。马克思主义者将社会结构视为集体行动的决定因素，同时也关注由结构因素唤起的意识形态对集体行动的重要作用，但他们忽略了社会结构如何转化成群体的共同意识的中介过程，也忽略了个体行动者的理性选择对集体行动的影响。可以说，结构主义视角的主要缺陷，在于它没有能够建立在一个清楚明了的个体模型的基础上；交换冲突论虽然认识到个人理性是人际互动（交换）的内驱力，也认识到交换的失衡将唤起共同意识（被剥夺感、不满情绪等），但同时却忽略了个体行动者在建构意识形态这个复杂过程中和参与集体行动的策略选择中理性计算同样会产生影响；理性选择理论由于对个人理性的过分强调而滑向了另一个极端，理性选择理论家大多悲观地认为如果没有对塔便车的机会主义行为加以监控和限制，集体行动必然陷入困境。在这里，情绪与意识形态对行动选择产生的影响没有放在考虑之内。换句话说，功利主义视角的主要缺陷在于，它未能把个体嵌植于一系列的关系和群体亲和力之中，因为这些关系是如此强大，以至于它们将形塑个体的行动选择。[①] 这些有失偏颇的理论在遇到经验世界时往往陷入手足无措的尴尬。因此，许多理论工作者试图对这些集体行动的理论加以融合和修正，探索一个更为全面和更有解释力的综合解释模型，来阐明社会运动和集体行动之产生、发展和维持的种种机制（Morris and Mueller，1992；McAdam，Mc-Carthy and Zald，1996）。

　　无论是结构还是理性对集体行动的影响，都会受到同一个变量的作用之后才对集体行动产生影响。这个变量就是对现实世界的"意义建构"（或者解释框架或者话语）。所谓意义建构，就是对集体行动的情境定义。斯诺和本福特将集体行动的意义建构称之为"集体行动框架"，并把它界定为"正在形成中的行动导向的一系列信仰和意义，它们激发了社会运动的行动和战役并使之

------

① 刘能译：《社会运动理论的前沿领域》，北京大学出版社，2002，第177页。

合法化"。①

正如克兰德尔曼斯所言：社会问题（分配或交换不平等、公共物品问题）本身并不必然引起集体行动，只有当社会问题被人们感知并赋予其以意义时才会成为问题，许多原本可以被看做严重的社会问题的客观状况从来没有能够成为公众讨论的话题，甚至没有被人们所察觉。② "在有关社会抗议（冲突性集体行动）的文献中，有一个见解正在赢得广泛的支持，即是人们对现实的解释，而非现实本身，引发了集体行动"。③ 行动是需要成本的，集体行动的意识形态（不满情绪或被剥夺感）即使形成，也并不能自动地或轻易地或必然地转化成集体行动，尤其是高风险性的集体行动。④ 因为集体行动需要金钱、时间和成员，这些必要的资源和成员需要人们去组织和动员。没有这个组织和动员的中介过程，集体行动也就成为泡影。而在这个资源动员的过程中，意义建构（或者解释框架或者话语）显然发生了重要作用。

（五）小结

情感取向的学者认为，情感对个体行动选择产生了决定性影响，从而也就决定了集体行动生发的可能性；结构取向的学者认为，结构决定了群体的共同意识，从而也就决定个体行动者的行

① Bert Klandermans, 1989a. Organizing for Change: Social Movement Organizations in Europe and the United States. International Social Movement Research, Vol. 2. Greenwich, Conn.: JAI Press.: 123 – 26.

② Bert Klandermans, and Dirk Oegama, 1987. "Potentials, Networks, Motivations and Barriers." *American Sociological Review 52*: 519 – 31.

③ Klandermans. Bert, 1989b. "Grievance Interpretation and Success Expectations: The Social Construction of Protest." *Social Behaviar* 4: 113 – 25.

④ Zald, Mayer N., and Bert Useem, 1987. "Movement and Counter-movement Interaction: Mobilization, Tactics and State Involvement," in Social Movement in an Organizational Society, ed. Mayer N. Zald and John D. McCarthy. New Brunswick, N. J.: Transaction Books.

动选择；理性取向的学者把人视为脱离社会情境的理性行动者，个体是否参与集体行动取决于个体对成本和收益的权衡；而建构取向的学者认为，群体成员是按照他们自己对社会现实的意义建构来行动的。

　　在结构取向、理性取向、建构取向和情感取向关于集体行动中个体行动选择的解释框架中，结构、理性、情感与建构对个体行动选择的形塑功能在每一种模型中都有所体现，四者的分歧不在于要肯定一种因素而全盘否定其他因素。比如在马克思的辩证冲突理论中，既有文化意识亦有理性计算对阶级集体行动的介入，马克思所论述的阶级意识在无产阶级的集体行动中起着黏合剂的作用，马克思理论本身作为一种阶级意识对无产阶级的集体行动发挥指导作用；资本家尽可能多地榨取工人的剩余价值追求利润最大化是理性选择的结果、无产阶级要起来反抗资本家的剥削争取阶级利益，同样有理性的驱动，所以有人说马克思的辩证冲突论其实就是交换论的变种（特纳，2001）。在功利主义模型中，同样有着结构和文化意识对集体行动进行雕塑的痕迹。奥尔森提及集体规模（结构因素）对集体行动的影响，赫克特提到同质文化对集体行动的促进功能。所以，4种模型争论的焦点在于结构、理性、情感和话语四者何为集体行动的原动力。不过，如果撇开特定时空的限定，要在一个无限的时空中来追溯谁为集体行动的本源或决定性力量可能注定是徒劳无益的。因为结构、理性、情感与建构四者之间本身是相互形塑的，结构在一定程度上形塑着理性、情感、建构，但反过来，由理性、情感、建构所共同支配的社会行动构成了结构的一砖一瓦，在或缓或急的形塑着结构，即结构化，所以可以说，理性、情感、建构倒过来在形塑结构。同样，理性形塑着结构和文化意识，文化意识也形塑结构和理性。总之，四者之间形成一个互构的循环圈。在没有时空限定的条件下，要在这个循环圈中探究谁为集体行动的本源或决定性力量，就只能寄望于人们的主观臆断。

综上所述，笔者得出一个关于个体行动选择的制约机制的整合模型，在这个整合模型中，所有的制约因素不仅彼此相互影响，而且共同作用于集体行动中个体行动选择。为了更为直观的表现这个模型，用图 4 - 1 表示如下：

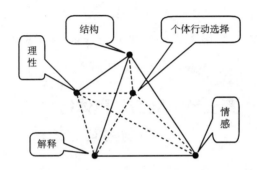

图 4 - 1　集体行动中个体行动选择的约制模型

说明：图表未注明资料来源者，均为笔者自行绘制。

在以上 4 种取向当中，结构是集体行动的宏观成因机制，对社会现实的意义建构、对行动的理性计算和情感的生成和激发都发生在个体层面，是集体行动的微观动力机制。宏观社会结构的变迁和分化对集体行动的个体行动者的作用并非是直接的，在集体行动的宏观成因机制和微观动力机制中发挥桥接作用的主要是社会网络，因为主要是个体所处的社会网络为行动者提供了对社会现实进行意义建构、理性计算和生成情感所必需的信息和情感。不同的社会网络传递信息和情感的功能是存在差别的，所以，社会网络无疑对集体行动的微观动力机制产生了非常重要的影响。如果建立一个"社会网络与集体行动生发机制的关系模型"，则可以将集体行动的宏观成因机制和微观动力机制全面系统有机地整合起来，而且集体行动的宏观机制、中观机制和微观机制对集体行动的影响以及这 3 种机制之间的相互作用都可以在这个模型中得到体现。

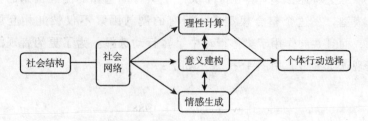

图 4 - 2　社会网络与集体行动生发机制的关系模型

第二节　网络与集体行动的
约制因素的关系

　　本研究的核心议题在于考察社区网络对集体行动的作用如
何。为此，必须检视关于网络如何作用于集体行动的已有理论成
果。网络对集体行动的作用很早就引起学者的注意。斯诺等人通
过抽样调查和其他经验资料明确指明了组织和网络是社会运动动
员的关键。[①] 塔罗指出，过去的研究过多地注重较正规和完善的
组织——如工会和学生组织等，而很少注意非正式的民间网络
（networks）——如乡邻、朋友、同事等——的作用。他援引美国
20 世纪 60 年代民权运动的几项研究指出，个人的社会背景——
如教育程度、家庭地位等——对其投入运动与否关系并不太。大
多数运动参加者主要是受亲友、邻里、同事、同学等的影响。人
际网络是资源动员的最基本的物质基础，行动首先是通过原先存
在的社会网络而组织起来的，网络对资源具有强大的吸附能力。
所以社会关系网对社会运动的发展影响至关重要。[②] 有关美国大

----

①　Snow, Zuecher and Ekland-Olson, 1980. "Social Networks and Social Movements:
　　A Microstructural Approach to Differential Recruitment." *American Sociological Re-
　　view 45*: 787 - 801.

②　Tarrow, Sidney. 1994. Power in Movement. New York: Cambridge University Press.

学生参加政治活动的研究也指出，2/3 的参与者都是通过社会的网络进入此一领域（Klandermans et al. 1988；Knote and Wisely 1990；McAdam and Snow 1996）。关于米兰环保人士的研究发现，72% 的人都是透过社会网络加入环保运动。

尽管理论家早已关切网络对集体行动的影响并做出了一些研究（McAdam，McCarthy and Zald，1988；Gamson，Fireman and Rytina，1982；Rosenthal and Schwartz，1989；Klandermans，1989a；Johnston，1991b，1995b；Pamela Oliver，1984；Piven and Cloward，1992；McAdam and Paulsen，1993；Walsh and Warland，1983；McAdam，1986；Friedman and McAdam，1992；Melucci，1984a，1989；Taylor and Whittier，1992；Erickson，1982；Donatella della Porta，1990；Roger V. Gould，1993；Markus S. Schulz，1998；Peter Hedstrom，2000；Fernando J. Bosco，2001；Flore Passy & Macro Giugni，2001；等等，），但笔者通过对这些研究的分析，发现这些研究只是关切网络对集体行动某个方面约制因素的影响，还没有一项研究能就网络与集体行动的相关性进行全面系统动态的整合。从这些研究当中，笔者归纳出网络对集体行动的几个关键制约因素的影响。

（一）网络与情感培育

理性选择模型对于集体行动动力机制的揭示的一个重大缺陷在于忽视了情感（如不满情绪、剥夺感、集体认同感和团结感）对于行动者行动选择产生的影响或者过分强调理性的制约作用，认为情感所造成的行为冲动总是屈从于理性。甚至把"情感维系"与"理性利益"对立起来，因而不仅贬低了前者，而且掩盖了社区关系和社区根基感对许多人来说是不能同他们的个人利益相分割的这一事实。[①] 这种理性决定论遭到了越来越多社会运动

---

① Calhoun，Forrest D.，1989. Everyday Forms of Peasant Resistance. New York：M. E. Sharpe.

理论家的批判和唾弃，开始对情感在集体行动中的作用给予应有的关注。尽管一些理论家认为不满情绪或剥夺感并不能自动地或轻易地转化为可见集体行动（社会运动）——尤其是高风险的社会运动。[①] 但并不能因此否定，情感对于集体行动发挥的重要影响力。从直接经验（比如愤怒或喜悦）之中，人们获得了自己的判断视角，并学会了向霸权性的秩序所提供的价值定义发起挑战。遭受压迫的人们尤其需要情感并看重情感，并把它作为受文化的理性标准鄙视的价值观和群体进行肯定的手段之一。[②]

扎尔德认为，通过热情参与而释放出来的社会运动的能量，是经由关于团结、共同分享和完整一体的情感而生成的，而不是仅仅由于参与成本的降低或实现群体目标的期望的升级而引发的。[③] 作为集体行动的促发因素的情感如何产生，显然，孤立的个体并不可能产生这些情感，这些情感都是"在一个集体情境中被社会性的建构起来的"。[④] 也就是说，这些情感是在行动者所处的社会网络中逐渐建构起来的。情感是通过人际互动来交流的，人际网络越是紧密，则情感的流动和交换就越是可以达成。发达的网络有助于各种积极情感的培育，柯林斯认为，重复际遇中的互动与交谈着的人们，倾向于产生积极的情感与感情。[⑤]

对于集体行动产生动员潜能的不仅仅是积极情感，消极情感同样可以引发集体行动。在早期社会心理学研究中，剥夺感、不

①　Zald, MayerN., and Bert Useem. 1987. "Movement and Counter-movement Inter-action: Mobilization, Tactics and State Involvement," in Social Movement in an Organizational Society, ed. Mayer N. Zald and John D. McCarthy. New Brunswick, N. J. : Transaction Books.

②　Jaggar, James, and Jane Poulsen. 1989. "Animal Rights and Anti-Nuclear Protest: Condensing Symbols and the Critique of In-strumental Reason." Photocopy.

③　艾尔东·莫里斯主编《社会运动理论的前沿领域》，刘能译，北京大学出版社，2002，第379页。

④　艾尔东·莫里斯主编《社会运动理论的前沿领域》，刘能译，北京大学出版社，2002，第9页。

⑤　乔纳森·特纳：《社会学理论的结构》，邱泽奇译，华夏出版社，2001，第195页。

满、疏离、紧张、挫折或认知不协调等情绪因素被视为集体行动的主要诱因，而且这些消极情感是通过即时的聚合群体成员之间的相互传染而引爆集体行动的。实际上，这些消极情感并不一定要通过即时的现场的人际互动来传播，亦可以通过既存的稳定的关系网络来传播。通过紧密的社区网络，一方面可能使消极情感得以传播和蔓延，使个体层面的消极情感上升为集体层面的消极情感；另一方面可能使消极情感得以强化，尤其在与对立方联系弱化或完全断裂的情况下。

可见，社区网络不仅影响积极情感与消极情感的生发，而且也影响情感的传递范围和传播的速度。这些在网络中得以培育和传递的情感又对集体行动的潜在参与者的行动选择产生动员潜能。

（二）网络与意义建构

资源动员理论过分关注社会运动组织的供给以及运动所需的资源和成员，却忽视了这样一个基本常识，社会问题和社会运动组织并不必然引发一场集体行动，因为人们是按照自己感知的现实来行动的。正如克兰德尔曼斯所言，是人们对现实的解释，而非现实本身，引发了政治行动……对不满情绪做出解释并提升人们对成功的期望值，是抗议的社会建构的中心内容。[①] 所以，人们赋予社会现实以意义并解释情境的建构过程是相当重要的。

集体行动框架或话语的一个决定性特性就是社会性，这一特性决定了表意、解释和意义建构只可能发生在个体之间的互动中，只有这样它们才可以被概念化成对抗议活动的社会建构。在以往关于集体行动研究的文献中，作为这些社会建构过程之载体的纽带和网络所受到的关注，远比这些过程所产生的认知建构受

---

① Klandermans, Bert. 1989b. "Grievance Interpretation and Success Expectations: The Social Construction of Protest." *Social Behabior* 4: 121 – 22.

到的关注少得多。[①] 克兰德尔曼斯在集体行动的研究中运用了人际生活圈子的分析工具，他认为抗议性意义正是在这种人际生活圈子中被建构出来的，它们把某些社会条件界定为"怨恨"，把获取集体物品的可能性界定为"对成功的预期"。与"公共话语"、"劝说性沟通"和"意识提升"相联系的种种意义，同样是在社会网络中建构起来的。[②] 而且，面对面的互动网络是意义在其中被创造、解释和转化的社会情境。那些反对功利主义来解释行动的学者更是认为，社会网络所代表的毋宁说是一个符号生产过程（Melucci 1984a，1989；Taylor and Whittier 1992）。如果个人与某种社会环境的关系越是紧密，其中的成员在发展自身观点的时候就越是彼此参照、互相影响（Erickson，1982）。

可见，作为一种集体意识或集体认知的意义建构，它之所以从个体意识或认知上升到集体层面，乃是因为个体借助关系网络不断相互沟通、反馈、劝说的结果。没有网络，孤立的个体意识就难以形成集体认知或集体层面的意义建构。

（三）网络与理性计算

理性选择理论模型之所以受到置疑，在于它将集体行动者预设为一个没有社会网络的原子化个体。这种预设当然是不切实际的，任何一个社会人都是嵌入于一定的社会网络之中的，而他所处的社会网络在很大程度上影响着信息攫取量、监控水平、激励机制、保护功能以及潜在参与者对成功的预期，而信息、监控和激励等因素正是影响行动者对行动成本与回报的计算结果的重要因素。所以，网络可以改变潜在行动者对参与行动的理性算计结果，正如法尔德曼和麦克亚当所言，"集体行动的潜在参与者乃

---

① 艾尔东·莫里斯主编《社会运动理论的前沿领域》，刘能译，北京大学出版社，2002，第91页。

② 艾尔东·莫里斯主编《社会运动理论的前沿领域》，刘能译，北京大学出版社，2002，第13页。

是社会网络的理性行动者，他们整合在网络之中，因此可以去评估集体行动者此一身份的价值，然后选择成为这样的身份"。①

人们对行动成本与回报的计算结果与行动者或潜在行动者对与该行动相关资讯的多少有关，获取的信息量越大，理性计算的准确度越高，人们越趋近完全理性，反之，则越远离完全理性。②而潜在集体行动参与者所能获得信息量的多少与行动者所占有的网络的密度和广度有关，网络分析家认为网络实质上是信息的流转和交换，群体动力理论家也认为信息传递是网络的重要功能之一。个体所占有的网络的密度越高范围越广，则从中获取的信息量越大，人们对行动成本和报酬的计算越趋于完全理性。

理性选择理论家认为集体行动的目标在于维护或获取公共物品，但公共物品的非排他性将使理性自利的个体采取搭便车的机会主义行为，这种搭便车行为的泛滥将导致集体无理性的困境。要克服搭便车行为，必须采取选择性激励的手段，即对集体行动的积极参与者给予奖赏而对消极搭便车者给予惩罚，也就是增加积极参与者的报酬和搭便车行为的成本来改变行动者的理性计算结果，以达到尽可能减少搭便车行为产生集体行动的效果。③这种奖赏可以是物质激励/惩罚，也可能是精神激励/惩罚，在存在正式组织的群体中，物质或精神激励的两种方式皆有可能，但对于非正式网络而言，对积极贡献者大多只能采用精神激励的方式，而对搭便车的机会主义者，则精神惩罚和物质惩罚兼而有之，拒绝对网络中同伴们的召唤做出回应，将意味着可能失去这一纽带所能提供的全部收益。这些收益可能是社会性的，比如友

---

① Firedman and McAdam, 1992. "Collective Identity and Activism: Networks, Choices, and the Life of a Social Movement." New Haven: Yale University Press. 161 – 170.

② 赫伯特·西蒙:《现代决策理论的基石》，北京经济学院出版社，1989，第45~62页。

③ 曼瑟尔·奥尔森:《集体行动的逻辑》，陈郁译，三联书店出版社，1968，第70~75页。

谊或社会荣誉,[1] 但它们也可以是物质性的,网络纽带可以为人们提供工作。[2]

杨中芳（C. F. Yang, 1995）认为,关系网络的主要功能在于它保证了交往各阶段所需要的信任。关系意味着相互的义务,而义务感会使人做出值得信任的行为。一个人如果不履行自己的义务,他就会失去面子,不仅会受到别人的谴责,而且可能会付出极大的代价——失去关系网及其所包含的社会资源。但是这种激励功能的发挥依赖于个体的高度可见性,而可见性的高低却与个体所在的网络密度息息相关（Michael Hechter, 1988）。在一个离散性的非正式网络中,个体行动者的贡献与否以及贡献多少难以为群体其他成员知晓,因而其他成员也无法确定对该行动者是采取奖赏还是惩罚。即使对该行动者给予奖赏或惩罚,也难以为该行动者所感知而失去激励作用。在一个高密度的网络之中,不仅行动者的贡献是可见的,而且他人对该行动者的奖赏或惩罚也是可见的,这就大大提高了奖惩的激励作用。所以,高密度的非正式网络具有较高的奖赏能力,而低密度的网络奖赏能力较低。

在以威权政体为抗争对象的集体行动中,组织者和积极分子可能首当其冲会为集体行动支付被暴力压制的高风险成本。但即便如此,仍然有组织者和积极分子得以成功地逃避这种风险而取得胜利。其中的原因是多方面的,不过他们所在的群体网络为他们提供保护也是一个重要原因之一。当然,并非任何群体网络都具有保护功能,保护功能的强弱与群体网络的密度相关,群体网络的密度越高,集体行动参与者逃避或降低风险成本的可能性越大,反之,则参与者尤其是组织者和积极分子就越有可能支付较高的风险成本。约翰斯顿对独裁政权下的民族主义运动进行研

---

[1]　Laumamn, Edward O. 1973. Fonds of Pluralism: The Form and Substance of Urban Social Networks. New York: Wiley.

[2]　Granovetter, Mark. 1970. Getting a Job. Combridge, Mass.: Harvard University Press.

究，发现民族主义运动之所以能够抵抗强权压制，主要是因为其参与者处在紧密的关系网络之中（例如家族、友谊、宗教与社区），远非政治行动领域所能涵括。因此，国家的高压控制难以扼杀这样的力量。[1] 中国共产党组织的新民主主义革命之所以取得胜利，也与共产党和劳动阶级所建立的紧密关系网络提供的保护作用有着关联。除了群体内部关系网络的保护作用，群体外部关系网络也可能为行动者提供庇护，与第三方力量（媒体、国际社会等）尤其是与威权政体内部精英建立的非正式关系能为集体行动提供更大的保护作用。

社区成员的参与意愿和参与人数会影响人们对成功的预期，而社区成员的参与人数和参与意愿能否被觉察，在很大程度上取决于网络的密度。在高密度的社区网络中，社区成员的行为具有较高可见性，其参与意愿和参与人数也容易为人所觉察。如果看到有很多人参加抗议活动，那么看起来成功就是可能的。这一集体力量的显示，激励了那些与其他人相比投入程度较小或没有投入的个体。[2] 这一效果证实了鲁尔的断言，即亲眼看见原先不可能的行动形式的发生，或者感觉到其他人正在严肃地考虑采纳这类行动的可能性，本身就创造了一个新的行动愿望。[3]

综上所述，社区网络的广度与密度影响了信息的传递、监控和激励机制的形成以及保护行动者等等多种功能，而这些功能的强弱必然影响集体行动潜在参与者对行动成本与回报的计算结果，理性计算的结果在一定程度上会影响潜在参与者的行动选择。

在集体行动中，尤其是高风险的冲突性集体行动中，组织者

---

[1]　Donatella della Porta、Mario Diani：《社会运动概论》，苗延威译，巨流图书出版有限公司，2002，第 129 页。

[2]　Bert Klandermans, and Dirk Oegama. 1990. "Erosion of a Movement's Support: The Unwanted Effects of Action Mobilization." Submitted for Pubication.

[3]　Rule, James B. 1989. "Rationality and Non-rationality in Militant Collective Action." *Sociological Theory 7*: 57.

和积极分子的浮现对于其他潜在集体行动参与者的理性计算产生影响，组织者和积极分子的重要性不仅仅在于激发群体成员的情绪，激励群体的士气，而在于组织者和积极分子为集体行动承担了组织成本和风险成本，从而大大降低了其他潜在参与者的行动成本，预期成本的减少将促使更多潜在参与者选择参与。反之，如果没有组织者和积极分子出现，则其他潜在参与者的预期成本增加，从而使更多的潜在参与者可能选择搭便车行为。在威权社会，组织者和积极分子所支付的行动成本要远远高于其他普通的行动者，因为对集体行动的压制最主要的是针对集体行动的组织者和积极分子，枪打出头鸟、擒贼先擒王、秋后算账这些统治技术都是针对组织者和积极分子的。所以，高风险高成本往往让集体行动尤其是威权社会的集体行动的组织者和积极分子的供给陷入困境。尽管如此，在一些高风险的集体行动中仍然有组织者和积极分子浮现。这种情况除了与群体所面对的结构性冲突的严重程度以及组织者和积极分子的个人特质有关，是否与组织者和积极分子所在的群体网络有关，这是以往理论极少关注的一个问题，本研究将对社会网络与组织者的供给能力的相关性进行考察，以验证社会网络对组织者供给水平的影响的显著程度。

在关于网络对集体行动的影响的研究中，主要关注的是网络对集体行动生发的影响，关注网络在集体行动动员中所起的作用。至于网络对集体行动表现形态和绩效的影响极少有作品涉及，可以说还是一个空白。本研究除了将网络对集体行动生发的影响之研究进行整合之外，还将探讨网络对集体行动的表现形态和绩效的影响。

第三节　关于社会网络建构的理论

网络建构并非本研究的重点，论证社区网络对集体行动的显著影响及其在消解社会怨恨促进社会整合中发挥的重大功能，就为如何改革现行的社区体制和社会工作如何介入社区网络建构提供了理论依据。

在所有关于社会网络的研究当中，明显偏重于对社会网络结构研究和静态分析，而缺乏对社会网络动因和动态的研究。离开对网络动态的分析，就难以理解网络对行动的意义，而且也无法解释某些网络现象，比如为什么人们要建构网络？网络建构受到哪些因素的影响？如何通过改变某些变量来影响网络建构？

尽管网络动态分析受到社会网络分析家的忽视，但并不意味着这方面的研究是一片空白。仍然有一些网络理论家关注社会网络的动态研究并取得一些令人瞩目的成果，他们分别从不同的视角来探索社会网络建构的制约因素。

费舍从选择——限制视角来分析网络建构，他主要强调社会结构制约或影响社会网络的建构：社会结构为个人的网络建构提供机会或施加限制，个人的社会位置、直接环境和宏观社会脉络等超出个人控制的因素是个人建立和维系特定社会关系的外在因素。[①] 比如性别、社会经济地位等影响着社会网络的动态发展。[②] 当然，社会网络建构尽管受到社会结构因素的约制，但个人仍然可以在一定选择范围或资源条件下就网络建构的意向做出选择。所以，个人的社会情境不同，他们做出的选择就不同。实际上，人们的社会网络是围绕着一系列的活动中心而建构的，如工作、休闲、家庭聚会。有机会参与以上活动中心的人就有更多可能结识他人、建立新的关系和维持关系。有研究表明，邻里、家庭、社团、朋友和另外的场合对人们建立社会关系有重要意义，那些无法接近这些活动中心的人，其社会网络受到限制。[③] 这一视角

---

① Feld, Scotl, &, Carter, W. C. 1998, Foci of Activity as Changing Contexts for Friendship. In H. G. Adam, G. & Allan, (Eds), Placing Friendship in Context UK: Cambridge University Press, 136 – 152.

② Blau, P., 1977. A Macrosociological Theory of Social Structure, *American Journal of Sociology*, 83, 26 – 34.

③ Feld, Scotl, &, Carter, W. C. 1998. Foci of Activity as Changing Contexts for Friendship. In H. G. Adam, G. & Allan, (Eds), Placing Friendship in Context UK: Cambridge University Press, 136 – 152.

尽管也说明个体在网络建构中也有一定的选择余地，但这些选择都受制于宏观的社会结构。所以，这是从结构决定论的视角来研究网络建构的。

范登波尔从理性选择视角来解释社会网络建构的动因。这种理论以理性人为前提假设，认为人们都以实现利益最大化作为一切行动的出发点，行动选择主要取决于行动成本与效益的计算结果。是否与他人建立关系要看和其他一切可能的行动选择相比是否可以达致个体利益最大化。基于此，范登波尔认为社会网络建构主要是以下3个因素制约的，即与他人接触的机会、与他人的交通距离和与他人相识的时间。与他人接触机会越少，与他人的交通距离越远，与他人相识的时间越短，则网络建构的成本越高。与他人建立关系的收益则与个人网络的大小、自我披露的倾向以及对此类网络的依赖度有关，网络越小，自我披露的倾向越强，对此类网络的依赖越大，则从网络中获得的收益越高。[1]

在这种微观经济学的模型中，尽管强调个人在网络建构中可以依据理性计算的结果来进行选择，但由于受到方法论的限制，这一理论在经验研究的时候却将重点置于社会结构决定要素。因此，理性选择理论的解释与选择——限制视角如出一辙。[2]

马克思虽然不是网络分析家，但他的社会交往理论与网络建构高度关联。社会交往理论主要强调社会实践活动在网络建构中的关键作用。在他看来，作为网络建构行动的社会交往是一种基于生产实践基础上的社会实践，是人类特有的存在方式和活动方式。他认为，无论是物质交往还是精神交往都离不开实践活动。物质交往是人们在物质生产过程中建立起来的人际关系，而精神交往也需要借助感性的、物质手段即实践性活动来进行。总之，

---

① Van der Poel, Mart. 1993. Personal Networks: A Rational-Choice Explanation of Their Site and Composition Netherland: Swels & ZeitlingerB. V. Lisse.

② Hechter, M, & Knataws, Satoshi. 1997. Sociological Rational Choice Theory. *Annual Review of Sociology*, 23, 191 – 214.

在马克思看来，尽管社会交往源于人们的需要，但社会实践是社会关系得以产生的基础，是达到人与自然、人与人之间进行相互作用的桥梁和中介。

赖茨（Reitz，1981）从组织行为理论的视角来探讨网络建构的制约因素，他发现身体距离、建筑距离和心理距离是社会网络建构的 3 个必备条件。

心理距离是指群体成员由于个人态度、观念、兴趣、人格特质因素，影响与群体内其他成员互动的意愿和需求的高低强弱，而产生亲疏或趋近避离的心理感受。一般而言，心理距离因素对社会成员网络建构的影响，大于身体距离或建筑距离的影响；除了心理距离的影响外，建筑距离也是影响建立社会关系的重要因素，适宜交往的建筑距离为社会成员互动的空间环境，如社区住宅、公寓式房子或办公室内之布置、空间利用等，都会对群体成员之间的社会交往活动产生关键作用。一般说来，在其他条件相同的情况下，人们居住得越紧凑，他们之间的被动接触和主动交往就会越频繁（Case 1981；Michelson 1976；Whyte 1956）。但是，居住密度太高的房子却也会阻碍居民之间的交往（McCarthyand Saegert 1978；Mitchell 1971）；此外，身体距离也是影响成员互动沟通机会的重要因素，人类学家爱德华·霍尔将日常生活中人与人之间的空间距离分为 4 类，分别为亲密距离、个人距离、社交距离和公共距离。① 每一种距离都只适于亲密程度不等的个体之间的交往，遇到关系强度不等的他人，保持合适的身体距离，有利于增进个体与他人之间的联系。

以上几种理论从不同的视角来探讨网络建构的制约因素，每一种理论都有对某一些制约因素的强调，每一种理论都具有在特定的社会情境的独特解释力。笔者认为，对于一个转型期的都市新型社区网络建构而言，运用组织行为理论来解释更为确切。因为在都市新型社区，居住模式的变迁使社区成员之间的心理距

① Hall, E. T, 1959. The Silent Language1 New York：Doubleday. p. 134.

离、建筑距离和身体距离发生了巨大的改变，这些因素的变化对社区人际关系的建立产生显著影响。心理距离接近于"人际吸引"这个概念，不过，"人际吸引"这个概念表示一个动态过程，而心理距离则是一种静态描述。本文主要论述的是网络建构这个动态过程，所以使用人际吸引这个概念更为确切。根据马斯洛的观点，人主要有安全、爱与归属、尊重和自我实现的需要，而产生人际吸引的原因是社会成员通过互动能够满足某种需要，人际吸引的大小在于成员之间的互动能够满足彼此需要的程度。社会成员之间彼此满足需求的程度与成员的地位、相似性、互补性、人格特质、名望和群体目标有关。① 地位是产生人际吸引的重要指标，社会成员的地位越高，职权越大，则对他人产生的吸引力越大。伯恩（Byrne，1969）认为地位高的人不仅吸引力强而且吸引的人数较多，因为地位高的人是普通人投射认同的对象，并且和地位高的人来往，可能获得酬赏，满足某种需要；伯恩和Wong认为同质性是影响人际吸引的基础，背景、态度和价值相似的社会成员之间更容易相互吸引；温奇（Winch）却认为，人们相互吸引源于互补，他并且将互补分为两类，一类是彼此获得满足的是相异的需要，一类是彼此满足共同的需要，只是强度不同；有些学者认为人格特质是人际互动频率及时间长短的重要影响因素，具有积极、正向的人格特质的社会成员更容易产生人际吸引力；有些学者认为功成名就的人更容易产生人际吸引，因为这类人往往是人们认同学习的对象，而且与这类人交往可以满足某些酬赏的需求；群体活动及其目标也对人际吸引产生相当重要的制约作用，群体活动及其目标越是能够满足成员的需要，则成员参与度越高，成员之间更容易产生相互吸引，因此，增加群体活动或目标对成员需要的满足程度，是增强人际吸引的重要手段。

可以说，人际吸引只是为社会成员的交往提供了内在驱动

---

① 潘正德：《团体动力学》，台湾，心理出版社有限公司，1996，第40～44页。

力，有了这种驱动力，还需要有进行互动的物理空间或者网络空间，因为社会成员的交往总是需要以一定的空间为依托。古尔德在对巴黎公社的动员过程进行研究中发现，社会成员的空间分布方式往往是组织和社会网络形成的基础。[①] 赵鼎新也认为同质性群体的聚居可以促进组织和网络的形成。[②] 当然，赖茨把建筑距离作为互动机会的一个必要条件未免有点不合时宜，随着信息化社会的来临，人们的交往不再仅仅依托实在的物理空间，发达的通讯工具特别是便利和廉价的互联网也日益成为一个重要的互动平台，因此，应把这个建筑距离扩大为公共的互动空间，而且这个公共空间应该包括实在互动的物理空间和网络空间，因为随着信息时代的来临，社会成员之间的交往行为不再局限于实在的互动场所，如住宅、广场、会议室等等，还扩大到互联网所提供的虚拟互动空间，并且社会成员通过互联网进行的互动正变得更加频繁。要增加社会成员的交往机会，就应当为社会成员的互动提供足够的公共空间，包括互动的网络空间。

对于信息社会来说，身体距离对于互动机会的影响力变得越来越小，人们不一定要有身体的近距离接触才可以产生互动，借助现代化的通讯工具，社会成员即使在不同星球，同样可以进行互动。不过，通过通讯工具来进行互动难以使信息真实、全面的传达，因此，身体距离仍然是影响互动机会的重要条件。如何拉近身体距离，在一定空间环境内进行集体活动是一种较为普遍的方式，马克思认为，交往实践是人们之间进行交往建立关系的基础和中介，因为社会实践可以使人们身体距离更近。马克思在《共产党宣言》中就指出，工厂中工人的大量集中将提高无产阶级的动员能力（Marx，1985）。之所以如此，就是因为现代企业

---

① Gould, Roger V, 1991. "Multiple Networks and Mobilization in the Paris Commune, 1871." *American Sociological Review56*：716－729.

② Zhao, Dingxin. 2001. "The Power of Tiananmen：State-Society Relations and the 1989 Beijing Student Movement." The University of Chicago Press.

大规模集中生产的方式使得工人之间有了更多交往实践活动，也即有了更多身体近距离接触的机会，使得工人之间的关系网络更为紧密。因为交往实践与身体距离的远近息息相关，因此，本研究将交往实践视为影响网络建构的一个关键变量。

总之，要在社区建构融合性社区网络，必须为社会成员之间以及社区成员与外部组织或个体之间提供较多的互动机会，就必须促进人际吸引、创造公共空间和增进交往实践。人际吸引、互动空间和交往实践是相互制约相互促长的，互动空间为交往实践提供载体，交往实践为人际吸引提供机会，人际吸引又为延续交往实践和创造互动空间提供原动力。用图4-3表示如下。

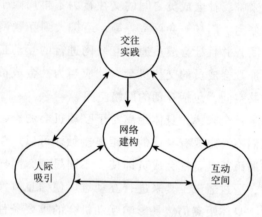

图4-3 关于社会网络的建构模型

第五章
研究设计

本章主要介绍研究设计，分 3 个小节，第一节主要对"集体行动"、"社区网络"、"融合性社区网络"和"集体行动准制度化"等主要概念进行界定；第二节主要阐述本研究的分析框架；第三节主要介绍本研究所运用的主要研究方式和研究方法；第四节讲述了本研究两个个案的选取经过。

第一节 主要概念

本研究涉及几个基本概念：集体行动、社区网络、融合性社区网络和社区体制。本小节主要就这些基本概念展开讨论，以便清晰地界定这些概念。

（一）集体行动

什么是集体行动，对此，各个领域的学者各执一词，集体行动至今没有一个统一的概念。斯梅尔塞试图对集体行动进行综合解释。他认为：集体行动实质上是人们在受到威胁、紧张等压力的情况下，为改变自身的处境而进行的尝试。如时髦、狂热可视为是对无聊状况的反应，恐慌是对威胁状况的反应，骚乱是对紧张和不满状况的反应（斯梅尔塞，1962）。而社会心理学领域的模仿理论却认为：集体行为是当人们面临突发事件时，丧失理智，失去自我控制能力，出现哭泣、吼叫、模仿等简单的初级行为，且彼此本能地模仿，力求与在场的多数人的行为一致（塔尔德、勒朋、弗洛里德）。紧急规范论者认为：当人们面临突发事件时，会彼此通过互动产生一种紧急规范，紧急规范一旦产生，同样会对在场者形成规范压力，迫使他们去仿效和遵从，从而产生集体行为（李强，2003）。匿名理论认为：人处于匿名状态时，由于没有明显的个人标志，不必承担破坏规范的后果，由此而产生责任分散的心理，同时，匿名状态也会使人的群体遵从性降低，这两个因素都会降低人的社会约束力，使人们容易从事越轨行为（戴维·波普诺，1991）。

　　以上几种概念都是从人们的社会心理的角度来探讨集体行为的内在原因。控制转让理论试图从公共选择经济学视角来定义集体行动，这种理论认为：当人们保持自主地位所付出的代价超过所获收益时，为了最大限度地获取收益，他们可能将控制权转让给他人，由此而产生集体行动（科尔曼，1990）。奥尔森沿袭了公共选择理论的视角，认为：集体行动是理性自利的个体为实现共同利益的最大化而采取的共同行动。从这个定义我们可以获得3个方面的信息：一是参与集体行动的个体有着共同利益；二是这些个体是理性的，以个人利益最大化为根本出发点，他们参与集体行动必然会考虑个人利益的最大化；三是这种共同行动是有目标的，即实现集体利益的最大化。这几种定义都是从经济学的角度，而且都建立在经济人假设的基础之上。而赵鼎新从政治学的角度来定义集体行动，他认为集体行动，就是由许多个体参加的、具有很大自发性的体制外政治行为。[①]

　　笔者并不认为以上概念有何不妥，不过，笔者并不认为集体行动仅仅根源于情感或理性或结构或建构，而是多种因素综合作用的结果。而上述界定却都基于集体行动根源于某种单一因素的预设。所以，本研究为了克服这样的偏颇，对集体行动做出重新界定。笔者认为，集体行动是由许多个体自发形成的旨在改变现

---

① 赵鼎新：《社会与政治运动讲义》，社会科学文献出版社，2005，第20~34页。

状实现共同目的的联合行动。这样的界定兼容了集体行动的主要特征而又不至于犯偏颇的错误。集体行动根据受到支持或反对的程度可以分为共意性集体行动和冲突性集体行动，共意性集体行动是指行动目标受到某个地理社区内全体人口的广泛支持，并且在追求社会变迁时很少或根本没有遇到有组织反对的集体行动。[①]而冲突性集体行动即旨在改变社会结构、更改通行的基本政策或打破群体之间权力平衡的过程中，遭到有组织的反对的集体行动。[②] 显然，本研究所指涉的集体行动都会遇到有组织的反对，是一种冲突性集体行动。

（二）社区网络

在网络分析中，"社会网络"被认为是联结行动者（actor）的一系列社会联系（socialties）或社会关系，[③] 它们相对稳定的模式构成社会结构（socialstructure）。这暗示着网络分析应当具有两个基本要素，即行动者和社会关系（社会联系）。前者一方面是有意识的行为主体，另一方面其行为又不得不受社会网络的制约；后者则是在行动者之间因某些特定的关系而发生互动的基础上积累起来的联系模式。社会网络分析用于描述和测量行动者之间的关系或通过这些关系流动的各种有形或无形的东西，如信息、资源等。自人类学家首次使用"社会网络"[④] 的概念来分析

---

① McCarthy and Wolfson. 1988. " Exploring Sources of Rapid Social Movement Growth: The Role of Organizational Form, Consensus Support, and Elements of the American State. ' Paper presented at the workshop on Frontiers in Social Movement Theory, Ann Arbor, June: 23.

② McCarthy and Wolfson. 1988. " Exploring Sources of Rapid Social Movement Growth: The Role of Organizational Form, Consensus Support, and Elements of the American State. ' Paper presented at the workshop on Frontiers in Social Movement Theory, Ann Arbor, June: 26.

③ Baker, WayneE. 1986. "Three-dimensiona block model", *Journal of Mathematical Sociology*, 12: 191 – 223.

④ Barnes. 1954. Class and committeesina Norwegianlandparish. Human Relation, 39 – 58.

挪威某渔村的社会结构以来，社会网络分析被视为是研究社会结构的最简单明朗、最具有说服力的研究视角之一。从网络分析的观点看，整个社会就是一张大网，是由网络组成的网络。除极少数情形，可能没有一张网络与外界是完全隔绝的。那么，分析者该如何框定自己的研究范围呢？一般有两种方式可供选择。一种始于社会计量学，研究有一定自然边界的人群，分析所有成员及其关系的构型。这一取向在网络分析中被称为"全网"（the-whole-network）研究。后来这一取向也开始把研究范围扩展到一些没有自然边界的集合体，但对如何界定网络边界，却没有统一的标准（见 Laumann, Marsden & Prensky, 1992）。另一种取向则基本上延续人类学的网络研究传统，研究以某一个体为中心的网络构成情况，这被称做"个人网"或"个体中心网络"（personal network-orego centerednetwork）研究。个人网的取向，尤其适合于研究某一个体所处的直接社会环境。在网络名单的取得上，则根据需要，有时采用定名法（namegenerator）。

本研究所指的社区网络，既有全网研究也有个网研究，笔者将本研究的社区网络分成两个部分，一部分是社区成员之间形成的内部关系网络，显然它是有一定的自然边界，所以这部分关系网络属于全网，另一部分是社区成员个体和社区以外的个体或组织建立的关系网络的总和，它是所有社区成员个网的集合。所以，笔者将本研究中的社区网络界定为"一个空间意义的社区成员之间建立的非正式关系网络以及社区成员与社区以外的组织和个人建立的关系网络的总和。"

（三）融合性社区网络

根据分析的着眼点不同，社会网络分析可以分为两种基本视角：关系取向（relationalapproach）和位置取向（positionalapproach）。[①]

---

① 　Burt, RonaldS. 1980. "ModelsofNetworkStructure", *Annual Review of Sociology*, 6：79 – 141.

关系取向关注行动者之间的社会性黏着关系，其关注的焦点是个体所拥有的直接和间接联系，并据此来确定个体所在的凝聚性亚群体以及个体所能影响的特定他人。通过社会联结（socialconnectivity）本身——如密度、强度、对称性、规模等——来说明特定的行为和过程。按照这种观点，那些强关系的、密集的且相对孤立的社会网络可以促进集体认同和亚文化的形成。地位取向主要是由怀特和他的学生们发展和完善起来的（White，Boorman & Breiger，1976；Boorman White，1976），博特也是这一取向的创立者之一（Burt，1978）。无论是博特还是怀特等人，都根据与网络中作为第三者的"他人"的关系，将行动者划入同一或不同类别（categories）当中，但并不考虑这些行动者之间是否有直接的关系。这种取向关注的焦点在于行动者之间的、且在结构上处于相等地位的社会关系的模式化，它讨论的是两个或以上的行动者和第三方之间的关系所折射出来的社会结构，强调用"结构等效"来理解人类行为。

关系法和地位法，究竟孰优孰劣？艾里克森（Erickson，1988）通过态度研究发现方法的选取受制于所研究的问题，由于这两个模型所联系的社会过程是不同的，因此适于解释的社会现象也就不同。

本文研究社区网络，主要目的在于探讨处在社区网络之中的个体如何受到与他有着直接或间接关系的他人所施加的影响。所以，本研究更适合采用关系取向分析方法。而个体接受网络影响的程度主要取决于关系网络规模（或联系的数量）、关系密度和关系强度。

网络规模（Range）测量的是行动者与其他行动者之间关系的数量。如果把研究的焦点集中在某一特定行动者（节点）上时，对关系数量的考察就变成了对网络集中性（centrality）的考察。所谓的"集中性"是指特定行动者身上凝聚的关系的数量。一般说来，特定行动者凝聚的关系数量越多，他（她）在网络中就越重要。不过，关系的数量多少并不是行动者重要性的唯一指标，有时候行动者在网络中所处的位置比集中性更为重要。特别是，当行动者的位置处于网络边缘时，数量的多少就远不如桥梁性位置来得重要。

网络密度（density）是指网络中一组行动者之间关系的实际数量和其最大可能数量之间的比率（ratio），或者是网络中所有结点展示的可能联系的最大数量。当实际的关系数量越接近于网络中的所有可能关系的总量，网络的整体密度就越大，反之则越小。不过，网络密度与格兰诺维特的"情感密度"是不同的，网络密度只用来表示网络中关系的稠密程度，测量的是"联系"（ties）本身，而"情感密度"则是指联系的特定内容——情感——上的亲密程度。关系强度主要是测量各个结点之间流动的资源的容量和层次，格兰诺维特的《弱关系的力量》一文使这组指标成为网络分析中的经典。在格氏的文章中，测量关系强度的变量包括关系的时间量（包括频度和持续时间）、情感紧密性、熟识程度（相互信任）以及互惠服务。如果花在关系上的时间越多、情感越紧密、相互间的信任和服务越多，这种关系就越强，反之则越弱。[①]围绕着关系强度对功利或非功利行为的效应问题，研究者展开持久的争论，格兰诺维特（1973）提出"弱关系的强势"（thestrengthofweakties）假说，格兰诺维特的理据在于，强关系连接的是社会特征较为相似的人群，这些人之间由于来往较为密切，信息交流较为充分，因此信息的重复度也很大。弱关系倾向于连接与行动者本人相异的人群，而这些人之间的信息沟通很不充分，弱关系由于充当了沟通不同群体的"关系桥"（localbridge），故此能够传递对于行动者来说新鲜的、因而也有价值的信息。作为对格兰诺维特观点的响应，一些学者提出"强关系的强势"（Krackhardt，1992），呼吁"找回强关系"（Bian，1997）。这类观点认为，强关系特别适用于不确定性的情境，在需要承担

---

① Granovetter, Mark. 1974. Gettinga Job: A Study of Contacts and Careers, Cambridge, MA: Harvard University Press.

风险，面临危机时，强关系是可以依赖的对象。[1] 其实，格兰诺维特自己也不否认，处于不安全位置的个人极有可能通过建立强关系获得保护，以降低其所面临的不确定性（Granovetter，1982）。[2] 一般说来，弱关系具有信息传递的优势，而强关系则适于传递情感、信任和影响力，对此网络研究者似乎已经达成基本共识。不过，无论是强关系还是弱关系，其对关系人来说，都远远胜过"无关系"。

本研究所涉及的"融合性社区网络"是指关系数量较多、关系密度较高和关系强度较强的社区网络。这种社区网络意味着社区成员和内部成员以及外部组织或个体之间建立了较为广泛的联系、而且意味着这些联系是高密度和高强度的。与融合性社区网络相反，离散性社区网络是指关系数量较少、关系密度较低和关系强度较弱的社区网络，这样的社区网络表示社区成员之间以及社区成员与外部组织和个体之间联系较少，而且这些联系是低密度和低强度的。显然，处于融合性社区网络之中的个体接受该网络的影响力比处于离散性社区网络中的个体受到的影响力要强。

（四）准制度化集体行动

赵鼎新认为西方社会运动之所以没有演变成激烈的暴力冲突或者革命，在于西方社会已经将集体行动制度化，所谓集体行动制度化就是政府在法律上赋予集体行动合法性，或者说将集体行动纳入体制的轨道。制度化集体行动有以下几个方面的特点：其一是具有法律合法性；其二是具有较高的生发可能性；其三是采

---

① Krackhardt, D. 1992, "The Strength of Strong Ties." In Nohria, R. & Robert Eccles (eds.) Networks and Organization, Cambridge, MA. Harvard Business School Press.

② Granovetter, Mark. 1982, "The Strength of Weak Ties: A Network Theory Revisited." in Marsden, P. V. & N. Lin (eds.) Social Structure and Network Analysis, BeverlyHills: Sage.

用温和理性有序的方式；其四是社会破坏力极低甚或可以促进社会整合。制度化集体行动是在制度化环境下的产物，但在非制度化社会情境中，也有一些集体行动与制度化集体行动极其相似，唯一不同在于制度化集体行动具有法律合法性，而这类集体行动只是得到了社会的广泛认可和政府的默许，因而具有社会合法性和行政合法性。笔者将这类与制度化集体行动极其类似的集体行动界定为"准制度化集体行动"。准制度化集体行动发挥着与制度化集体行动同样的正功能，即及时有效地疏导社会怨恨，促进社会整合。在政治机会结构比较封闭即集体行动尚未制度化的社会情境下，准制度化集体行动不失为一种疏导民怨，维护社会稳定的良策。因此，探讨集体行动的准制度化机制，创设将集体行动准制度化的社会情境，无疑具有非常重要的现实意义。

第二节 分析框架

本研究的核心问题是社区网络如何作用于集体行动。社区网络对集体行动的影响包括3个维度，即社区网络对集体行动生发的影响、对集体行动形态的影响和对集体行动绩效的影响。由于集体行动的生发取决于潜在行动者个体行动选择，所以，要考察社区网络对集体行动的影响，可以通过考察社区网络对个体行动选择的影响而推知。个体行动选择受到结构、理性、情感和建构的制约，而结构是透过社区网络对个体行动选择施加影响的。在本研究中社会结构已经作为研究的背景因素予以交代，由于本研究中所涉及的集体行动个案都处在同样的社会结构下，所以本研究将不再就社会结构对个体行动选择的影响进行探讨。社区网络对个体行动选择的影响是通过社区网络对个体行动选择的制约因素的影响来实现的。因此，本研究在考察社区网络对集体行动生发的影响时，主要探讨社区网络对个体行动选择的制约因素（情感、建构、理性）的影响。情感包括积极情感（如喜爱、尊敬、感激等）和对社区以外对立群体或组织的消极情感（如厌恶、怨恨等），意义建构包括集体认同、问题论述、行动策略和口号或标语等；理性计算包括网络的信息传递量、网络的监控能力、网络的激励机制、组织者供给水平和对成功的预期等等指标。至于社会结构对个体行动者的影响，本研究已经把社会结构作为个体行动者共同面对的社会情境，而且它对个体行动选择的影响是通过社区网络间接施加的，所以本研究不再就社会结构对个体行动选择产生的影响进行探讨。个体行动者在情感激发、意义建构和理性计算的综合作用下做出参与集体行动或者搭便车的行动选择，微观个体的行动选择必然影响集体行动的可能性、有了集体行动的生发，才可能就社区网络对集体行动的形态（包括集体行动的规模、组织化程度和暴力程度）的影响进行探讨。考察了集体行动的形态之后，才可以评估社区网络对集体行动绩效（包括群体绩效和社会绩效）的影响。

通过比较研究，可以更有力更清楚地验证社区网络对集体行动的作用的显著程度。因此，本研究选取两类不同特性的社区网络，一类是离散性的社区网络，一类是融合性的社区网络。通过比较分析这两类社区网络对集体行动生发、形态和绩效的影响，可以证明什么特性的社区网络才更有利于消解社会怨恨、促进社会整合。

为了清楚直观地表示本研究的分析框架，用图 5－1 表示如下。

在这里需要说明的是，尽管社区网络充当社会结构对个体行动者施加影响的中介，但是，社区网络反过来在很大程度上又为社会结构所形塑。不过，社会结构对社区网络建构的影响不是本研究探讨的问题，所以本研究将不就社会结构对社区网络的影响进行深入探讨。

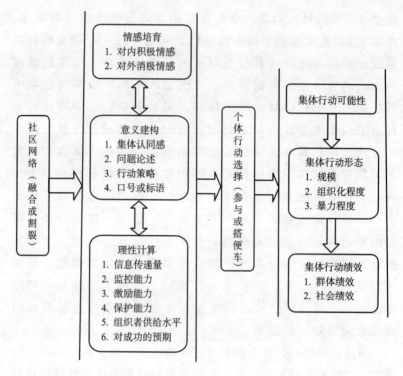

图 5 - 1　社区网络对集体行动的影响

第三节　研究方法

本文的研究对象比较复杂，为了全面系统地掌握资料，综合使用多种研究方法。本研究主要采用定性研究方式，辅之以少量定量研究。

（一）文献法

在本研究中所要使用的文献包括社区人口统计资料、社区居民集体维权过程中的所有文件、政府职能部门的批文、与该社区相关的新闻报道、与房地产和物业管理相关的法律法规、基层社区管理的政策法规等等。此外，还要收集与本研究有关的研究成果，包括社区管理方面的经验研究、集体行动理论研究与经验研究文献、社会网络分析方面的文献、社区社会工作理论和实务文献等等。

一个陌生人进入社区了解社区资料往往要面对相当多的困难，我曾经尝试进入一些小区找居委会、业委会企图获取一些关于社区人口统计资料、集体维权过程中所使用的文本和政府相关职能部门在因应业主维权中所做的各种批文，但这样的努力总是以失败告终。访谈对象出于礼貌可以和你无所不谈，但是一旦牵涉有凭有据的文字材料，他们总是以各种理由婉言相拒。后来我有幸获得了一个政府横向课题的资助，当然我获得的不仅仅是经济援助，还有一个为政府进行调研然后出谋划策的身份。这个身份对我获得有关社区的文字材料至关重要，当我最后选中本研究用到的两个样本（KC 小区和 JD 小区），并带着为政府调研的身份进入小区之后，两个居委会的主任都很放心地把小区居民登记簿给我。这个登记簿为我提供了许多关于小区的基本材料，比如小区居民的籍贯、职业、单位、年龄、职务、文化程度、联系方式等等，这些资料为我掌握小区居民的人口特征及后来对个别居民进行访谈提供了很大帮助。我也以这个身份接触到了那些对外来人员保持高度警惕的维权组织者和积极分子，他们以为我可以为维护业主权益而给政府出谋划策，所以也相当愿意为我提供帮助。我因此顺利得到了两个小区在维权过程中的各种文字记录，比如成立维权组织的倡议书、维权会议的详细记录、维权过程中形成的各种决议和规章、组建维权组织的各种章程、对开发商或物业公司的一些起诉书、给政府相关职能部门的报告、关于小区原始规划的各种图书、和开发商就维权事宜进行交涉的各种信函、关于他们小区维权的各种报道以及政府职能部门因应维权所下的各种批文。这些资料为我了解小区业主和开发商、物业公司以及政府代理人之间的矛盾和冲突、业主在维权过程中所做的各种努力和遇到的种种困难、社区关系网络在维权中所发挥的影响力、房地产利益集团和业主进行的博弈提供了相当宝贵的讯息。通过政府职能部门、互联网，我得到了房地产和物业管理以及基层社区管理的各种全国性和地方性的政策法律法规，这些资料对于了解住房供给制度的变迁、社区公共服务供给制度的变迁、社区结构的变迁、社区权力关系模式的变迁以及整个社会结构的变迁和分化在社区发挥的影响力，为我探索社区冲突的宏观背景、根源以及演变逻辑提供了宝贵信息。

在威权社会，集体行动历来为政府所高度警觉和防范，而学界也因此对这个领域较少涉及。所以，在国内，关于集体行动的研究寥寥无几，数得着的就那么几个，如应星对水利移民集体上访的研究、于建嵘对农民集体维权的研究、刘爱玉对下岗工人的实证研究等等。关于集体行动的理论研究主要在国外西方社会，因此，笔者透过各种渠道寻索关于集体行动的外文资料。而被收藏在国内关于集体行动的外文资料也相当有限，在国家图书馆的资料库中，集体行动的文献资料仅仅搜集到两三种。在我导师罗观翠教授的帮助下，我有幸得到去香港大学收集文献的机会，在这里，我获得了大量关于集体行动的理论研究和实证研究文献，这些资料给我的研究提供了相当重要的帮助。

(二) 调查法

调查法是本研究主要的研究方法，由于集体行动牵涉多个群体、组织和特殊个体，牵涉社区成员建立的关系网络，所以需要通过调查来获得的信息相当繁杂，调查对象的覆盖范围也很广。这些调查对象可以分成几个类别，如业主，其中包括普通业主和特殊业主，所谓特殊业主是指那些维权行动的组织者或者积极分子；政府代理人，主要是与社区管理相关的职能部门的领导与职员；居委会工作人员，我和他们在一起工作了一个多月，是我做得最深入的调查对象；物业公司的领导和职员；虽然我也想把开发商作为调查对象，从那里获得更为直接真实的信息，但这种努力往往难以实现，开发商很少有和平民百姓打交道的意愿。他们的联系方式不会为一般人所知，即使有幸得到，也不愿意接受一个不相干的人的访谈，所以我所获得的关于开发商的各种讯息，往往是通过比较间接的方式。

我开始的调查范围很宽泛，只要知道广州市小区维权情况的人，都可能成为我的调查对象，如何寻找这样的人？我开始就用偶遇的方式，偶然听到有人谈到那个小区发生了维权事件，我马上就会跟他寻根究底。尽量把对方所知道的信息掏出来，并且觉得这还不够，托他帮忙去跟踪其他熟悉情况的人。用这种滚雪球的方式，我的调查对象越来越多，关于广州市商品小区维权的信息收集得也越来越多。这些信息未必是我论文所需要的，因为当时我研究的问题还处于朦胧状态，我还无法判断那些资料对我的研究是否有益。但当我收集的关于维权的资料越堆越高的时候，我的问题也渐渐从这些日益增高的资料中清晰地浮现出来。当问题清晰之后，我的调查由"广泛撒网"转向"定点捕捞"。我最后把调查的范围定格在一个 JD 小区和一个 KC 小区。我通过熟人（我的一位师妹和我的老乡）和政府委托调研的身份打入了这两个小区和这两个小区所在的居委会。我的调查方式随着所需资料的要求在不停变换，我需要了解社区成员的关系网络，我就通过电话访问的方式（经过居委会干部的同意，我记录下了业主留在居民登记簿上的联系方式来和他们取得联系）。这种调查旨在对小区的关系网络特性做出统计描述，为了追求样本的代表性，我使用简单随机抽样的方式来获得样本。尽管我的提问比较简单，但还是遭遇了一些业主的拒绝，就将样本改为顺后的一个业主。我也运用个案调查的方式，这些个案通常是那些维权的组织者和积极分子，这些个案获得途径主要有 3 条，一是通过和居委会干部的访谈得知，一是通过该小区的公共论坛（比如业主网站），还有一种途径就是和一些普通业主的交谈中得知。对这些个案的调查对我收集资料有相当大的帮助，因为这些人最关心小区维权，与维权有关的利益各方接触最多，所掌握的关于维权的资讯也最多，对于小区公共权益思考最多，所以头脑里储存的建设性意见也最多。对这些个案进行调查通常运用深入访谈的方法，和 KC 小区的业主领袖们我通常要花二三个小时，而且是三次四次或更多次。居委会是我待的时间最久的地方，我把它作为小区调研的根据地，除了那里可以作为休息、饮食和整理资料的场所，还因为居委会干部也是我的重要调查对象。我除了从他们那里获得关于维权的一些讯息，我还可以了解他们的日常生活、他们的苦衷、他们对目前社区体制的看法、他们对开发商物业公司的看法。

当然，尽管调查法是本文的主要研究方法，但用这种调查方法获得资料是有限的，而且资料的真实性也需要进一步证实。为了弥补这种研究方法的不足，本研究也使用了观察法。

（三）观察法

我对小区进行观察主要想获得四方面的资料，第一是通过观察居委会干部的日常生活世界，以了解社区体制在商品小区的实际运作、小区各个群体和组织之间的权力关系以及社区体制对于小区居民、群体、组织之间互动机会和关系网络产生的影响；第二是通过对小区业主日常生活世界的观察，以了解业主之间以及业主与外界发生互动的动因、进行互动的公共场所以及能使他们身体近距离接触的各种机会，进而了解小区关系网络的建构过程及其融合程度；第三是通过对业主维权过程的观察，以了解社区成员在维权事件中的情感变化、理性思量以及集体认知的建构、社区关系网络对业主情感以及理性和认知所发挥的影响力；第四是观察集体行动发生后小区各方面的变化，包括社区邻里关系的变化、房价的变化、与作为反对派的政府和开发商的关系变化。通过观察这些变化来分析社区网络对集体行动绩效产生的影响。

我在居委会进行实地参与式观察，我和他们一起办公、一起吃饭、一起聊天，这样可以拉近我和他们之间的距离，成为他们这个小圈子里的一员。这样的观察旨在获得全面真实的信息，实际上我几乎达到了自己的目的。和他们在一起待了一个多月，我成了他们的朋友同事。我熟悉了居委会所有的职能、我知道了他们每天在忙乎些什么、是为谁在忙、是谁在指挥他们忙这些而不忙那些、当小区发生维权事件时他们扮演何种角色、他们行动背后的内心冲突、他们对自己对政府对制度的种种期望。我在小区进行的是实地非参与观察，我要和他们保持距离，为的是在观察时能保持清醒的头脑，避免各种倾向对观察的渗透。尽管我可以利用白天的时间进驻两个小区进行实地观察，但这样我能观察到的不是他们日常生活世界的全部和日常交往的全部，所以我还是选择在两个小区租住，这样可以近距离对两个小区业主的日常交往行为和交往场所进行全天候的观察。尽管这样并不能保证能一网打尽地观察到所有或一切，但这样的做法可以无限接近全部和真实。我在每个小区的入住时间大致在一个星期，为了保证观察的质量和数量，我克服了睡懒觉的习惯，一大清早就去小区各个公共场所转悠，看这些地方是否有人在互动、是哪些人在进行互动、他们为什么要互动。我一直观察到吃中饭，即使吃饭的时候，我还是站在我所租住的房子走廊上进行高空作业，我的观察会一直持续到午夜 12 点在公共场所难以看到有人活动为止。每天晚上入睡前我要把这些观察输入我的计算机里，我在小区还拍下了很多照片，这些照片真实地记录了小区的互动公共空间以及在这些公共空间里发生的故事。对小区维权事件我进行实地观察，JD 小区的维权行动我是事后才知道，所以我失去了实地观察维权事件的时机。但 KC 小区的维权我有幸从头至尾进行了全程实地观察，这要感谢我的师妹李颖奕，她就居住在 KC 小区，在 KC 的维权刚刚出现征兆的时候，她及时将这个信息告诉我，并帮我和他们小区的组织者取得联系，有幸能够打入他们维权行动的核心层。我和他们小区的积极分子去过开发商的客户服务部查验五图一书、① 跟随他们进规划局核对市政路的原

———————

① 五图一书是指现状及小区位置图、建筑质量评价图、规划总平面图、道路交通及市政管线规划图、景观环境规划设计及竖向规划图、规划说明书。

始规划、观察他们的资源动员过程、观察他们在业主论坛关于规划路的来由、规划路危害、规划路维权策略的热烈讨论、经他们允许旁听他们的维权小组会议、观察他们的维权大会各路人马的表演、观察老人在维权中守护家园的表现。尽管我能观察到的只是 KC 维权行动的很少一部分，但通过这些观察，我能发现业主的喜怒哀乐、他们对行动得失的计算、他们对集体身份的认同、他们对问题的认识、他们的行动策略和口号标语的建构，进而发现与维权有关的各利益群体和组织之间的博弈、整个维权事件的演变逻辑和集体行动产生的绩效。

（四）比较研究

本研究选择两个有代表性社区的集体行动个案，JD 小区和 KC 小区的集体行动，通过比较两个社区的关系网络的融合性、集体行动动员的难易程度以及集体行动的规模、组织化程度和暴力程度以及因此产生的绩效。探讨社区网络的融合性对集体行动的可能性与形态及绩效的影响。为了更清晰地显示本研究的比较内容，我将本研究所做的主要比较项目汇成一个表格，如表 4-1 所示。

通过对两个小区以上各个项目的比较研究，解答以下几个问题。

（1）社区网络（离散或融合）是否与对集体行动生发的可能性产生影响？

（2）社区网络如何作用于集体行动的表现形态？

（3）社区网络对集体行动的绩效（群体绩效和社会绩效）产生何种影响？

只有解答了以上这些问题，才知道什么样的社区网络有利于及时有效适度地释放社会怨恨、促进社会整合，才能知道建构有助于集体行动准制度化的社区网络的迫切性。

表 4-1 解困小区和白领小区的社区网络与
集体行动关系的比较项目汇总

比 较 项 目			JD 小区	KC 小区
网络特性（融合性或割裂性）			?	?
情感生成	积极情感（内）（强或弱）		?	?
	消极情感（外）（强化或弱化）		?	?
结论——（凝聚力强或弱）			?	?
意义建构	集体认同（强或弱）		?	?
	问题论述（集体性或个体性）		?	?
	策略（认受性高或低）		?	?
	口号或标语（共意性高或低）		?	?
结论——（动员能力强或弱）			?	?
理性计算	信息传递量（大或小）		?	?
	监控能力（高或低）		?	?
	激励功能（强或弱）		?	?
	组织者供给水平（高或低）		?	?
	保护功能（强或弱）		?	?
结论——行动预期收益（正或负）			?	?
集体行动形态	参与度（高或低）		?	?
	组织化程度（高或低）		?	?
	暴力程度（高或低）		?	?
集体行动绩效	群体绩效	集体行动成本（高或低）	?	?
		公共权益（维护或持续受损）	?	?
		邻里关系（强化或无影响）	?	?
		社区声望（提高或降低）	?	?
	社会绩效	社会破坏力（高或低）	?	?
		社会矛盾（化解或恶化）	?	?
		系统协调能力（提高或降低）	?	?
		社会整合度（提高或降低）	?	?

第四节　个案的选取

近年来，商品小区的矛盾和冲突越来越多而且越演越烈，业主的集体抗争事件也与日俱增，这种普遍的社会现象已经成为危及社会安定破坏社会和谐的一个隐患。出于一个知识分子的社会责任感，笔者 3 年前就将目光投向问题小区，查找商品小区社会冲突的根源并对症下药提出一些有价值的建设性意见，为和谐社会建设做出一点贡献，这也是笔者最初的研究动机。带着这种动机笔者对广州市 12 个问题小区进行了调查，并不是笔者本人精心选择了这 12 个小区，而是这 12 个小区由于种种机缘进入了笔者的视野。由于自己只有一个研究动机还没有一个清晰的问题，所以在这 12 个小区中进行的调查显得有点漫无目的，笔者对所有关于小区集体行动的资讯都感兴趣，都想一股脑儿地装进大脑和笔者电脑里。这样漫无目的地进行了半年的调查，收集的资料越堆越高，脑袋里的问题也越积越多，一个箩筐都装不下。毕业越来越临近，自己觉得不能再这样漫无目的地广泛撒网了，时间来不及，精力也有限。应该从一大堆资料和一大堆问题里找一个有意义的问题来进行"重点捕捞"了。便从问题堆里挑了一个又一个问题，集体行动产生的根源是什么？集体行动怎样才能发生？集体行动中利益各方博弈的逻辑是什么？集体行动到底有哪些功能……被挑选的问题远不止这些，但考虑研究的理论意义和现实意义，这些问题都被我先后否决了。这个过程是相当痛苦的，因为觉得自己好不容易才找到一个有价值的问题，但随着理论视野的不断扩展，发现这个问题的理论意义或现实意义相当有限，所以又不得不忍痛将这个问题否决，我在自我肯定与自我否定之间拉锯了很长一段时间。

最后，笔者将"社区网络如何作用于集体行动"作为研究的核心问题。为什么提出这样一个问题，笔者在绪论部分已经有了交代。要考察社区网络对集体行动的作用，显然需要进行比较研究才可验证社区网络的作用有无和作用大小。原来笔者打算用观察过的 12 个小区作为样本来进行比较分析，但后来放弃了这一计划。因为这样的研究太复杂，非个人的能力和精力所能，而且也没有那样的必要。笔者打算在这 12 个小区中选取两个有代表性的个案来进行比较，由于要分析的主题是社区网络对集体行动的影响，因此，决定把社区网络特性作为选取的标准，为了让比较研究更有说服力，笔者选取了社区网络特性处于两个极端的个案，一个个案的社区网络是离散性的，另一个个案的社区网络是融合性的。对融合程度进行分类的指标主要有 3 个，即关系的广度、强度和密度。

当然，如果要充分的验证社区网络对集体行动的影响，最理想的两个个案最好是除了网络特性不同之外，其他所有影响集体行动的变项都是完全一样的，这样就可以把其他因素对集体行动的干扰排除在外。但是社会不是实验室，要想找出两个符合理想类型的个案是不可能的，而笔者也没有能力对其他的变量进行严格控制。因此，只能在 12 个小区中选取两个最趋近理想类型的个案。

本研究所选取的两个个案，是否具有可比性？这是笔者最担心的一个问题，这两个个案除了网络特性不同，还存在其他方面的差异，比如受教育程度、经济地位、社会地位、社区区位等等。这些变量都会对社区网络的形成产生影响，不过，本研究的核心问题是社区网络对集体行动的影响，至于社区网络是在哪些因素的作用之下建构起来的？这不是我研究的主要问题。所以，这些变量的差异对两个个案的可比性影响不是很大，当然也不可能完全没有影响。

不过，直接对集体行动产生影响的其他变项还是应该加以考虑的，比如刺激的强度（利益受损的严重程度）、对公共物品的依赖程度、集体行动的迫切性等等。就本研究选取的两个个案而言，这两个小区成员虽然经济地位不同，但两个小区绝大部分业主（90%）都将小区的住房用于自己居住，而不是用于投资或出租，所以，他们对小区的公共物品的依赖程度是比较接近的；引起两个小区发生集体行动的虽然不是同一事物，但对两个小区业主的刺激强弱是比较相似的，JD 小区虽然是因业主委员会的换届问题而引发集体行动，但换届关系业主的切身利益，由于首届业委会被开发商和物业公司操控，使业主在公用水电分摊、公共维修费用、物业管理费用方面已经蒙受很大的利益损害，如果不换掉首届业委会，业主在以后几年将持续遭受来自开发商的利益剥夺。这种剥夺对于经济地位高的群体也许不会产生很强烈的刺激，但对这些低收入的业主群体来说，产生的刺激是比较强的；另一个小区是为修市政规划路事件而发动集体维权，修规划路对于一些商用房而言可能并非一件坏事，但对于一个以追求休闲安适的居住环境为主要目的的业主来说，修规划路意味着剥夺了他们享受宁静生活的权力，这个刺激也是比较强的。所以说，虽然引发两个小区发动集体行动的并非同一事物，但对两个小区业主的刺激强弱却相当接近。这种评估并非完全是笔者个人的主观判断，还有经笔者访谈所获得的业主的主观体验作为重要参照。就集体行动的紧迫性而言，这两个小区也具有同样的相似性，前一个小区发动集体行动，是在小区首届业委会任期即将结束，换届选举日期逼近之时，如果不及时动员集体行动，他们可能又一次丧失对小区公共物品的主导权和选择权，因此迫切需要发动及时的集体行动；后一个小区是在政府即将在小区进行市政路规划时，如果不及时进行集体行动动员，可能会造成难以挽回的既成事实，因此，这个小区同样具有立即发动集体行动的迫切性。

由于两个小区存在较大差异的一些变项对本研究的主题关联不大，而对集体行动产生直接影响的其他一些变项又有很大的相似性，而作为对比研究对象的社区网络正好存在明显的差异，因此，就单纯为达到研究目的而言，所选取的两个个案具有较强的可比性。这也是笔者为什么要选取这两个个案作为研究对象的理由。

第六章
两个小区的集体行动

本章主要讲"两个小区的集体维权故事",这两个小区的社会网络分别为融合性和离散性网络,两个小区的维权行动各有千秋,本章只对维权的原因、维权的经过和结局做了简要的介绍,笔者这样处理的目的在于帮助读者更好地理解以后各章关于社区网络与集体行动的关系论述做铺垫,不至于感到无厘头。

第一节　JD 小区集体维权案例

(一) 小区的利益冲突

GZ 市 JD 小区是广州市三大解困小区之一,GZ 市实施安居工程的目的是解决 GZ 市低收入家庭的住房问题。经过 10 年的建设,JD 小区已基本上建成,到 1997 年止,已建成的住房大约九成的房屋已出售,入住率超过了80%,有 4000 多户住房困难的中低收入市民在 JD 小区安家落户。这个小区大多为 50 ~ 70 平方米左右的小套间,区内绿化面积较小,几乎没有公共设施和公共场所。毕竟是解困小区,政府以能解决部分中低收入居民的住房难问题为目标,除了在价格方面优于市场价,其他方面的条件如公共设施和绿化环境比普通商品小区差。

小区的物业公共服务由 DT 物业管理公司提供,这个物管公司是小区开发商 GH 房地产开发公司的子公司。业主入住后，由于小区尚未成立业主委员会，按照《物业管理条例》，前期物业管理就由 GH 指定其旗下的子公司 DT 物业公司提供。随着时间的推移，业主和开发商、业主和物业管理公司以及业主和行政职能部门之间的种种矛盾开始出现，由于没有找到合适的渠道及时化解，导致矛盾越积越多，越积越深。

1. 业主和物业管理公司的矛盾

首先，是物业管理委托问题。JD 小区在没有成立业主委员会之前，物业服务暂由 GH 公司指定其麾下的子公司 DT 物业管理公司提供。一年之后，在部分业主的强烈要求下，小区成立了首届业主委员会，但是，这届业主委员会是在 GH 和 DT 的联手操控之下组建起来的。首届业主委员会成立后，DT 公司顺理成章地拿下了小区的物业管理委托合同，继续管理小区的物业。但首届业委会期满后，DT 公司没有取得 JD 小区的物业管理委托合同，并被 GZ 市国土资源和房屋管理局取消了其物业管理资质。没有资格和权力继续在 JD 小区进行物业管理，但该物业公司仍然留在小区提供物业服务。

其次，是物业服务质量问题。由于该公司是 GH 属下的子公司，又和区房管职能部门关系良好，而小区又没能成立真正代表业主利益的业主委员会。在监督缺失或乏力的情况下，物业公司的管理质素每况越下，小区公共道路车辆乱停乱放，公共区域垃圾污水经常无人处理，消防通道常被堵塞，业主财物被盗现象严重，管理人员素质低下，保安殴打小区业主的事件屡次发生。

再次，物业服务费用问题。从业主看房到入住的 2002 年，开发商和物业公司将小区的物业管理费一升再升，1997 年，JD 小区售楼广告中写明了管理费为每月 25.5 元/套间，但是在 1998 年 5 月入住的时候，入住通知书上却写着物业管理费每月 1.7 元/平方米；到了 1998 年 8 月物业公司收管理费时，实际以 1.9 元/平方米执行；到 2002 年管理费再次上升到 2.0 元/平方米。按照广州市物价局①暂定为多层（无电梯）住宅0.55元/平方米，高层住宅1.70元/平方米。像JD这类解困小区只能按二级物业收费，也就是按0.55元/平方米的标准来收取物业管理费。根据GZ市物价局2001年12月30日发出的穗价函〔2001〕245号文"关于JD小区物业管理费收费备案的函"第二条也已明确规定："JD小区物业管理服务费按双方协商标准执行，原我局批文GZ价函〔2000〕8号中有关该小区物业管理收费标准停止执行。"但物业公司还是按照自定的收费标准收取业主管理费。

还有，就是公共维修费用。小区业主购房时预付的防盗门防盗网、房屋装修工程的款项至今仍未进行结算。每户业主交纳的1500元防盗门防盗网工程款，购房时明确按照实际造价进行结算，业主入住近8年，物业公司仍未能提供防盗门防盗网工程的造价、产品合格证明和发票等证据材料。许多弹性开间的房屋装修工程款也没有与业主进行工程结算。此外，在业主入住时，物业公司强行收取了许多不合理的收费，如每户收取的500元淤泥费。但业主交纳淤泥费后，物业公司至今没有清理过淤泥。最后，就是占购房款2%的公共维修基金至今下落不明。

2. 业主和行政职能部门之间的矛盾

开驻区国土房管局是DT物业管理公司的监督部门，但业主反映，国土房管局不仅没有对该物业公司进行有效监管，反而明里暗里支持该物业公司。从两件事可以反映出来，一是在小区业主筹建业委会过程中设置障碍，仅小区筹备组成员报批程序，房管局就整整花费半年时间，而且最后的审批结果是，凡是积极维权的业委会筹备组成员以种种理由被认定不合格；二是越权委托DT物业公司管理小区物业。2000年1月23日，开驻区国土房管局在"关于JD小区业主委员会换届改选筹备工作的批复"中做

---

① GZ价函〔1999〕191号《关于我市三大安居小区住宅物业管理收费标准的批复》。

出决定："由于原管理合同期满，新一届业主委员会尚未产生，为维护小区的安定和正常的生活环境，在第二届业主委员会未产生前由原物业管理公司进行临时管理……"业主认为，越权委托DT公司进行临时物业管理，对JD小区广大业主权力的侵夺。

业主认为，公安机关、法院在处理小区业主和物业公司矛盾时，扮演了一个不作为和不公正的角色。当地派出所在处理DT物业公司与业主之间的物业管理纠纷中出现严重的处理不公，偏袒物业公司而忽视业主的权益。如处理物业公司保安打业主的事件多宗，没有一宗是得到及时解决的，对打人的保安没有进行严肃查处，助长了物业公司保安的暴力倾向。当地法庭在审理JD小区业主与DT物业管理有限公司的物业管理纠纷中，没有严格按照我国的司法制度进行审理，对认定的事实、依据的法律条文等方面出现许多错案。如同一法院在审理同类物业管理纠纷案件时，判决依据自相矛盾，如物业管理费纠纷审理中，判决同一类型的案例的不同个案用多重标准，一时说广东省物业管理条例适用，一时说广东省物业管理条例不适用，有的判决书没有按照"依据什么法，第几条，第几款……"进行判决。

(二) 业主维权经历

1. 一个代表物业公司利益的业主委员会

当一些业主意识到自己的权益受到剥夺的时候，开始是采取单独行动来维护权益，但发现单枪匹马的维权方式等于以卵击石。他们在与开发商、物业公司和政府代理人周旋的经历中体会到集体行动的必要性，因此试图成立业主的自主组织来维护业主权益。在部分业主的强烈要求下，开发商和物业公司迫于压力组建了JD小区的首届业主委员会。

但首届业委会是在DT物业公司牵头成立的，开发商和物业公司在绝大部分业主不知情的境况下，选出了70多位业主代表，但大部分代表连自己都不知道自己什么时候成了业主代表，业主代表之间也彼此互不相识。

我是有一天下午下班回来经过物业处的时候，看到管理处公布栏上张贴的业主代表名单上无意中发现我的名字也在上面，我好像在做梦，我什么时候就被选为业主代表，我自己都没有参与过任何选举，还不知道选业主代表这回事，怎么就成了业主代表了，我估计很多人和我的情况一样，不是什么选举的代表，就是管理处的人给胡乱写上去凑数的。再看榜上其他人，一个也不认识，连面都没见过，我在小区就认识那么几个人。（JD 业主 01）

开发商和物业公司召集少部分信得过的或者不敢闹事的业主成立了业主委员会筹备小组，很快在小范围内选出了 7 位业主委员会成员，其中有 4 位是开发商和物业公司的代表或内部人。其他 4 人都是平时和物业公司关系较好或者比较听话的人。

这样的业主委员会哪里能代表业主的利益啊，有两名委员的配偶就是物业公司的人，业主委员会主任由广州市住建办某领导担任，业委会的秘书就是物业公司办公室主任。其他几个也被管理处收买了，听说他们可以少交管理费或不交管理费，也不知道这几个委员是谁，反正我们绝大部分业主不认识，业主委员会的公章都由物业公司保管。（JD 业主 02）

这个先天不足的业主委员会所发挥的作用就可想而知了。业委会不但不履行维护业主的合法利益，监督物业公司的服务；不审议物业公司提出的物业管理服务收费标准、物业管理财务收支情况；不组织召开业主大会或业主代表大会等业主委员会的职责，反而在 2000 年 7 月未经召开业主代表大会表决情况下以严格保密的形式秘密与 DT 物业管理有限公司续签了侵害广大业主权益的物业管理委托合同，同意物业公司提高物业管理收费标准。

我们业主对业委会意见很大，就不交管理费，结果物业公司把我们这些不交管理费的业主告到了法院，你物业公司又不是我们业主请进来的，有什么理由告我们，真是倒打一耙，我们觉得都是业委会惹的，所以下了决心要换掉它。（JD业主03）

2. 业主动员

业主认为，首届业主委员会委员与物业公司或存在利益关系或被人收买，根本不能代表业主利益。首届业主委员会在任期2年内，没有召开过业主大会或业主代表大会和公布过本小区物业管理的实施情况。业主对业委会的不满和怨恨越积越深。有4位相熟又热心的业主铁了心要换下业主委员会，然后再炒掉现在的物业公司。于是他们决心把业主组织起来，但他们几个为这事费了很大的周折。

我从来没有感到有一件事比联合业主更难，开发商物业公司根本不会配合我们，不将业主的名单和联络方式告诉我们，还要千方百计阻止我们搞串联，管理处已经盯上了我们几个，故意刁难我们，故意停我们这些积极分子家的水电，往我们门锁里塞东西，我家就换了好几次锁了，还半夜三更打电话吓唬我们，有次我们几个坐在草地上开会，我们这里没有什么场所开会的，管理处就指使保安赶我们走，不让我们聚到一起来。真是好难，我们就像当年的地下党。（JD业主01）

现在业主也是个问题，大家平时又没来往，谁也不认识谁，我们就为了让业主签个名，挨家挨户去敲门，辛苦点倒不怕，最受不了的是业主对我们的不信任，好不容易把门敲开，开了半条缝露半个脸出来，和你说不上半句就把门关了，心里好委屈，我们这么辛辛苦苦就是为了大家啊！不过也难怪他们，因为大家都不熟，就不信任，就怕上当。（JD

业主 04）

当然，也有些业主不知情，不知道管理处收了我们多少昧心钱，所以就无所谓，还有些业主就是没信心，认为胳膊拧不过大腿，认为我们是在做无用功，自己不想掺和进来。也有的业主就是自私，自己不想多花一点时间精力，就等其他人去闹，闹成了他也得好处，没有闹成，他也没有损失。这种业主可多了，唉，反正要把业主联合起来真是不容易。（JD 业主 03）

就为了联个名，我们花了好大的力气，前面 3 次都是签名的数够不上罢免业委会，中间大家都泄气了很长一段时间，几个积极的业主都没信心了，他们自己花了好多时间，做了很多义务劳动，还贴进去不少的钱，可是业主不配合，事情弄不成，就散了心了。（JD 业主 06）。

3. 管理处继续执掌小区管理大权

直到 2001 年 7 月初，首届 74 名业主代表中 39 名业主代表联名要求尽快召开业主大会（业主代表大会）讨论、审议和通过 JD 小区第二届业主代表、业主委员会选举办法，并组织实施第二届业主代表的换届改选工作。在这种情况下，首届业主委员会在未经业主大会审议讨论的情况下用弄虚作假的方式产生了第二届业主代表，绝大部分业主对此表示质疑。

第二届业主代表不是我们业主选出来的，而是管理处和业委会弄虚作假做出来的，首届业委会和管理处为了选出自己中意的业主做代表，就"帮"居民安装楼道灯泡、维修线路，装完后就要一些守家的老人在一张纸上签字，其实这张纸就是管理处选中的业主的《业主代表候选人自荐表》，老人哪里知道，就糊里糊涂签上了，就用这种方式，管理处和业委会就说业主选出了第二届业主代表。他们的手段真是很高明，不过也很痞的。（JD 业主 08）

JD 小区业主对管理处和业委会的做法很不满，但是又组织不起来，只好采取单独行动。一些业主开始向主管部门或上级政府部门反映，但是都无功而返。

> 我为第二届业主委员会选举的事前前后后跑了几个月，向区房管局反映，但区房管局的领导好像是和管理处、开发商穿一条裤子，连续反映几次，就只是当时敷衍你，然后就是一点反应也没有。又去市房管局反映情况，市房管局写个条下去，责成区房管局处理，到了区房管局又没有下文，我又去区政府和市政府、信访办反映，都没有结果。我看到一点希望也没有，也懒得跑了。（JD 业主 02）

当然，除了这些主管部门和政府部门对 JD 小区的纠纷不作为之外，管理处也采取了威胁、收买和打击报复的方式，使一些和管理处作对的业主中途退缩。

> 这里面原来还有好几个热心的业主，但后面都打了退堂鼓了，怕了，管理处自己或指派黑社会的人威胁，还有的真的被打了，有一个在车站等车的时候被人莫名其妙地划了几刀，挂彩了，当然也有的是被管理处收买了，给点好处或者少交点管理费就把嘴给堵上了。（JD 业主 07）

这样，第二届业主委员会就在首届业委会和管理处的联合操作下成立了，几乎和第一届业委会委员没什么变动，只是原管理处的办公室主任走了，所以秘书换上了新的办公室主任。管理处和新的业委会看到业主零散的反抗成不了什么气候，就比以前更加不顾及业主的权益。物业服务素质持续下降，小区环境卫生状况越来越差，管理处工作人员上班时间打牌，对业主态度十分粗暴；管理费持续上升，尤其是公用水电分摊，一户业主要承担150 元左右的费用。

（三）业主怨恨集体性爆发

业主对管理处和业委会开始采取消极的方式，部分业主开始不交管理费，有些实在也是负担不起，有些就是想用拒交管理费的方式表达不满。管理处也有管理处的招，其一是隔三岔五停水停电，在最需要水电的时候突然断水断电，对那些欠交严重的业主干脆就彻底断水断电；其二，就是将拒交管理费的业主告上法庭，通过法院和执行机关强制业主交管理费（当然也有业主反过来告管理处，告他没经业主委托授权管理，不具有合法性），其三，对拒交管理费的业主动粗。

这样，业主对管理处的不满慢慢上升为怨恨甚至仇恨，这种消极的情绪不断在淤积和蔓延，业主随时都在寻找发泄的渠道。

> 业主和管理处的人就是一对仇人，已经到了水火不相容的地步，大家都憋着一肚子火，小区就像一个火药桶，只要一点着就会爆炸，说实话，只要哪个带头，就和管理处那般鸟人痛痛快快干一次，我就是坐牢也无所谓，出了这口恶气就是死也心甘了。（JD业主11）

2003年7月，小区发生的一起"偶发事件"终于把这个火药桶给点着了，小区有对老夫妇，3个儿女都下岗失业了，两位老人就靠一个人的退休金生活，管理费增加之后，老夫妇交不起了，管理处就停了他家的水电。老头子正患着病，水电一停老太太怕老伴病情会恶化，就去管理处求情。

> 老太太去管理处去得也巧，正赶上下午大家回屋的时候，老太太在管理处向管理处的人讲好话，管理处的人不买账，她就哭诉起来，下班的人正好经过管理处，就停下来想看个究竟，结果人越聚越多，老太太说她家实在没钱，管理处的人说，没钱找你子女要去，老太婆说，子女也过得不

好，都下岗了，管理处的人就说，谁叫你子女没用，没用才下岗。这句话，就是这句话把看热闹的人都惹火了。他妈的，管理处这个主任新来的，不知道这里住的很大一部分是下岗工人，很多人本来就对下岗这个事觉得不公道，憋着一肚子气。这时候马上有几个人站出来和他理论，他还嘴硬，于是有个人忍不住，就动起手来，其他人好像也发疯了似的，和管理处的人对打起来，我也加了进去，那次管理处有30多个，我们也有100多个，打得很厉害，两边都有人受伤，有个业主被一个保安用刀捅了几刀，受伤很严重，他们受伤的也有好几个，我们打了十几分钟，后来派出所的人赶过来才停手。（JD 业主 12）

这件事闹得很大，也引起当地和境外媒体的报道，市政府的领导对此开始高度关注，怕影响地方稳定形象，组织一个调查组来了解情况。按照法定程序对业主委员会进行改选，改选之后，新的业主委员会改聘了 DT 物业公司，用招标的方式聘雇了新的物业公司。

第二节　KC 小区的集体维权行动

（一）小区概貌

KC 小区是由 ZH 地产开发公司建设的一个白领社区，该小区是 ZH 的第一个房地产项目，所以，ZH 从一开始就对这个小区有个好的定位，致力于将该小区打造成 ZH 地产的一个中产白领社区品牌。该小区位于广州新八景之一、奥林匹克体育中心旁，离市中心大约 40 分钟左右的车程，建筑面积达 23 万平方米。

小区其总体规划优雅别致，花瓣状的各大建筑组团环绕着中央花园，具有浓郁的法国风情；绿化面积大，数千种亚热带植物和珍奇花草郁郁葱葱，颇具园林风格；物业服务素质颇高，管理完善，人员素质不低；公共设施齐全，专门购置了 4 台豪华客车作为屋村巴士，购物街、动感会所等休闲娱乐设施一应俱全，同时，KC 还有一个可以容纳四五千人聚会的中心花园。此外，还有奥林匹克体育中心、体育院校近在咫尺，为 KC 打造"泛会所"健康生活模式奠定了基础。总之，正如 ZH 公司所标榜的，KC 是一个"阳光、绿地、悠闲、运动大型法国风情社区"。KC 小区的建筑风格正好迎合了中产白领阶层的品味，很快吸引了广州市具有一定经济实力的年轻白领的眼球，KC 连续三期都很快售完，从 2003 年 9 月开盘到 2004 年 3 月，住户已达 4000，入住率达 90%。

KC 业主在还没有入住之前，就在 21CN 后来转移到 SOHU 上建立了自己的业主论坛，已有上千位准业主在这个论坛上进行交流，入住 KC 后，业主建立了小区专门的网站，注册用户达 5000 之多，业主在网上互动的广度和深度不断加增。

（二）小区集体行动的缘起

1. 问题的建构

KC 的业主对这个小区的绿化、规划、价格、设施和服务等等都有较高的满意度，KC 的口碑在广州市的小区中，算是难得的佼佼者。正当业主在 KC 过着比较满意的平静生活的时候，2005 年 7 月 28 日，一个开进 KC 小区画线打桩的勘测队打破了小区的宁静。小区的业主莫名惊诧，一打听，才知道是政府要修规划路。在市规划局最新公示的《市道路规划图》上，将开设一条市政规划道路穿越小区，并且在小区内还将修建另一条规划路，从小区中间南北贯穿，将小区一分为二。虽然亲眼看到画线打桩的业主很少，但就在当天晚上，这个消息很快传到大部分业主耳朵里。

当天晚上，社区网站的管理员就在内部网站上专门开辟了"KC 小区维权专区"，并以醒目的标题"KC 危急，全体 KC 人行动起来"置顶于最显眼的位置。也就在当天晚上一直到深夜4点，业主一直就围绕"规划路"的问题展开讨论，每一个议题都有业主广泛参与讨论，一些特别重要的议题更引起业主广泛和深入的交流，这些重要议题的点击次数达3000多次，回复次数达1500多次。重要议题主要集中在3个方面：一是规划路对KC有何利弊，二是到底是先有规划路还是先有康城，也就是未来行动指向到底是谁的问题，三是如何行动以制止规划路的修建。

对于利弊的争议并不在于弊多还是利多，因为KC业主绝大部分是中产白领，距离广州市商业中心又比较远，所以购房的目的主要用于居住，不是为了商用，主要考虑环境，较少考虑交通的便利与否。所以，占压倒性优势的意见是规划路修建给小区带来巨大灾难，业主认为规划路的修建将给KC带来空气和噪音污染问题、交通和社会安全问题、公共空间减少和房价下跌等等损失，所以，修规划路毫无疑义被业主建构成一个严重的权益侵害问题。第二个议题就是造成业主利益受损的根源是谁，业主争议颇大，有的说是早有规划路，是开发商故意隐瞒，所以是开发商在搞商业欺诈；有的业主则认为是开发商建小区在先，政府规划路在后，主要是政府决策不当。两派人各说各的理由，但一个平时在论坛上颇有威望的业主认为，在没有明确的证据之前，不要妄下结论，还是等拿到确凿证据后再决定到底应该向谁讨回公道，他的意见很快得到了两派人的赞同，停止了争议。第三个议题就是采取什么策略来阻止规划路的修建，这个论题也有两派意见，激进派情绪比较激动，认为无论是对政府还是开发商态度就是要强硬，太软弱政府和开发商不会把你放在眼里。他们提出上访、静坐、游行示威或堵塞交通的方式来对政府或开发商施加压力。温和派则认为维护权益要讲究策略，要讲理性，千万不能给政府或开发商抓住把柄。当两派各执一词的时候又出现了一个中间派，这一派意见则认为首先还是要理性温和，通过法律途径、通过和政府或开发商沟通协商来解决问题，通过媒体来施加舆论压力。万一不行，可以采取激进一点的方式来维护权益。这种意见一出来，很快就得到了两派的认同。一个威望很高的业主在论坛上发出倡议，第二天在中心花园商议尽快成立业主维权组织具体部署维权事宜。

2. 询查真相

第二天在中心花园有 400 多位业主聚集，因为这里面有几个大家在论坛上或实际生活中比较熟悉的公众人物，所以业主很快拥护他们成立了"KC 小区维权小组"，然后又在"美丽家园，誓死捍卫"的大横幅上签名表示维权决心。业主散去之后，"维权小组"立即在管理处的会议室召开了第一次会议，决议先收集资料，调查取证，以核准到底是市政路规划在先还是 KC 小区开发在先，是不是 ZH 故意隐瞒了规划路的事实真相；成立了财务部（专门负责业主捐款和活动开支）、宣传部（专责向业主通报维权真相和进展、动员以及和政府开发商沟通情况）；到网上招募熟悉建筑地产法律知识的业主；设计防阻施工队进入小区的应急方案；尽速建立全面快速高效的沟通网络，通过互联网、通讯、邻里等方式将全体业主动员起来，建立金字塔式的栋长—门长—层长联络机制，和媒体朋友以及政府部门工作的亲友加强沟通。会后，由宣传部将第一次会议的内容在社区网站上通报业主，并发出招募建筑工程师、律师、志愿工作者的通知和关于募捐和财务管理制度的通告。

第三天，由维权委员会两名主要负责人和二位懂建筑设计的业主组成真相调查小组，首先找到 ZH 公司的客户服务部，客户服务部经理接待了调查小组，并表达了 3 点意见，一是对施工队进小区勘测规划路并不知情，二是小区规划都经过政府相关部门的审批，完全符合法定程序，三是对业主表示理解和支持，并愿意配合业主的维权行动。并出示了小区的五图一书，两位建筑工程师对此进行查验，确实没有看到五图一书里有市政路或规划路。得到 ZH 公司的答复之后，调查小组拍下五图一书的照片，决定去市规划局核查市政规划图。但在市规划局，调查小组碰了钉子。规划局的领导对他们很不客气，称他们是"小业主"，拒绝了业主要察看市政原始规划图的要求，理由是维权委员会不能代表业主，不具有合法性。最后，调查小组无果而返。当天晚上，维权委员会召开会议，认为当务之急还是要查出真相，鉴于维权委员会身份障碍，决议明天改由 50 位业主代表去市规划局查验真相，并在网上发出倡议。

第四天，有 400 多位业主准备去规划局，维权委员会考虑怕影响太大，造成政府强力反弹，决定还是将咨询人数限定在 50 位业主。上午 50 位业主来到市政规划局，一位处长接待了业主代表，解答了业主 3 个方面的疑问：（1）关于市政规划局公示的规划图的真假问题，处长表示熏衣草街①的市政路势在必行，至于中间那条由北到南穿越 KC 中心地带的路以前有规划，最新规划有没有要去区规划局查对（把皮球踢给区规划局），至于为什么没有及时更新，处长没有明确回答。（2）到底规划路在前还是 KC 小区开发在前，处长表示规划在前，后来被市建委圈起来，现在市建委因交通压力要恢复这条路。（3）为什么 KC 小区的五图一书没有规划路，ZH 有没有报批，处长说报批是有的，那既然打算建规划路怎么又可以报批，处长对此没有做出明确答复，只说要去区规划局才知道。

业主从市政局了解到的信息与其他途径获得的信息推断，这些规划路在 KC 开发之前就已存在，中海和政府部门之间肯定有什么交易，从而使得 3 年来，政府许可 ZH 公司在有规划路的地段建 KC 小区，而在 KC 小区楼盘刚刚卖完从业主那里获取所有利润之后政府就开始动工修路。

（三）业主总动员

根据新的形势，维权委员会对行动策略进行了调整。一是解散维权委员会，成立业主委员会筹备组，争取尽快成立业主委员会，以便获得与开发商或政府进行对话的合法身份，加强对公共

---

① 这是 KC 小区内的一条小街。

维修基金和物业管理服务的监督和管理，同时也可以获得起诉开发商和向公安机关申请游行的合法身份；二是调整工作重心，将 ZH 公司视为主要的抗争对象，无论是规划路在前还是 KC 在前，业主都应该把 ZH 作为直接责任主体，因为业主是从 ZH 购置房产。将抗争的层级上升到业主代表上访，并扩大上访的范围和提升上访的层级；三是加强 KC 小区业主动员网络，利用一切可以利用的方式让业主动员起来；四是加强和政府、媒体的关系网络，专门成立政府关系部，招募在政府机关工作或政府工作人员有密切关系的业主和政府进行沟通和游说，另外还专门成立媒体部，安排专业人员负责网络、电视媒体、香港和境外媒体、北京媒体、本地媒体的宣传和新闻披露，特别是星期六业主大会的采访工作。最后是决定在本周六下午召开全体业主大会，并做好会务工作安排。

为了将业主充分动员起来参加业主大会，筹备小组利用已有网络和新建的网络对业主进行积极的共意动员、资金动员和行动动员。

筹备组在社区网站上对规划路维权进展情况进行详细的通报，认真分析了规划路对业主可能带来的权益损害，造成规划路问题的内幕，维权委员会在维权过程中遇到的重重障碍；在网上公布业主致相关政府职能部门的请愿书，请愿书上力陈 KC 业主对小区优美宁静和谐居住环境的热爱、规划路对 KC 业主带来的种种危害、业主可能采取的种种抗争方式以及因此对广州社会稳定和谐和国际形象、政党执政能力等等带来的严重的负面影响，并表示业主对政府工作艰辛的体认且提出一个解决交通堵塞问题的更佳方案。维权委员会还在网上发布了致 ZH 公司负责人的公开信，信中陈述了房产家园对业主的重要意义，业主对 ZH 公司某些工作的感激，业主对规划路事件的种种疑惑，业主在走投无路的情况下可能采取的非理性行动，并在信中发出请求，邀请 ZH 公司负责人参加业主大会并当场解答业主的疑问；维权委员会还发出了劝捐书，公布了财务管理人员和相关制度；在网上征集业主大会的标语和未来维权行动的策略建议。当天晚上，业主就上述这些重大议题进行热烈讨论，尤其是关于标语和建议的话题，差不多每个话题都有 1000 多个回复贴。在网站上还公布了维权委员会的公共电话及主要人员的联系电话，遇到新情况或收集到新信息马上通告，以便维权委员会能对变化的情况做出及时快速反应。

除了利用互联网和通讯设施进行动员，维权委员会还在小区公共场所和其他显眼的位置张贴维权通报、穿越小区的规划路图、公开信、请愿书以及劝捐书，并派人在小区各人流密集的地方发放传单，力争让每位业主都了解所有的真相。此外，维权委员会完善了栋长层长负责联络制，通过邻里网络将人员迅速动员起来。

除了动员业主，维权委员会还积极和政府、媒体以及同盟者建立联系，这种关系网络的建立同样是利用原有的网络。

通过各种途径，维权委员会召集了 100 多位在政府部门工作或和政府领导有亲友关系的业主，动员他们做好四方面的工作，一是让政府相关部门了解 KC 小区规划路的情况，二是打听规划路的内幕，三是让政府领导了解 KC 业主的意愿和捍卫权益的决心以及可能采取的手段，四是对政府领导和人大代表进行游说，以说服他们影响规划。

为了发挥媒体的影响力，维权委员会还专门成立了媒体部，负责和境内外的媒体进行联络。由于 KC 小区有不少业主本身就从事媒体工作，自然很快建立了一张覆盖全国各大型媒体乃至境外媒体的关系网络，根据事态的发展随时可以动用。不过维权委员会考虑可能带来的政治风险，决定不到万不得已的时候不要动用境外媒体关系网络。

此外，业主还通过和广州市其他小区业主的联系，很快将 KC 小区规划路事件的相关资讯传送到其他小区的业主，并通过互联网在其他小区的网站上发布 KC 小区维权情况，还在短短的几天之内和广州市较有名的小区网站或业主论坛建立了链接。其他小区的业主也纷纷表示对 KC 小区业主维权的关注和声援，并在 KC 维权专栏上传授维权经验和策略。

第 8 天，业主大会如期在中心花园举行，中心花园是一个可容纳五六千人的圆形广场，为业主大型集会提供了绝佳场地。维权委员会和一些招募的志愿服务者在会前进行了大量的会务准备工作，从管理处借来了广播设备，在中心花园四周悬挂巨幅，上书从网上征集到的经过慎重筛选的标语，如"我的地盘我做主"、"美丽家园，誓死捍卫"、"众志成城，卫我 KC"等等。会场工作人员穿上专用服装，服装上写上"邻里守望""卫我家园"等字样。维权委员会对大会纪律做了广泛宣传，对大会发言的程序、发言的内容（要有事实依据）、发言的声调、发言的语气以及会场秩序都做了规定，尽量保持理性平和有序的基调。

大约 4000 位左右的业主或家属如期赶到会场，每位到场的业主拿到了关于会议议程和会场纪律的宣传单。会议按照议程有序地进行，首先由主持人宣读了会场纪律，宣布维权委员会解散，业主委员会筹备组正式成立，介绍筹备组 9 名成员的基本情况；然后由特邀法律顾问提供法律咨询，维权委员会负责人介绍和总结前段时间的维权情况，由筹备组负责人宣读成立业主委员会的法律程序和规定，再由筹备组某成员宣读请愿书、公开信和筹备组的下一步工作部署；然后有筹备组回答业主的各项问题，没能在会上回答的问题可以在会后与筹备组交流，之后全体业主齐声合唱《团结就是力量》，主持人宣布会议结束。在整个会议过程中，会场秩序井然有序，除了业主的自觉遵守外，筹备组也专门组织一批身着会装的业主志愿服务队维持会场秩序，发现有人故意破坏会场秩序及时制止或向大会报告；业主情绪一直保持高昂的态势，去台上发言也很踊跃，但也控制在不至于引起混乱的程度；会后，业主积极报名参加维权志愿服务队，捐款的业主排成长队，捐款的数目至少在 100 元以上。

（四）结局

媒体部请来了当地比较有名的平面媒体和电视台，第 9 天，

KC 小区成功召开业主大会的新闻在几个有名的网站和当地有名的报纸上比较醒目的位置上刊载了，一家电视台也对此进行了专题报道。业主大会的人气指数在广州业主维权史是绝无仅有的，而且业主人心也比较齐，维权的决心也很大，在不少媒体上刊载了业主高呼口号和唱歌的画面，电视台更以生动的激情场面展示业主震撼人心的力量。

在广州比较有名的业主论坛上，KC 小区规划路事件以及业主维权事件成为热门话题，其他小区的业主纷纷指责开发商和政府的过错，对 KC 业主表示强烈的同情和声援，还有些业主为小区未来的维权行动出谋划策。有些业主发起倡议要成立广州市的业主同盟会，以整合所有小区业主的力量，维护广大业主的正当权益。

筹备组在积极筹划业主委员会组建的同时，也在广州的各相关政府职能部门奔走，还有部分业主也在利用非正式关系网络去影响政府领导的决策。一位业主已经将反映 KC 小区规划路事件的文本转交给十几位对规划路起关键影响的政府领导。

而情况也正在向有利于 KC 业主的方向发生悄悄变化。

首先是规划路项目办公室接到上级通知，暂停施工。业主大会之前，原维权委员会的成员与项目办公室领导交涉时，不怎么搭理，但业主大会之后，筹备组成员再去交涉，领导接待了他们，并且说，他们和上级领导都非常清楚 KC 业主的维权情况，这两天已收到政府相关职能部门的通知，要求暂时停止施工。市政府的领导已经清楚地表明，要以人为本，建立和谐社会。

其次，ZH 公司的老总和筹备组进行了一次坦诚的交流。会上主要就 KC 中间规划路和熏衣草市政路的来龙去脉以及如何解决当前的危机进行深入讨论，尽管 ZH 不认为自己有何过错，也不愿承担业主的赔偿，但表示要积极配合业主维护正当权益，并答应采取切实有效的措施来帮助业主维护权益。

最后，ZH 公司确实为 KC 小区向政府部门递交了规划路质疑案，政府相关职能部门也承诺在 15 日之内出具书面说明规划路的最后定案。并向政府规划部门提交了 KC 业主出具的规划路替代方案且展开积极的游说活动。在此期间，筹备组继续奔走于政府各职能部门，各职能部门也派出专人接待和答复。到 8 月底，政府规划部门下达批文，对 KC 规划路进行重新修正，从距离 KC 较远的地段经过，做到不影响 KC 业主的利益。至此，KC 业主维权行动取得阶段性成果。

第三节 小 结

本章简要概述了两个小区集体行动的原因、经过和初步的结局。从起因看来，两个小区的集体行动都由社区矛盾引发，JD 小区是因为开发商、物业公司对 JD 小区公共利益的和对业主组建自主组织的主导权的剥夺以及政府职能部门对业主的不公正对待；KC 小区是因为开发商和政府职能部门相互的勾结导致小区规划路的变更和恢复，对小区业主公共权益造成潜在的危害。从刺激强度来看，两个小区具有很大的相似性，虽然刺激物有别，但由于两个小区业主的经济地位上也存在差别，所以不同的刺激物在不同的小区产生强度相当的刺激。从集体行动生发的难易程度来看，两个小区存在明显的差别，JD 小区为了发动集体维权行动前后，断断续续经历了两年多时间，但屡次都未能开展成功的集体动员，最后还是由一次偶发事件引爆了一场流血冲突；KC 小区的集体维权行动相对而言要容易很多，前后经历时间不过半个月，未遭遇政府和强势集团的强力反弹，集体维权行动得以成功发动。因此，KC 小区的集体维权行动要比 JD 小区的集体行动容易得多。从表现形态来看，两个小区的集体行动也存在很大差异，KC 小区的集体维权行动始终保持理性温和有序的基调，且整个行动都处在小区自主组织的控制之下，组织化程度相对较高；反观 JD 小区的集体维权行动，在偶发事件引爆之后，业主陷入一种非理性的无组织的失控状态，和物业公司发生了暴力冲突。从集体行动的绩效来看，两个小区也有明显差别，JD 小区虽然依靠暴力方式引起了地方政府的高度关切，对小区的权力关系进行重组，但小区业主却为集体行动前后耗费了很多的时间、精力、财力，一些业主身体亦因此受到伤害。之后还留下一些后遗症，本研究将在后面的章节予以交代；而 KC 小区的集体维权既取得了较大的胜利，公共利益得以成功的维护，另一方面，业主为此付出的代价并不太高，并且成功的集体行动还为小区带来了一些正面效应。那么，为什么两个小区的集体行动会产生如此大的差异，本研究将从比较两个小区的社区网络入手，再分析两种不同特性的社区网络如何对集体行动的生发、形态和绩效施加影响。

第七章
两个小区的社区网络比较

由于本研究主要考察社区网络如何作用于集体行动，所以笔者在简要介绍了两个小区集体维权的大致经过之后。接下来就要考察一下发生集体行动的两个小区的社区网络特性，分析比较两个小区的社区网络的差异。本章分成两小节，两个小节分别简要描述两个小区的概况和小区的社会网络特性（融合性或离散性）。这一章对两个小区网络特性的介绍目的在于为考察社区网络对集体行动的影响提供基础性材料。

第一节　JD 小区的社区网络

如前所述，本文的社区网络既包括社区内部人员之间建立的各种关系，也包括社区成员与外部个体或组织建立的各种联系。因此，本小节将分内部网络与外部网络来介绍 JD 小区的社区网络。

（一）JD 小区内部关系网络

JD 小区主要为广州市中低收入住房困难的市民修建的经济适用房小区，购房者必须具备以下几个条件方可购置这种经济适用房，其一是家庭人均居住面积低于 5 平方米或无房居住的；其二是住房困难状况已在其上级主管机关和市解困办登记备案的；其三是家庭人均收入未达到市人均收入的 60% 的；其四是所在单位和申请人已参加住房公积金存储的；其五是单位或个人能够为申请人担保的；除此之外，还有市解困办规定的其他条件。政府之所以要设置"困难门槛"，是为了防范部分非困难户购买带有福利性质的经济适用房。尽管这些规定并不能完全杜绝部分非困难户骗购经济适用房，但总体说来，这种制度安排还是保证解困小区大部分购房者是中低收入的住房困难户。这种制度安排如同一个筛选过滤装置，使那些在收入、职业和社会地位具有相当同质性的群体聚居于解困小区。

> "总的说来，我们这个小区大部分是收入较低的市民，好多都是国有企业改制合并或破产后的下岗职工，年龄大多在40~50岁左右，也没什么文化，初中高中程度，我们这些人以前干的一般都是粗活、简单的活、力气活，你到我们小区看看，你会发现没有几个戴眼镜的，现在下岗了，到外面谋个职，都是普通人可以干的活，所以收入也不高。"（JD业主04）

在该小区所属社区居委会，笔者找到了小区居民登记簿，由于这个小区居民都是经济收入较低的居民，都希望和居委会保持联系，以图有机会通过居委会这个实质上的行政基层组织获得一些体制内资源，所以不像其他小区，JD小区90%以上的业主登记了家庭状况。笔者按随机抽样的方式抽取100户业主的职业和文化程度进行统计分析。

从表7-1可以看出，JD小区业主文化程度不高，高中以下者占85%，大专以上者只有15%；就职业方面来说，从事体力型和中等体力型的职业者达到78%，而脑力型职业者只有22%。从总体看来，小区业主的文化程度不高，所从事的职业大多以体力型职业为主，从目前中国关于文化程度、职业和收入水平的相关研究成果显示，收入水平与文化程度和职业呈正相关，那么意味着小区业主的收入水平也较低。而收入水平是衡量一个人的经济地位的核心指标也是衡量一个人的社会地位的重要指标，所以，可以推导出，JD 小区业主的社会经济地位在城市人口中处于中下层。

表 7—1　JD 小区业主文化与职业分布状况

		文 化 程 度			频　次	百 分 比 （%）	
		初中以下	初中	高中	大专以上		
职　业	体力型	6	18	15	3	42	42
	中间型	4	7	20	5	36	36
	脑力型	0	5	9	8	22	22
频　次		10	31	44	16	100	100
百分比		10%	31%	44%	16%	100%	100

从上述的资料我们可以发现，JD 小区业主在受教育程度、职业、经济收入方面具有较高的同质性，因而其社会地位亦具有较高的同质性。但这种同质性并没有促进群体内部邻里网络的建构，从笔者所掌握的资料看来，JD 小区业主之间的邻里网络非常松散。

> "我们小区业主邻里之间很少来往，我在小区住了五六年了，算是这里的老居民了，不过我在这里认识的人不下五六个，我连同一层楼的邻居也不认识，大家平时都是一进家门就把门关得严严的，各过各的生活，说实话，我在这里还算是认识人多的，有的人在这里一个熟人也没有，因为大家平时都不来往。"（JD 业主 11）

不止一位业主向笔者反映这个小区邻里网络的松散度，为了证实他们谈话的真实性，就从居委会居民登记簿里用简单随机抽样的方式抽取了 100 位业主，用电话访问的方式进行了一个简单的问卷调查。为了测量社区内部网络的密度，笔者选取了与个体居民进行互动的邻里人数作为衡量的指标。这个问卷调查包括以下几个问题：您在 JD 小区居住时间有多长？您在 JD 小区认识多少邻居？通过对调查资料的统计分析，结论如表 7 - 2 所示。

表 7 - 2　JD 小区业主居住年限与邻里网络

		您在 JD 小区的居住年限？			频　次	百分比
		2 年以下	2 ~ 5 年	5 年以上		
您所认识的邻居有多少？	0 位	15	9	7	31	31%
	1 ~ 4 位	19	17	21	57	57%
	5 ~ 8 位	2	4	3	9	12%
	9 位以上	0	1	2	3	3%

表 7 - 2 显示，JD 小区 88% 业主和邻里交往的人数不超过 4 位，而交往人数在 5 位以上的仅为 12%。这样的统计结果能否说明邻里网络松散，这需要有一个评估标准或一个比较对象才可能下判断。对于中国城市商品小区业主邻里网络的研究现在还是空白，因而也没有关于邻里网络密度均值的公认标准，所以，只可以通过与另一个研究对象比较才能判断它的融合程度，从我们下面对 KC 小区业主邻里网络的分析，笔者得出 JD 小区业主邻里网络相对而言非常松散。

为什么邻里网络相对松散？可以从以下几个方面来进行分析。

第一，从这个小区业主的来源分析，这个小区业主限定在有广州市户口的中低收入家庭，有广州市户口又收入较低的家庭一般在广州有较长居住时间，而且多为广州市的原住民或老国有企业的下岗工人。

"这些业主申请购买经济适用房，都要向我们居委会出具家庭的原始资料，所以我对这些业主从哪里来很清楚，绝大部分都是国企的下岗工人和老城区的拆迁户，都是'老广州'，都是在广州住了几十年甚至几百年的人，在这里都是

有根有底的，亲戚朋友一大摞。"（JD 居委会主任）

由于他们大多在一个固定的地方（比如老城区或国有企业家属住宅区）生活一段较长的时间，因而业已建构了一个比较固定的社交网络，虽然体制改革和城市化运动变更了他们的居所，但是由于居所变更的空间距离不大，所以，其原有的社交网络并没有受到破坏，尤其是那些建立在血缘或姻缘基础上的社交网络。

> "像我家，在广州生活了几十年，从我老爸那个年代就搬来广州，我们有很多亲戚朋友都在广州市区，虽然眼下我们搬到这个 JD 小区，但我家和他们的来往没有受到什么影响，过年过节的时候或平时不好玩的时候，他们就过来或我们过去和他们聊聊天、搓搓麻将，哪家有难我们就帮帮，总之，我们搬到这里来并没有感到孤单，不和这里的邻居打交道，也无所谓的。"（JD 业主 08）

这样的业主已经建构了一个稳定持久的情感交换圈，他们不像那些广州的新移民，在这个远离原有社交圈的地方，无亲无故，需要寻找情感上的新支持。同时，由于这些业主大多是中低收入家庭，在经济资源权力资源上相对匮乏，相互之间不存在资源互赖，因而也没有进行资源交换的必要性。

> "我们业主之间不来往，还有个重要的原因就是大家都是无权无势的人，谁也犯不着谁，谁也帮不了谁，就这个样子，这样的话，大家也就觉得没有那个交往的必要啰。"（JD 业主 09）

第二，这个小区缺乏相互交往的空间。随着私密化时代的到来，个性主义的张扬，人们之间的交往逐渐从家庭为主转移到以公共的互动空间为主。在广州，除了特殊关系（除亲属或密友）

的人们之外，普通关系的人们之间的交往活动一般在家庭以外的
互动空间开展。社区成员之间的交往活动主要在家庭以外的社区
公共空间开展。这些公共的互动空间指互动的物理空间和网络空
间。JD 小区扶贫济困的使命使开发商不可能为其配置更多的公共
场所，楼盘的密度相当的高，笔者认识一个金羊网的记者，他因
为 JD 小区严重的失盗问题而专门采访过 JD 小区，结果他发现，
JD 小区业主屡屡失盗的重要原因就是这个小区内许多住宅楼都紧
密相邻，盗贼完全可以经天台跨到相邻的住宅楼，再下楼逃逸。
足见这个小区楼盘的密度之高。这里没有运动健身场所，如球
场、游泳池、健身房，也没有休闲场所，如舞厅、咖啡厅，也没
有像 KC 那样多的广场和公共草坪。这些公共空间的缺乏大大减
少了业主之间偶遇的机会。

> "我们这个小区余地太少了，反正政府目的就是让我们
> 这些人有个容身的地方，其他方面政府也不可能管那么多，
> 让你不会流浪街头就算是政府大发慈悲了，我们也理解政府
> 的难处，但也确实太挤了点，挤得大家都不愿意出门，这样
> 大家碰面的机会就更少了。"（JD 业主 05）

一般说来，在其他条件相同的情况下，人们居住得越紧凑，
他们之间的被动接触和主动交往就会越频繁（Case 1981；Michel-
son 1976；Whyte 1956）。但是，居住密度太高的房子也会阻碍居
民之间的交往。[①] JD 小区的房子就因为太过拥挤，人们之间的交
往缺乏适宜的空间，结果反而降低了人们之间交往水平。

除了缺乏互动的物理空间，JD 业主也缺乏互动的网络空间。
不像 KC 小区，业主之间通过互联网进行频繁的互动，但 JD 小区
却没有充分利用互联网的沟通功能，从两个指标可以衡量业主利

---

① McCarthy. 1978. "Resource Mobilization and Social Movements: A Partial Theory."
American Journal of Sociology 82: 1212 –41.

用互联网建构社交网络的水平，一是互联网的使用率，二是业主论坛或社区网站的建设。在 JD 小区，至今没有建立自己的社区网站和业主论坛，而互联网的使用率也相当低，从笔者对 100 户业主进行的电话调查中，只有 7 户业主使用了互联网，其网络使用率只有 14%。这对于互联网使用率极高的广州市民而言，这样的使用率算是相当的低。

除了缺乏公共的互动空间，JD 业主之间也缺乏交往实践活动。JD 小区业主内部缺乏积极的组织者，如果有来自社区以外的组织者，可能会增加业主之间的交往实践。这个外部组织者最大可能就是社区居委会成员。但是居委会名义上是基层社区的自治组织，实质上还是政府行政职能的延伸，平时和居民没有什么联系，除了要为完成政府下达的某项任务，不得不和居民接触时，才会和业主有交往的机会。而居民也只有在需要身份认证或向政府申请体制内资源的时候才和居委会打交道。像其他城市所描述的由居委会将居民组织起来开展丰富多彩的社区活动的场面在这里并没有出现。

> "我在这个小区住了整整 6 年了，从来没看到居委会组织过我们这些居民搞过什么活动，从来没有的，居委会的人没那么多时间和精力，为政府那一摊子事都管不过来，哪有精力来组织我们，再说，他们又不靠我们来养活，政府才是他们的衣食父母，他们从政府那里领工资的。"（JD 业主 04）

总之，这些交往活动的稀少，也是导致 JD 小区业主内部社交网络密度低的重要原因。

最后，这个小区业主缺乏相互交往的时间。JD 小区业主大多为下岗失业工人，一些没有工作着落的人在忙于寻找工作，已经找到工作的业主一般以从事体力型职业为主，而且多是没有固定节假日的体制外岗位。休息时间相对短缺，使业主内部的交往行为大大减少了。

> "JD 小区的业主有很多都没有固定的工作,经常失业再就业再失业再就业,经常忙于找新的工作,有不少业主还找到我们居委会,求我们帮忙找工作,他们找到的工作都是私人企业的或者临时性工作,好多都是没有什么节假日的。"(JD 居委会主任)

总之,由于 JD 小区业主在人际吸引、互动空间、互动时间以及交往实践方面的缺乏,其业主内部的社交网络密度相对较低。

(二) JD 小区外部关系网络

本文指涉的小区业主的外部关系网络包括 3 个方面:一是与政府代理层的关系网络,一是与媒体的关系网络,一是与其他同盟者的关系网络。

衡量小区与政府代理层的关系主要有两个指标,其一是本身就是政府代理人的业主的比率,其二是与政府领导层有着强关系的业主的比率。第一个指标的统计结果容易获得,在居委会的居民登记簿里对于业主所从事的职业都有详细的记录,对随机抽样的方式获得的 100 个样本进行的统计分析发现,在政府机关工作的业主为零。居委会的一位委员这样解释:

> "如果是政府机关的公务员,就不可能到 JD 这样的小区来买房,他也不符合要求,你想想,你看看,广州市的正式公务员的人均收入有没有低于市人均收入 60% 的,找不到,所以在 JD 也不可能找到公务员,更不可能有政府机关的领导。还有,这是一个解困小区,如果住在这里,做公务员就很没面子的,所以就算是真的没钱,也不会住在这样的贫民区"(JD 居委会一委员)

至于第二个指标如何测量,这存在一定的难度。某业主是否和政府部门的人有特殊关系？面对一个陌生的调查员，业主很少可能真实地回答这个问题。因此，对这样一个敏感的指标的测量，笔者只能从常识去进行判断，在计划体制与市场体制同时并存的转轨时期，政府仍然在很大程度上掌握着资源的配置权和逐步扩大对市场的监管权。对于政府代理层来说，在资源获得途径上他具有足够的能力给予和自己具有强关系的人更多便利。获得了这些便利，意味着在资源分配上不至于处在中下水平，也就意味着没有获得购买经济适用房的资格。和政府领导层早有强关系的人不可能进入这样的小区，即使以后和政府建立了某种强关系的业主也会从这里迁走。总之，小区的销售门槛和住房条件像一个过滤装置，把和政府有着裙带关系的市民也过滤出来。

小区业主和媒体的关系可以从两个指标来测量，这两个指标即是本身就从事媒体工作的业主的比率，和与媒体工作者建立了强关系的业主。

第一个指标的测量笔者同样采用抽查居民登记簿的方式来进行统计，在同样抽取的 100 个样本中发现，从事媒体工作的业主只有一位，而且这是一家刚刚兴办的没有知名度的媒体。也就是说，该小区从事媒体工作的业主比率仅为 0.5%。第二个指标的测量因为并不涉及敏感话题，所以可以采用电话调查的方式，从我们抽取的 100 位业主的调查资料显示，和媒体工作者建立了强关系的业主仅有一位，其比率也就是 1%。

要测量 JD 小区的业主和其他小区业主在维权上建立起来的关系网络到底如何，首先要回答业主是否和其他小区的业主在维权上建立某种同盟关系，由于 JD 小区业主内部在维权问题上尚难以联合起来，所以，和其他小区业主在维权上建立同盟关系是不可能的。

一位曾经积极动员维权的业主对此有这样一种解释：

"我们这个小区的业主本身维权意识都很淡薄，或者说，很自私，想让其他业主去流血流汗，自己坐在家里看热闹，等结了果子他就来和别人一起分享，所以我们小区的内部人都联合不起来，还能指望联合其他小区的业主来支援我们吗，说不过去的，我们关人家什么事，看到我们自己人都这样子一盘散沙，我们也没想过去联合其他小区的业主，没脸啊。有些小区，业主维权都是一条心，好有气势，所以不要你去和别人串联，别人会自己跑过来声援，或者向你们学习经验。"（JD 业主 11）

笔者为了将小区业主的关系网络更为直观的显示出来，特意用图示对它的内部和外部关系加以描述。如图 7-1 所示。

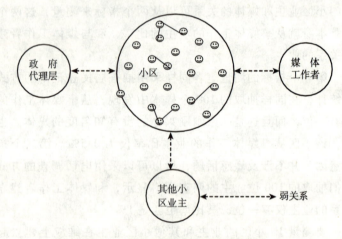

图 7-1　JD 小区内部与外部关系网络图

第二节　KC 小区的社区网络

（一）小区概述

KC 小区的宁静的郊区位置、优美的环境、较高的价格和法国风情的建筑品味如同一个过滤机制，将一个具有高度同质性的业主群体滤进了 KC 小区。这个业主群体是一个收入较高、受过良好教育、处于上升阶段的中产白领。优美、宁静、欧美风味正是中产白领追求的时尚，而较高的价位刚好是中产白领可以承付的。

由于小区的幼儿园需要有小区的户籍才可以入读，否则将收取较高的借读费，所以 95% 的入住业主都在所属地社区居委会完成了登记。笔者可以从居委会的居民登记簿里对 KC 小区业主的文化程度、职业做定量分析。笔者同样从 3675 户业主中用随机抽样方式抽取 100 位业主进行统计分析，发现文化程度在高中以下的仅占 6%，大专占 19%，本科占 48%，硕士以上的占 27%。就职业构成而言，在政府部门、教育部门、高科技产业部门、律师行业和媒体行业工作的业主占 63%。具体比率见表7-3所示。

表 7-3　KC 小区业主的职业构成

职　业	政府部门	教育部门	高新产业	律师行业	媒体行业	其　他
频　次	5	18	37	4	7	29
比　率	5%	18%	37%	4%	7%	29%

从上面的统计资料可以发现，KC 小区的业主受教育程度高，所从事的职业主要集中在技术型职业，从广州的统计年鉴显示，这些职业的收入水平远远超过广州市人均收入。所以，无论从受教育程度、职业、还是从经济收入等分层标准来衡量，KC 小区业主都处于城市社会结构的中间位置。

（二）KC 小区内部的关系网络

从笔者对 KC 小区 23 位业主的访谈资料和 100 位业主所做的抽样调查资料进行分析看来，KC 业主内部建构了一个高密度的关系网络。

"我们 KC 的业主在还没有购房就开始相互串联了，可以说，这里的业主都是素质不低的人，他们都有一个共识，就是知道现在业主和开发商、物业公司之间地产纠纷、物业纠纷很多，而且绝大部分纠纷都是以业主失败告终的，原因就在于业主不团结，不齐心。所以我们都认为大家要拧成一股绳，才能保护好大家的共同利益，要做到团结首先就要能够相互沟通。"（KC 业主 01）

"我们在看房的时候就开始相互联系了，那时候很多人还没有决定要买呢，我们就留下联系方式，或者是电话，或者是伊麦尔，或者是 QQ 号码。我们就用这些方式认识了越来越多的 KC 准业主。大家在电话里、在伊麦尔里、在 QQ 上交流，谈论 KC 的规划、价位、质量、环境、绿化，真是无所不谈，除了谈 KC，我们还谈其他的。"（KC 业主 02）

"我们 KC 小区的业主论坛是在还没有购房时就有了，这在广州市的商品小区里可能是独一无二的，有次一位热心的业主（其实那时我们都还不是业主，还只是有在 KC 买房的想法），他在看房车上提出在 21CN 上建个论坛，大家就觉得他的倡议很好，马上得到了响应，并尽量把这个信息告诉了所有认识的准业主，就这样，我们的业主论坛不到 10 天就发展到 400 多人，我们在那个上面广泛地交流看房的心得。"（KC 业主 03）

"KC 的业主不仅仅是在网上有频繁的联系，在网下我们也有频繁的联系，我在这里就结识了很多邻居，我们经常在节假日聚会，搞各种各样的活动，接触多了，大家相互知己知彼了，就成了好朋友了，像我们 KC 一样，邻里之间有那么多来往的小区在广州也是数一数二的。"（KC 业主 04）

KC 业主一谈起他们的邻里网络，就显得非常自豪，有说不完的佳话。为了从数量上对他们的邻里网络进行一个实证分析，我抽取了 100 个业主样本对这个小区的邻里网络进行了问卷调查，其中有一个问题涉及对邻里网络密度的测量，即你和多少位邻居有来往？统计的结果如表 7-4 所示。

表 7-4　KC 小区业主相识的邻居数

单位：位

	您和多少位邻居相识？				
	0	1～10	11～30	31～50	51 以上
频　次	0	7	20	34	39
百分比	0%	7%	20%	34%	39%

　　如果将 KC 小区业主邻里互识人数与 JD 小区做一比较，说明 KC 小区业主的邻里网络的密度远远高于 JD 小区，在 JD 小区中，认识 9 位以上的邻居的业主只有 3%，而 KC 小区认识 11 位以上邻居的业主达到 93%。

　　KC 小区为何建构了这样高密度的邻里网络，通过笔者和业主的深入交谈，大约可以归结为以下几个方面的原因。

　　其一，业主之间人际吸引力强。产生人际吸引的原因是社会成员通过互动，能够满足某种需要，人际吸引的大小在于成员之间的互动能够满足需要的程度，对于 KC 业主来说，他们一开始就有从其他业主获得购房信息的需要。从产生到 KC 小区购房的意向，KC 未来的业主就想找到其他的 KC 购房者进行交流，他们迫切想知道其他的购房者对 KC 的价位、质量、环境、公共服务等等的看法，想通过其他购房者获得关于 KC 以及 KC 开发商多方面的信息，以便做出到底是买还是不买的决定。

　　"我已经看了半年房了，因为买房不是一件小事，它不光是一个经济问题，它还关系到生活质量的问题，所以我对购房很看重。到 KC 看房后，第一印象是好的，但还是拿不定主意，生怕这里面有什么陷阱，要知道，这年月，这样的事情太多了，所以我想了解 KC 更多的信息，其他的购房者肯定会了解一些我不知道的东西，我很想找到这些人，从他们那里知道更多关于 KC 的一些情况，也许会有一些内幕，所以，我就想办法和去 KC 看房与或有意购房的业主联系，后来我在 21CN 找到了 KC 的论坛，那种感觉就像找到了组织一样，心里高兴极了。"（KC 业主 05）

除了在做出购房决定前需要联系 KC 的购房者之外，业主还有利益保卫的需求。在看到其他住房消费者吃够了开发商和物业公司的苦头之后，现在的房产消费者已经变得精明起来，他们已经懂得了业主联合的重要性，并且最好能在购房前进行联合，这样可以获得战胜不良奸商的主动权。而 KC 的业主之所以在没有购房之前就建立了自己的业主论坛，很大程度上就是因为有一种保卫自我利益的强烈动机。

"在媒体上在生活中，看到开发商、物业公司如何压榨业主的事情已经太多了，大家心里都明白，开发商、物业公司在业主面前这么牛这么痞，就因为业主是一盘散沙，你看看，沙子用水泥凝聚在一起的时候导弹也奈何不了，但如果是一盘散沙，就是一阵微风，都可以被轻易地吹走。我们见得多了，也就明白了这个道理。所以，这些 KC 的读书人从一开始就不想让自己成为一盘散沙，从一开始就想着如何把大家串联到一起来，图个啥，图的就是以后万一碰到开发商或者物业公司跟我们牛的时候，我们可以比它更牛。"（KC 业主 06）

任何人都有社会交往的需要，KC 小区的业主也不例外。由于 KC 小区距离市中心有 40 分钟左右的车程，如果遇上道路拥堵，则可能需要一个多小时，而周边也没有其他小区。这样的空间距离给小区业主和外界的社会交往带来了一定的障碍，但另一方面却促进了小区业主内部的社会交往。因为如果去市里参加社交活动，其成本远远超过了在小区发展社交的成本。在此种情况下，如果不是出于某种特殊的需要，比如发展恋爱关系或开展业务关系，KC小区的业主一般更倾向于在小区内部拓展自己的社交圈。

"在工作之余，我一般就在小区里找乐子，在小区里找一帮朋友来聊天、打牌、踢踢球或者喝喝小酒，我老婆就喜欢和一帮婆姨健身或者去旅游，我们就在小区里活动，小区这么大，总会有能谈得来的朋友，去市里面找朋友也太辛苦了，来回都要两三个小时，时间上划不来，搭车也很疲劳的，再加上这一带治安又不好，经常有飞车党活动，所以啊，我们就觉得在小区里发展些朋友挺好的。"（KC业主07）

除此之外，还有一个很重要的原因强化了KC小区业主之间的社交需要，这个小区里有很多从老家过来和儿子或女儿常住的父母，他们来到这个地方，脱离了原来的社交网络，子女早出晚归，白天老人在家里连个说话的人都找不到，因此他们出现了严重的心理不适。为了满足老人社交的需要，老人们自己主动出击，在小区里寻找与自己年龄相仿的同辈群体，或者是子女为父母在小区里搭建社交网络。

"我父母从北方老家过来，在这里人生地不熟的，刚来那阵，老两口简直度日如年，后来他们在小区里碰上了其他很多老头子老太婆，就和这些老人联系上了，这些老人组织了一些兴趣小组，或者锻炼身体，或者组织旅游，或者唠唠嗑，一个月下来，就认识了一大帮子老伙伴，有了自己的圈子了。"（KC业主08）

"我的父母社交能力就差很多，两三个月下来还适应不过来，老是待在家里不出去活动，我心里急，就在网上发了帖子，为父母寻找伙伴，并留下自己的联系方式，一个星期下来就有10多位老人或者他们的子女和我联络上，我就将我的父母推荐给他们，现在他们也玩得很好了，我父母也有自己的圈子了。"（业主09）

总之，由于攫取信息的需要、利益保护的需要，社交的需要，使KC小区的业主产生了在小区内部建构社交网络的冲动。

第二，KC小区有作为交往媒介的多元化公共空间。中海康城的公共空间可划分为两种类型，一种是互动的物理空间，一种是互动的网络空间。网络空间就是互联网，康城业主互联网使用率惊人的高，使用率达90%。而且具有一个作为业主内部公共空间的业主网站。这个网站在建构业主社交网络的过程中起到了非常重要的作用，业主之间大量信息、意见、情感交流和实际的社会交往都是借助互联网络（社区网站）来完成的。

在KC小区，互动的物理空间非常的多，可以说随处可见，康城的楼栋间距十分宽阔，相距在80米左右，这也是KC小区一大卖点之一。这些宽阔的楼栋间距为公共空间奠定了物质前提。笔者将KC的实在公共空间分为几大类，一类是凳椅类，一类是场馆类，一类草坪类，楼盘之间的空地除了作为绿化之用，还设计了许多运动休闲场所，其花坛周边以光滑而宽大的大理石板围成，或者以结实的杂木条做成的木凳围成，这些石板木凳既起到了装饰花坛又方便业主休息的双重作用。还有大量的专用石凳和木凳设在道路两旁、场馆周边、夹层里供业主休息之用。KC小区的凳椅可容纳的人数不下两千，也就是说，两千KC业主可同一时间坐在这些椅凳上闲聊。这些星罗棋布的椅凳对于业主的网络建构作用非同小可。康城的场馆也是G市其他小区无可比拟的，这些场馆包括各类运动场、儿童游戏场、广场、会所。KC的运动场所包括一个篮球场、一个足球场、一个板球场、两个羽毛球场、3个游泳池，会所的运动场地不包括在内。儿童游戏场是专供儿童玩耍的场所，这样的场所在KC小区有10处之多，每到早晨或傍晚，就有很多小孩由大人带领聚在这些场所嬉闹，他们也为大人之间的交往提供了机会。KC 小区的广场之多也是这个小区的一大特色，除了可容纳四五千人左右的中心广场，还有其他大大小小的广场达 9 个之多，大部分都有遮雨棚。平时，这些广场有许多业主在这里做集体运动，比如打太极、跳集体舞。会所面积达 4000 平方米，内设多种运动场地和休闲场馆。KC 的草坪数量之多、面积之大在 GZ 市也是独一无二的，这些草坪也成为业主交往的主要公共空间，这些齐备的公共场所为业主在家庭以外的社交活动提供了足够的空间和机会。通过在这些场所频繁的偶遇机会，业主们的邻里网络逐步建构起来并且在不断的扩张。

> "我和 KC 小区那些足球健将就是在足球场相遇的，小区有个很不错的足球场，我从小就喜欢踢足球，知道小区有个足球场，我就经常去探风，看有没有人去踢足球，刚开始搬进来的时候没人踢球，后来我在探风时在足球场碰到了几个和我一样探风的足球小子，把自己的想法一说，好家伙，一下子就把足球队组织起来了，人员还不少，足有六七十人，我们就在足球场里搞起足球外交，搞比赛的时候，把老婆孩子都拉过来做拉拉队，于是好家伙，这些婆姨也认识了，孩子也认识了，他们也开始交往起来，足球场就像是我们 KC 业主的粘贴剂。"（KC 业主 10）

KC 小区有这么发达的邻里网络，业主内部的积极组织者功不可没，在 KC 小区还没有开盘时就已经出现了积极的组织者，积极组织者为业主之间的交往实践创造了条件和机会。这些积极的组织者就为联合准业主付出了自己的时间和精力，在其他小区的业主都知道将业主联系起来的重要性，但就是缺乏有奉献精神的积极组织者，而 KC 小区很早就出现了这样的积极组织者。他们为 KC 业主作出了贡献，但同时也得到了 KC 业主的感激和尊重，这些社会激励反过来又激励了原来的组织者做出更多的贡献，也激励新的积极组织者不断产生。随着组织者队伍的不断扩大，KC 业主之间的交往实践也越来越频繁，邻里网络也越来越大，越来越密。

> "我们 KC 业主最早的组织者就是那个在看房车上倡议建 KC 论坛的人，这个人现在就成了 KC 的领袖人物。我们 KC 很多活动都是由他发起组织的，比如，为了对付经常在 KC 附近抢劫的飞车党，他就发起组织了 KC 伏击队，组织一批年轻人来对付这些飞车党，大家都很听从他的指挥，他为我们 KC 业主付出了很多，只要在业主网站上溜达的人，没有不认识他的，大家都对他很感激也很尊重，他也更加卖力地为业主干实事，在他的带动下，KC 出现了大批大公无私的组织者，积极地在小区开展各种各样的活动。"（KC 业主 11）

KC 的大而密的邻里网络，离不开互联网在其中所起的桥接作用。互联网最大的优势在于打破了时空的局限性，让人们根据自己的需要和条件可以在不同的时间和空间进行交往。随着生产和生活方式的多样化，人们在同一时间同一空间身体接触的机会越来越少，但是因为互联网的作用，人们的社会交往才不至于受到过大的阻碍。而 KC 业主将互联网的连接功能几乎发挥到了极致，最大限度降低了现代生产生活方式给人们交往带来的障碍。

> 我们 KC 人最引以为豪的就是业主网站，很多小区都羡慕我们有这么好的一个业主网站，我们的网站最大的特点就是人气足，上我们自己的 KC 网几乎成了每个业主的日常生活的一部分，可以说，就我所接触到的业主，没有一个不天天都上 KC 网的。有了这个东西，我们就可以超越时空了，大家不必一定聚到一起，同样可以顺利地交换信息，商量小区的公共事务。（KC 业主 12）

KC 互联网的发达程度可以用两个指标来衡量，一个是业主互联网的使用率，一个是小区局域网的登录率。这两个指标的测量数据笔者通过随机抽样的方式获得 100 个样本，在用电话访问的方式收集资料。所得到的统计结论是，在 100 个样本中，有 97% 使用互联网，95% 经常登录 KC 的局域网。这样的使用率，就远远超过了 JD 小区业主互联网的使用率。

互联网尤其是 KC 小区的局域网不仅为业主提供了信息交流的平台，而且也为他们提供了实际生活中身体交往的媒介。在 KC 的业主网站上，建立了基于地缘、业缘、趣缘、利缘等基础上的各种类型的社群专栏，比如同乡会就有 15 个，联谊会有 28 个，俱乐部有 14 个，休闲运动队就有 9 个。这些不同类型的业主群体不仅仅在网上进行频繁交流，还在网下的实际生活中进行互动。

> 我是康之羽羽毛球队的队员，我们的团队有自己的队长，要搞活动的时候，队长在网上发个告示预约一下，很快就能把成员召集起来。我们的康之羽经常是通过网络联系来搞活动的。（KC 业主 13）

第三，KC 人有相互交往的闲暇。KC 业主所从事的职业让他们不仅可以获得中高收入，还有比较固定和比较充足的闲暇，而且绝大部分业主的节假日和休息时间具有统一性。这种空闲的相对稳定性和统一性为业主在同一时空的邻里互动提供了机会。

总之，由于 KC 业主有邻里互动的愿望、互动空间和时间以及频繁的交往实践，所以，KC 业主内部建构了高密度的邻里网络。

（三）KC 小区外部的关系网络

小区外部的关系网络是多种多样的，笔者主要讨论对集体行动的可能性产生重要影响的外部网络。这些外部网络主要包括三方面：（1）与政府及其代理人的关系网络；（2）与媒体的关系网络；（3）与维权同盟者的关系网络。

1. 小区与政府及其代理人的关系网络

对于 KC 小区与政府及其代理人的关系网络，我们可以从学理上进行推断。KC 业主属于一个处在上升阶段的中产白领阶层，这个阶层有着强烈的向上层社会流动的冲动，为了达成这个目标，他们希望通过和上层社会建立的非正式关系来获得向上流动所需的资源，所以，中产阶层关系网络有比较明显的上向趋势，这个观点可以从张文宏、刘欣（2003）的相关研究中找到答案。所以，我们从学理上应该可以推知 KC 小区业主应该和政府及其代理人建立密切的私人关系。

用实证分析的方式来衡量 KC 小区业主和政府及其代理人的关系网络，可以从两个指标来衡量，一是业主本人在政府部门工作的比率，二是和政府领导层有着强关系的业主的比率。第一个指标我们已经通过居委会的居民登记簿显示的资料进行了统计，即 KC 小区在政府部门工作的业主比率达到 5%，由于找不到广州市所有商品小区政府工作人员的平均比率，我们只能根据常识来判断，推测这样的比率算是比较高的，即便这种推测缺乏科学性，但至少有一点是可以肯定的，这个比率远远高于 JD 小区。第二个指标也是难以测量的，即使笔者用严格的随机抽样方式抽取样本并进行严格的问卷调查，未必能得到真实的结论，因为在日常生活中，喜欢炫耀或隐瞒和政府代理人有特殊关系的人兼而有之，这种炫耀与隐瞒行为将影响统计结果的效度。所以，笔者只能从 KC 小区业主委员会筹备组"政府公关部"获得数据，前来报名愿意为规划路去政府进行游说的业主达 200 多人，显然这个数目肯定低于和政府有良好关系的业主的实际数量。因为找政府游说目标是维护 KC 业主的共同利益，在公共利益面前，并非所有人都愿意为之付出代价。即便如此，对于一个 4000 户业主的小区来说，有 200 多人和政府领导层有着良好的私人关系，应该超过 GZ 市所有小区与政府领导层建立良好关系的普遍水平。如果和 JD 小区进行比照，则二者的差距更是显而易见。

2. 小区与媒体的关系网络

KC 小区亦和媒体建立了良好的关系网络，这个小区有 7% 的业主从事与媒体有关的职业。显然，这也是一个很高的比率。这些媒体从业人员除了和单位同事建立了紧密的业缘关系、趣缘关系，亦有可能通过和传媒界的广泛互动而和其他单位或其他地区的媒体工作者建立良好的业缘或趣缘关系。所以，KC 小区业主和媒体应当有着广泛而密切的联系。

3. 小区与同盟者的关系网络

在广州市其他小区中，政府、开发商与业主之间亦存在广泛的矛盾与冲突，有一些小区甚至通过集体行动成功的维权，另一些小区可能在往集体维权的方向努力。共同的体验会使他们产生对开发商或政府代理人的集体怨恨，有着相同怨恨的人更趋向于建立同盟关系。当然这种同盟关系的建构需要借助于原有的关系网络。对于 KC 小区来说，和其他小区业主的网络早已存在，这种网络是通过网站链接建构起来的，从 KC 小区的局域网上可以看到，KC 小区已经和 20 个维权比较有名的业主网站建立了链接，通过链接畅通了 KC 业主和其他小区业主进行信息交流的渠道。而在实际网络生活中，这些网站相互连接的业主经常频繁地互相浏览对方的网站，网际互动不仅加强了他们之间的信息交换，更有可能促进了他们之间的网下互动。在和 KC 小区业主交流的过程中，笔者了解到许多业主正式通过网络互动的方式和其他小区的业主建立了网下互动关系。

KC 小区规划路事件之后，从其他小区业主网站的反应亦可以推知他们之间业已建立起来的密切联系，在 KC 业主进行积极的集体维权过程中，和 KC 小区网站链接起来的小区业主亦在自己的网站上发布 KC 维权消息并进行热烈的讨论，有的甚至进入 KC 的网站参与讨论或者为 KC 业主维权出谋划策。在 KC 规划路维权的高潮时期，KC 网站每天最高访客人数达 10000 之多。从这里亦可以知道 KC 与同盟者所建立的有一定广度和深度的关系网络。

综上所述，笔者认为，KC 小区除了有一张高密度的内部网络，亦有一张比较有广度和密度的外部网络。为了更清楚显示 KC 小区的内部与外部关系网络，笔者用图 7 - 2 来描述 KC 关系网络状况。

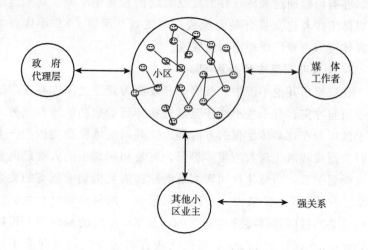

图 7 - 2　KC 小区业主的内部与外部关系网络图

第三节　小　　结

通过本章的分析，可以明显地看出 JD 小区和 KC 小区关系网络的差异，这种差异不仅仅表现在小区的内部网络而且表现在小区的外部网络。无论是内部网络还是外部网络，KC 小区的网络密度和强度远远高于 JD 小区。可以说，KC 小区的社区网络不仅关系数量较多、关系密度较高而且关系强度较强，因此，本文将这样的社区网络界定为"融合性社区网络"。与 KC 的社区网络相比，JD 小区的社区网络则关系数量相对较少、关系密度较高而且关系强度较弱。故而称之为"离散性社区网络"。

表 7-5 两个小区社区网络特性（融合性与离散性）比较

	关系范围	关系密度	关系强度	网络特性
JD 小区	小	低	弱	离散性社区网络
KC 小区	大	高	强	融合性社区网络

　　本章就两个小区的社区网络存在差异的原因已经进行了粗略的分析，不过，对网络建构的成因分析并非本研究的重点，本研究主要探讨的是，不同特性的社区关系网络，对于小区的冲突性集体行动的可能性、形态和绩效将产生什么样的影响。

第八章
社区网络与集体行动的可能性

在第七章，笔者已经分析了 JD 小区和 KC 小区的社区网络特性，这两个小区的网络特性存在很大差异，JD 小区是离散性社区网络，而 KC 小区则是融合性社区网络。本章将主要探讨两种性质不同的社区网络如何影响集体行动生发的可能性。因为探讨集体行动的可能性是探讨集体行动的表现形态和绩效的前提，所以，本章将用较大的篇幅来考察社区网络对集体行动生发的可能性产生的影响。

集体行动生发的可能性，取决于潜在集体行动参与者个体的行动选择，因此，探讨集体行动生发的可能性，自然离不开对潜在参与者个体行动选择的分析。要考察社区网络对集体行动可能性的影响，就要探讨社区网络对个体行动选择产生的影响。社区网络如何影响个体行动选择，就须考察社区网络如何影响个体参与者行动选择的各种制约因素。

第一节 社区网络与理性计算

理性选择理论模型之所以受到置疑，在于它将集体行动者预设为一个没有社会网络的原子化个体。这种预设当然是不切实际的，任何一个社会人都是嵌入于一定的社会网络之中的，而他所处的社会网络在很大程度上影响信息攫取量、监控水平、激励机制和对成功的预期，而上述因素正是影响行动者对行动成本与回报的计算结果的重要因素。所以，网络可以改变潜在行动者对参与行动的理性算计结果，正如法尔德曼和麦克亚当（Firedman and McAdam）所言，"集体行动的潜在参与者乃是社会网络的理性行动者，他们整合在网络之中，因此可以去评估集体行动者此一身份的价值，然后选择成为这样的身份"。[1]

（一）社区网络与信息传递

对行动成本与回报的计算结果如何？这与行动者或潜在行动者获得的与该行动相关资讯的多少有关，获取的信息量越大，理性计算的准确度越高，行动者越趋近完全理性，反之，则越远离完全理性。而行动者所能获得信息量的多少与行动者所占有的网络的密度和广度有关，网络分析家认为网络实质上是信息的流转和交换，群体动力理论家也认为信息传递是网络的重要功能之一。个体的社会网络其密度越高范围越广，则从中获取的信息量越大，人们对行动成本和报酬的计算越趋于完全理性。

本文不可能对 KC 业主获取信息的途径进行全面的调查和陈述，下面以一位业主在集体行动中获取信息的情况为例，来考察社区网络对信息获取量产生的影响。

> 市政局的施工队到我们 KC 画线的那天，我在外面出差，没有赶在第一时间看到现场。不过，我就在那天下午收到了一条短信，我们小区的一位朋友发来的，他把规划路的事告诉了我，而他也没有在现场，他是从另一位业主那里得到的消息。明摆着的，从小区中间修规划路对 KC 无疑是一场灾难，为什么要修？是谁要修？到底有几多害处？我还知道得很少。但是要获得这些信息对于我们 KC 人来说并不是一件什么难事。尽管我没有及时赶回 KC 了解情况，不过我在当

---

① Firedman and McAdam. 1992. "Collective Identity and Activism: Networks, Choices, and the Life of a Social Movement." 161-70.

天晚上上了我们 KC 的网站，哇，那天我们 KC 的网站简直人气冲天，很多业主已经在网站上讨论得很热烈了，我也很快从中知道了很多情况，我知道规划路经过小区哪些地方，距离我的楼盘有多远，也知道是政府要修规划路，至于对小区业主带来什么样的危害，业主讨论得最多，通过他们的讨论，我发现修规划路对小区的危害简直出乎我的意料，原来我只以为会给小区带来很大的噪音，但其他业主想到的比我多得多了，比如可能空气污染加重、小区绿化被破坏、业主交往受影响、邻里关系受损害、老人小孩的休息环境没有了、老人小孩的交通安全成问题了、飞车党这下子可以更胆大包天了、小区的房价也要跟着倒霉。知道有那么多的害处，我就觉得这条规划路非阻止不可，否则，无论是精神损失还是经济损失都太大了。但这事如何阻止？我当时也不知所措，第二天我赶回了 KC，到小区正门的时候，正好看到三四百的业主围成一堆一堆地在议论纷纷。原来是在讨论规划路的事，大家在商量对策，我认识的几位朋友也在那里，我也加入这场讨论，在这次大讨论当中，我知道了这些业主们想出的种种策略，比如去开发商哪里查明真相、上访、找相关部门的领导改变规划、到开发商的其他售楼处示威、到市政府去静坐、到交通要道上去堵路，还有其他很多很多，但到底哪一种最妥，大家也没个结论。晚上，我又上了业主网站，大家正好在就如何维权的事议论纷纷，我看到好多建议被提出，也注意到业主对这些维权策略的种种批评和意见。从这些方法、批评和建议里，我也知道了其他业主知道的很多信息，比如其他小区类似的维权事件、维权经验和教训。通过争论后，一些建议受到大多数业主的赞同，比如有个业主说现在首要的问题是要查明到底谁（开发商还是政府）是规划路的罪魁祸首？然后才对准矛头采取对策。第二天有业主组织去开发商和规划部门查询规划路的真相，但在规划局吃了闭门羹，在规划局有一个处长是我同学，他正好清楚事情的来龙去脉，因为我和他在读书时可以说是穿一条裤子的难兄难弟，所以他就毫不保留地把真相端给我了。我马上把真相发到我们 KC 网站上。当天晚上有人发出了捐款的倡议，很多业主表示非常支持，第二天我的一位组织维权的朋友打电话告诉我，半天时间已经有1200多位业主捐了款，捐款总数已经超过 8 万，我感到我们 KC 人真的很齐心，对维权也很有信心，我自己也捐了200。（KC 业主20）

从这位业主的访谈资料分析，他获得了大量关于 KC 小区规划路维权事件的资讯，利益受损的信息、侵害来源的信息、维权策略的信息、其他业主参与意愿和行动的信息等等。这位业主获取信息的途径是什么？从访谈内容中发现，这位 KC 业主从小区的一位朋友那里得到小区规划路的消息、从加入到 KC 小区正门三四百业主的讨论中得知了其他业主的维权策略意见和建议、从 KC 的业主网站上知道了其他很多业主对规划路的看法态度和情绪、从规划局的一位朋友那里查到规划路的一些真相、从小区朋友那里得到了小区业主踊跃捐款的信息，等等。可以看到，这位业主获得关于规划路的所有信息都来自于他建立的关系网络，如果没有 KC 这样大范围高密度和强度的网络，这位业主就难以这样快速全面地获取规划路事件的相关信息。这些信息的获得，为业主对维权行动的得失评估提供了参考依据。

（二）社区网络与监控、奖赏能力

理性选择理论家认为集体行动的目标在于维护或获取公共物品，但公共物品的非排他性将使理性自利的个体大多采取搭便车的机会主义行为，这种搭便车行为的泛滥将导致集体陷入无理性的困境。要克服搭便车行为，必须采取选择性激励的手段，即对集体行动的组织者与积极参与者给予奖赏而对消极搭便车者给予惩罚，也就是增加组织者和积极参与者的报酬和搭便车行为的成本，从而改变潜在行动者的理性计算结果，以达到尽可能减少搭便车行为促成集体行动的效果。这种奖赏可以是物质激励/惩罚，也可能是精神激励/惩罚。在存在正式组织的群体中，物质或精神激励的两种方式皆有可能，但对于非正式网络而言，对积极贡献者大多只能采用精神激励的方式，而对搭便车的机会主义者，则精神惩罚和物质惩罚兼而有之。拒绝对网络中同伴们的召唤做出回应，将意味着可能失去这一纽带所能提供的全部收益。这些收益可能是社会性的，比如友谊或社会荣誉（Laumamn，1973），但它们也可以是物质性的。网络纽带可以为人们提供工作（Granovetter，1970）。

这种激励机制在正式组织中容易建立起来，但对于一个只存在非正式网络的群体而言，这种激励机制如何建立呢？笔者记录了KC业主在网上对一位维权积极分子即KC维权领袖古的评议。

> 这几天最累的就是你了，每天工作时间都超负荷，白天跑政府职能部门，晚上还要开会，总结、安排明天的工作。看着你熬夜熬得发红的眼睛，看着你这几天明明显显瘦了一圈，我们能帮你的总是那么少，我们只能说我们支持你，你辛苦了！（辣妹子①）
>
> 是啊，多谢这位好人了！虽然古的声音有点小小的，听不清。（大麻格）
>
> 周兄，我替本报②辩解一下，他的声音才不小呢！每天晚上临维会的会议，他都是从头讲到尾。声音都嘶了呀！引用临维会一位兄弟的话：要说辛不辛苦，听听本报由洪亮到嘶哑的声音就知道了！！！（蓝衣儿）
>
> 他流了很多汗，那天看到他跟其他委员回来，衣服不知干湿了多少回，全是白色的盐渍，头发也没时间打理了。嗓子嘶哑了，即使带着劲浪，也不管用。（咕咕叫）

---

① 辣妹子是KC业主的网名，以下访谈记录后括号内标注的皆为业主网名。
② 本报是业主古的网名。

有空我请你去洗脚，嘻嘻，放松一下，嘻嘻，腿好你才跑得更快！呵呵。辛苦了！敬爱的古!!! 啊，KC 哪里有难，哪里就有他的身影！当年在网上看到邻居自发打伏击的时候，我热血沸腾了，报名参加战斗，联系人就是本报，打通他手机，他在四川，我说："反正都打通了，讲完一分钟吧，你出差吗？"他说："不是，有个朋友这边给偷了，我赶过来看一下能不能帮什么忙！明天就回 KC！"。他给我第一个感觉就是，这个人真热心，有这样的朋友的人才是幸福的！后来就开始庆幸自己买 KC 的决定，孟母三择邻就是为了邻居的素质，我不用再搬了。这次当 KC 规划线出来时，本报才去北京出差，我当时就想，如果他在就好了，没想到他居然在晚上赶回来了，我只能说 KC 有他是 KC 之福！（朱卫灵）

从业主的这些评议可以看出，业主对维权领袖古在 KC 维权中的表现和所作的贡献以及其个人的品质表示高度赞许和感激。业主为什么赞许和感激他，有一个基本的前提，那就是维权领袖古的行为和品质必须能让其他业主感知，也就是说，古的行为和品质对于业主来说要有高度的可见性。而可见性则在很大程度上取决于社区网络的融合性。在一个离散性非正式网络中，个体行动者的贡献与否以及贡献多少难以为群体的其他成员知晓，因而其他成员也无法确定对该行动者是采取奖赏还是惩罚，而在一个高密度的网络之中，集体行动参与者和搭便车者皆是高度可见的，这就为激励机制发挥作用提供了可能性。在 KC 的维权过程中，正是由于 KC 的发达的社区网络，才大大提高了积极贡献者和搭便车者的能见度，也大大提高了奖赏和惩罚的可感知性，从而也提升了社区网络的激励作用。正是通过 KC 的融合性社区网络，其他业主知道：古是 KC 维权的积极组织者，他是一个热心小区公益事业的人，而且热情豪爽。古在维权过程中不辞劳苦、呕心沥血。小区很多人都知道古这位热心业主和他为小区所作的贡献。而且也对他的贡献表达尊敬和感激之情。笔者亲自参加了那次业主大会，大会之后，许多业主围着古，向古表示感谢。更有一些业主在网站上发一些帖子来赞扬古所作的贡献。

激励机制发挥作用的另一个前提就是这些激励或者惩罚必须能为积极贡献者或者搭便车的机会主义者所感知。如果无法感知来自他人的激励或惩罚。则这些激励或惩罚无论多么强烈都会失去激励功能。这种对激励的感知同样取决于其所处社区网络的能见度，而激励的能见度也同样与社区网络的融合性高度关联。显然，融合性社区网络能大大提高激励或惩罚的能见度，这样也就大大提高了奖惩的激励作用。

在 KC 这样的融合性社区网络中，维权领袖古对其他业主给予他的精神奖赏是可以感知的，他每天都上 KC 业主网站，其他业主对他的赞誉他都能看到，而且他也经常和小区的朋友进行互动，不仅朋友可以当面赞誉他，而且可以把别人对他的赞誉转告他。尊敬和感激虽然是非物质的，但是它们满足了一个人尊重的需要，同样是一种对贡献的回报。古虽然为维权付出了很多时间、精力、金钱，但当受到那么多业主的赞誉时，古不仅没有为自己所支付的成本感到后悔和可惜，而且更加积极投入 KC 的维权行动中。

融合性网络由于可以提高个体行动的能见度，在这里，不仅积极贡献者容易被人发现，那些搭便车者和"破坏分子"同样容易让人发现。一旦被发现，就可能受到精神惩罚或物质惩罚。

　　我们 KC 有位业主原来也算是比较能干的业主领袖，但个性上就是有点自傲，KC 出了规划路事件后，他没有及时出面组织，想等到关键时候再出来力挽狂澜。结果没想到让另外的一些业主及时出头领导维权搞得顺顺当当。他心里不爽了，就出来作梗，专门挑维权委员会的刺，还没事找事分化这些组织者，甚至还侮辱他们的人格，这些事让大伙知道了，就都来维护维权委员会的人，把这个业主骂得无地自容，不仅在网上骂，而且在网下也骂，那段时间，他简直成

了 KC 的千夫所指，实在忍受不了，他就躲了起来，过了好长一段时间才回到 KC（KC 业主 15）

而在一个低密度的社区网络中，组织者和积极分子为社区公共事业所作的贡献难以为社区其他成员所知，所以，他们不仅难以获得社区其他成员的赞誉和尊敬，甚至可能在其他信息的干扰或扭曲之下，受到其他社区成员的误解、诽谤甚至伤害。在 JD 小区，一位维权行动的积极组织者向笔者抱怨其他业主对他的不公。

我为这个小区做了多少事，为了联名罢免首届业主委员会，我自己也记不清花了多少时间费了多少精力，在楼道里跑上跑下，我们小区是没有电梯的，七八层楼也得靠两条腿走，有时候实在累得不行，我就瘫坐在楼梯过道上，像个要饭的乞丐；为了去房管局跑筹备小组审批的事，我从自己腰包里掏了多少冤枉钱跑路请客，这还是小事，最让我难受的是我还要在这些我可以做他老爸的小青年干部面前低三下四，我为自己的事都没丢过这样的脸。我为 JD 小区做了那么多事，这都不是我个人的事，是大伙的事，可是我到头来得到了什么，一些人受了开发商和物业公司的挑拨，反而骂我多管闲事，破坏小区正常生活，或者骂我别有用心，私心太重，还有的甚至威胁我，要我赔偿因闹事而使房价下跌的损失。这些人平时都没和我打过交道，也不知道我的为人，也不知道我为小区的事费了多少心思，花了多少冤枉钱，物业公司他们更熟悉些，所以他们更相信物业公司的话。（JD 业主 07）

显然，这位 JD 小区维权积极分子为 JD 小区所作的贡献可能并不亚于 KC 小区的维权领袖古，但是，两个人得到来自其他业主的奖赏却有天壤之别。古得到了广大业主的尊敬赞许和感激，而这位 JD 积极贡献者得到的却是业主的误解、埋怨甚至责骂。为什么会如此？就是因为古的贡献对其他业主具有高度可见性，而 JD 小区的积极贡献者的不辞劳苦却无人知晓。之所以无人知晓，在于 JD 这样一种离散性的社区网络，这样的社区网络大大降低了贡献者和搭便车的能见度。在其他业主不能感知的情况下，可能反而会出现反激励现象，就是积极贡献者反而受到惩罚，而搭便车却可能反而受到奖赏。

由于为公益所作的贡献没有得到应有的激励，JD 小区原来的组织者或积极分子很快打了退堂鼓，而新的组织者和积极分子由于有前车之鉴，也处于难产的境地。JD 小区维权行动失败在很大程度上是缘于组织者和积极分子的供给困境。

> 谁愿意出这个头？没有了，我后来还想找几个带头发动发动，不行了，没人愿意，都说没时间，其实哪里是没时间啰，说穿了，这费力不讨好的事，大家躲都来不及，还会自讨嘛？前面有活生生的例子摆在那儿，就是带个头，结果人被打了，水电被停了，还被业主给骂了。这门子事，谁愿意摊上啊。以后也甭想有人出这个头。(JD 业主 09)

(三) 社区网络与组织者和积极分子的供给

在集体行动中，尤其是高风险的冲突性集体行动中，组织者和积极分子的浮现对于其他潜在集体行动参与者的理性计算产生影响，组织者和积极分子的重要性不仅仅在于激发群体成员的情绪，激励群体的士气，还在于组织者和积极分子为集体行动承担了组织成本和风险成本，从而大大降低了其他潜在参与者的行动成本。预期成本的减少将促使更多潜在参与者选择参与。反之，如果没有组织者和积极分子出现，则其他潜在参与者的预期成本增加，从而使更多的潜在参与者可能选择搭便车行为。在威权社会，组织者和积极分子所支付的行动成本要远远高于其他普通的行动者，因为对集体行动的压制最主要的是针对集体行动的组织者和积极分子，枪打出头鸟、擒贼先擒王、秋后算账这些统治技术都是针对组织者和积极分子的。所以，高风险高成本往往让集体行动尤其是威权社会的集体行动的组织者和积极分子的供给陷入困境。尽管如此，在一些高风险的集体行动中仍然有组织者和积极分子浮现。这种情况除了与群体所面对的结构性冲突的严重程度以及组织者和积极分子的个人特质有关，是否还与组织者和积极分子所在的群体网络特性有关？这是其他学者没有太多关注的问题，笔者就这个问题对两个小区的社会网络对组织者供给水平的影响进行了深入考察。

在 KC 的维权行动中，一些组织者和积极分子如何浮现的呢？一位 KC 业主向笔者讲述了维权领袖古被推举出来组织维权的经过。

　　古在我们小区是很有人脉的，他在这里有很多的朋友，在我们自己的网站上，他也是非常活跃的人物，他在 KC 发帖数排在第二，据我估计，这里的业主十有七八都认识他，即使没有见过面，也清楚他的人品和能力。我当然对他很了解，因为我们很早就是好朋友，他是记者，人聪明机灵，又好学，读了很多书，也走了很多地方，很有见识，他为人没得说，豪爽大气，很能服众，他在大学就担任学生会主席，也蛮有组织才能，我们 KC 以前搞过几次大活动，都是他带头搞的，都很成功。对我们 KC 的事他算是头号热心人。规划路事件出来之后，开始有点群龙无首，各路人马虽然都一心想维权，但方式方法各有千秋，难以齐心。我当时就想到，KC 出了这么大的事，没有古恐怕不行，但他不在 KC，在北京开会，准备开完会后直接飞往香港旅游，我和他联系上，其实那时已经有七八个业主和他联系了，还有一些不知道他联系方式的业主在网站上发了一些邀请他来主持大事的帖子，都希望他能赶紧回来组织维权，本来他是想利用这次机会好好轻松一下，要知道，他是名记者，平时很辛苦的，好不容易才抓住一个放松的机会。开始他有点犹豫，但看到那么多业主朋友信任他，推举他，他忍痛放弃了那次公费旅游，第二天乘飞机赶回广州，着手组织这次的维权行动。（KC 业主 13）。

在这个案例里，古为什么被其他业主信任推崇，他的性格能力素质是一个原因，但是，如果没有 KC 这样高密度的网络，关于他个人的信息就难以为其他业主所知，其他业主自然也不可能去信任和推崇一个完全不了解的人来做他们的领头羊。

在 JD 小区的维权案例正好是另一个极端，由于这个小区是一种离散性社区网络，社区成员之间彼此互不相识，谁有能力谁人品好，大家彼此都不清楚。在这种情况下，即使有一些热心业主出头组织维权，也难以为其他业主信赖、接受和支持，因而也就难以发挥组织或领导的功效。笔者在 JD 小区访查时，遇到了这样一位曾经愿意积极组织维权的热心业主，他如是说：

看到开发商和物业公司那么猖狂，我实在看不下去，我横下心要和他们对干，个人单干是不行的，我就想要发动大家一起来争取，毕竟人多力量大，我就挨家挨户去动员，原来以为会一呼百应，但是我想得太简单，由于大家都不认识我，首先就遇到了一个信任问题，他们大多对我的能力对我的为人对我的动机都表示不信任，甚至对我的身份都表示怀疑。我去敲门，人家开一条缝像防贼一样看我，大部分业主对我的倡议表现很冷淡，花了一个星期才好不容易说服了 10 多位业主签名，但后来物业公司造谣说我是因为要挟物业公司没成才唆使其他业主来造反，没想到那些签名的业主也信了谣言，连他们也对我的动机起疑了。为大家的事花了我那么多心思，结果反而受那么大委屈，我觉得没意思，我发誓再不管小区的事，反正，要死大家一起死，（JD 业主 05）

笔者和这位 JD 业主有过多次访谈，他给我的印象是，他是一个能说会道精明能干的人，应该具备做领导的个人特质。但是，由于他处在一个离散性的社区网络之中，平时缺少和其他业主的往来，大家连他是不是具有 JD 业主的身份都表示质疑，如何可能产生一呼百应的动员效果呢？所以，在离散性的社区网络之中，即使具备组织能力和领导特质的业主主动出面组织，其能力和个人特质以及为公共利益所作的贡献也难以为其他业主所感所知，也就难以成为一个能得到理解和支持的组织者，没有理解和支持，就失去了成为组织者的根本。

由此可见，尽管组织者和积极分子在建构集体行动的动员网络中发挥重要作用，但反对来，群体业已存在的非正式网络也可以培育或催生组织者和积极分子。这是以往的集体行动研究中所没有涉及的。当然，组织者和积极分子能否产生与非正式网络的发达程度高度相关，在高密度的非正式网络中，群体成员能力素质或个人特质具有较高的可见性，在高度可见的情形下，那些具备组织或领导能力和特质的成员能为其他成员所知悉。在群体面临公共危机时，这些人可能会得到其他成员的极力推崇信任和拥戴而承担组织或领导集体行动的职责。但是，在低密度的群体网络中，群体成员的能力素质难以为他人所见，即使能够胜任组织或领导重任的成员愿意承担这样的职责，也可能因为缺乏其他成员的信任、理解和支持而难以发挥组织或领导的才能。

在集体行动中，组织者和积极分子的供给水平和群体网络的密度高度关联，而组织者和积极分子的供给水平会影响潜在参与者的理性计算，在预期收益相等而行动成本相对较少的情况下，人们更多地会选择参与。在 KC，有位业主很诚恳地向笔者袒露心迹。

和政府对着干的事弄不好是要坐牢的，但法不责众，坐牢只可能是那些抛头露面的人，所以带头的事我不会干，但要是有信得过的人带头，我肯定会去支持去参加，因为你混在人堆里面，政府要抓人抓不到你，但多了个人，多了份力量，政府可能就多一分让步的可能，多一分可能，我们就多一分争取胜利的希望。所以，KC 维权的事，因为有那么多人带头搞，我就觉得风险少，每次我都去参加的。(KC 业主 25)

在笔者对 KC 小区业主的访谈过程中，发现有不少业主就是因为看到维权过程中出现了一些组织者和积极分子才选择了参与，因为组织者和积极分子的出现为其他潜在的行动者承担了集体行动的组织成本和风险成本，这一方面提高了其他潜在行动者对集体行动成功的预期，另一方面又改变了他们的理性计算结果，提高他们作为集体行动参与者这一身份的价值。

(四) 社区网络的保护功能

在以威权政体为抗争对象的集体行动中，组织者和积极分子可能首当其冲会为集体行动支付被暴力压制的高风险成本。但即便如此，仍然有组织者和积极分子得以成功地逃避这种风险而取得胜利。其中的原因是多方面的，不过他们所在的群体网络为他们提供保护也是一个重要原因之一。当然，并非任何群体网络都具有保护功能，保护功能的强弱与群体网络的融合性相关，群体网络的密度越高，集体行动参与者逃避或降低风险成本的可能性越大，反之，则参与者尤其是组织者和积极分子就越有可能支付较高的风险成本。约翰斯顿（Johnston）对独裁政权下的民族主义运动进行研究中发现，民族主义运动之所以能够抵抗强权压制，主要是因为其参与者处在紧密的关系网络之中（例如家族、友谊、宗教与社区），远非政治行动领域所能涵括。因此，国家的高压控制难以扼杀这样的力量。[1] 中国共产党组织的新民主主义革命之所以取得胜利，也与共产党和劳动阶级所建立的紧密关

---

[1] Donatella della Porta、Mario Diani：《社会运动概论》，苗延威译，巨流图书出版有限公司，2002，第 129 页。

系网络提供的保护作用有着高度关联。除了群体内部关系网络的保护作用，群体外部关系网络也可能为行动者提供庇护，与第三方力量（媒体、国际社会等）尤其是与威权政体内部精英建立的非正式关系能为集体行动提供更大的保护作用。

KC 的社区内部网络培育了这个社区成员之间的友谊、忠诚和团结等积极情感，这种积极情感促使社区成员模糊了个人利益和公共利益的界限而愿意为公益事业作出贡献，同时，也促使社区成员在组织者和积极分子承担风险的时候愿意为他们提供保护或援助。而那些组织者和积极分子基于和社区他人之间建立的信任和友谊，也充分相信必要的保护和救助会被其他成员提供。当笔者问及一位 KC 维权组织者是否害怕政府的打压时，他如是回答：

> 当然，害怕有点，但我对 KC 人有信心，这里有那么多要好的朋友、好邻居，如果真的看到我们有危险，我相信，他们肯定会想办法来掩护我们，我绝对相信 KC 人是有情有义的，而且他们也确实已经做好了万一我们遭政府打压的保护措施，就是当我们被政府打压的时候，将由新的领头人来带领大家去营救我们、采取更激进的手段去抗争，直到我们一切平安为止。确实，我们 KC 已经做好了这样的安排，谁来接班、如何分工，如何保护，都有充分准备。（KC 业主 14）

除了社区内部网络，KC 业主和政府、媒体以及同盟者建立的广泛联系也可以起保护作用。KC 小区有一部分业主本身为政府职能部门的职员，还有一部分和政府官员有紧密联系。这些人通过与政府建立的非正式网络可以迅速获得来自政府部门的信息，而这些信息不仅能为维权行动提供恰当的策略参与，也可以为组织者和积极分子提供政府打压的预警，从而让他们可以逃避或降低被打压的风险成本。

KC 的一位维权组织者就借助这个社区外部网络而受到了庇

护，一位知情的业主向笔者讲述了保护领头人的经历：

> 我们 KC 有位业主是政法部门的人，在规划路维权时，他向我们提供了好多内幕消息，比如规划路的来龙去脉、政府领导对我们 KC 维权的态度、政府和开发商之间的交易等等。政府看到我们 KC 人维权很坚决，各职能部门和一些政府领导意见有了分歧，其中有个主管市政的领导对维权领袖非常恼火，说他们带头闹事，准备要求他们所在的单位对他们进行记过甚至除名的处罚，我们 KC 一位业主是高级法院的小领导，他从他的一位朋友那里得到这个消息，马上将这个消息转告给维权小组的成员，建议他们将维权组织工作转入地下，并马上向所在单位的领导讲清维权的正当性与合法性，同时还扩大请愿的级别和范围，争取一些正直开明领导的同情和支持。这一招好啊！我们通过一些私人关系把规划路的事让省委的领导知道了，听说他们对市里管这方面的领导下了指示，要他们一定妥善处理好人民利益的事。(KC 业主 09)

> 我们还做了最坏的打算，万一那些带头维权的人被关了，就马上和中央级媒体和国际那些知名的媒体取得联系，我们 KC 业主神通广大，和中央级别的媒体大记、名记、还有国外的媒体都有私交的，通过他们可以让维权的真相一下子大白于天下，到时候他们这些勾勾搭搭的官商肯定被老百姓口水淹死去，说不定中央政府都会干预。我们在写给政府的请愿书里很含蓄地把我们这个打算也讲了，政府和开发商都是领教过媒体利害的，所以他们也真的怕把我们这些业主给惹火了。(KC 业主 15)

在 KC，由于有紧密的社区内部网络，使得其他业主愿意为组织者和积极分子提供保护；由于和政府建立的私人关系，使得他们可以通过非正式管道和政府领导进行沟通；由于和媒体建立的非正式关系，使得他们可以通过公共话语层次来影响社会舆论，对作为反对派的政府和开发商形成一种无形的威慑力，使得他们不敢对维权行动采取过激措施。

而在 JD 小区，离散性社区网络使社区成员之间彼此隔绝，维权积极分子孤军作战，不仅容易暴露目标，而且在面临敌对方打压的时候也难以获得其他成员的保护或救助，因而要独立承担较高的风险成本。JD 小区一位维权分子就因为向开发商力争公共权益而承受了来自开发商的身体攻击，当时的目击者向笔者讲述了这位维权业主遭受攻击的情况：

> 大概是去年这个时候吧，我下班回来，在小区大门外不远，我看到一群看样子像黑社会的人在围攻一位业主，我知道他是我们小区的，虽然没打过交道，但是面熟，那些黑社会的人将他打翻在地，拳打脚踢，打得鼻子都流了血。我以为是这位业主与他人的私人恩怨，也没去多管闲事，当时还有小区其他的人都会看到，都没有上前去帮忙或劝阻，可能他们的想法和我一样。后来一次偶然的机会我认识了他，才知道他是因为告物业公司的事得罪了开发商，开发商就派黑社会的人来修理他，原来是为了小区大家的事。想起来也肯定让他心寒的，他为了大家的利益挨打，我们这些业主却这么冷血、见死不救，不过，也怪不得我们的，我们也是不知道其中的底细，不知道他在为小区维权，也不知道他是因为维权而遭受开发商打击报复。（JD 业主 15）。

JD 业主和政府以及重要第三方缺乏联系也是那些组织者和积极分子难以得到庇护和援助的重要原因。比如，一些带头向房管局和有关部门揭发开发商和物业公司非法行为的业主，他们的举报信居然被政府的人送到开发商手中，为开发商寻找检举揭发者进行打击报复提供了便利。

JD 小区这么多年问题没解决，和我们这个小区里面没政府的人有很大关系，当然，这是我的估计，我估计这里没有什么人和政府领导有什么过得硬的关系。假如有的话，也就不住在这里了，政府里没人，对我们维权影响大得很，到政府机关反映情况，连个门都摸不着，弄不好要遭骂，更糟糕的事，有的政府人是和开发商穿一条裤子的，他把事情放到一边不处理，先把你状告的事向开发商抖搂了。让开发商知道你在和他作对，麻烦就大了，我就是因为告开发商和物业公司，结果被黑社会的人无缘无故地打了，开发商怎么就知道我在告他，告状的事我口紧得很，连我老婆都不知道的，开发商怎么就知道，这除了房管局那个接待我的人，还有谁？这事肯定和他有关。开发商在政府里有他们的人，所以要追查哪些业主在暗里跟他过不去，容易得很，要想不让他知道，除非你安守本分，什么都忍着。(JD 业主 12)

在 JD 小区，离散的社区内部网络让那些积极贡献者得不到保护和援助，和政府缺乏非正式关系不仅让这些积极分子维权阻力重重，反而使他们可以遭遇政府和开发商联手打击。离散性的社区网络使他们容易遭遇来自反对派的反攻倒算，而且可能孤立的应对反对派的攻击。因此，在离散性社区网络之中，保护功能的缺失大大提高了组织者和积极分子的风险成本，使他们更多地选择了规避风险和搭便车的机会主义行为。

（五）社区网络与对成功的预期

社区成员的参与意愿和参与人数会影响人们对成功的预期，而社区成员的参与人数和参与意愿能否被觉察，在很大程度上取决于网络的密度，在高密度的社区网络中，社区成员的行为具有较高可见性，其参与意愿和参与人数也容易为人所觉察。如果看到有很多人参加或愿意参与抗议活动，那么成功看起来就是可能的。这一集体力量的显示，激励了那些与其他人相比投入程度较小或没有投入的个体。① 这一效果证实了鲁尔的断言，即亲眼看见原先不可能的行动形式的发生，或者感觉到其他人正在严肃地考虑采纳这类行动的可能性，本身就创造了一个新的行动愿望。②

在 JD 小区，离散性的社区网络降低了业主之间的能见度，业主很难知晓其他业主对集体行动的态度、参与的意愿和参与的行为，在这种情况下，JD 业主就只好采取互相观望的态度。

一位 JD 业主向笔者坦诚维权过程中的矛盾心态：

> 要说不想参与维权吗，也不能这么说，看看维修基金没影了，另外多收的维修费用也没个交代，公摊水电竟然还多过家用水电费，管理费也年年在加，我心里憋闷啊，这都是血汗钱啦，能不心痛吗？我也想把这该争的东西争取回来。可是我又怕去维权，我不晓得其他业主怎么想的，平时没和他们来往，他们是不是也想维权？还是想等着别人去维权？我都不知道，这么多的不知道，你就很难做决定了，维权这个事要靠人多，人不多，成不了事，更糟糕的是很容易让开发商发现，开发商可不是跟你闹着玩的。总的一句话，不晓得其他人怎么想，你也难做决定，万一自己冲上去，后面没人，你就死定了。所以，维权的事，如果能想法子知道大伙心里在怎么想，也就好拿主意了。如果大家伙都上，我肯定会上，但如果大家都不上，我也不会去送死。（JD 业主 08）。

而在 KC 的情况正好相反，一些业主在刚开始时也是处于

---

① Bert Klandermans, and Dirk Oegama. 1990. "Erosion of a Movement's Support: The Unwanted Effects of Action Mobilization." Submitted for Pubication.

② Rule, James B. 1989. "Rationality and Non-rationality in Militant Collective Action." *Sociological Theory* 7：57.

观望状态，但是，由于 KC 融合性的社区网络，大大提高了业主参与意愿和行为的能见度，当看到有很多身边熟悉的人选择参与时，一方面让他增强了成功的信心，另一方面也会对他形成一种为公共事业献身的义务感和压力感，驱使他最终也选择参与。

> 我们 KC 捐款来维权的时候，我真是很犹豫的，捐不捐啊？捐多少啊？我心里没个底，我捐了，其他人都不捐，或者我捐的多，其他人捐得少，我觉得钱是小事，主要还是觉得心里不舒服，而且钱少什么事也办不了，还不如不捐了。后来几个朋友打电话来了，告诉我捐款的事情，哇噻，他们捐的不少，最少都有两百的，后来，我又到 KC 网站上一看，哇噻，很多人都捐了款了，维权委员会的人把捐款都公布在网站里头了，至少都在 100 元以上，都有好几万了，才多久，一两天而已啊，我觉得大家真是很齐心的，都这么齐心，这维权的事肯定中，我要是捐了，这钱应该不至于丢到水里去，我第二天过面包店的时候，就捐了两百。（KC 业主 17）

这位 KC 业主之所以最后选择了参与，就是因为看到有其他很多业主积极参与了维权，他为什么能够看到，这要归功于 KC 小区的融合性社区网络。

（六）小结

综上所述，社区网络的广度、密度和强度影响了信息的传递、监控和激励机制的形成、组织者和积极分子的供给以及保护行动者等等多种功能，而这些功能的强弱必然影响集体行动潜在参与者对行动成本与回报的计算结果，理性计算的结果在一定程度上会影响潜在参与者的行动选择。笔者将两个小区社区网络对业主理性计算的影响做一比较，列表 8-1 如下。

表 8 - 1 社区网络对潜在行动者的理性计算的影响

比 较 项 目		KC 小区	JD 小区
理性计算	信息传递量	大	小
	监控能力	强	弱
	激励功能	强	弱
	组织者供给水平	高	低
	保护功能	强	弱
	对成功的预期	高	低
结论——行动预期收益		正	负

通过对两个小区社区网络对个体理性计算影响的比较,可以发现,在 KC 融合性社区网络之中,由于信息传递量大,为业主进行理性计算提供了重要的参考依据;监控能力和激励功能强,有助于提高对积极贡献者的奖赏和对机会主义者的惩罚;组织者的供给水平高,有利于降低其他潜在行动者的组织成本和风险成本;保护功能强,有利于降低组织者和积极分子的风险成本;对成功的预期高,能大大提升他们对成功的信心。这些变项综合起来,会对潜在行动者的行动的预期收益产生影响,让他们觉得参与行动的报酬高于成本,从而做出参与集体行动的抉择。而在 JD 小区的离散性社区网络之中,这些变相的情况与 KC 小区的恰恰相反,所以对业主的理性计算产生的影响也正好相反,绝大多数业主选择搭便车的机会主义行为。

当然,这里需要特别强调的是,理性计算不是影响个体行动选择的唯一决定因素,除了理性计算,还有对现实的意义建构和情感,同样对个体行动选择发挥重要作用,这正是笔者在第二节和第三节要探讨的问题。

第二节 社区网络与意义建构

资源动员理论过分关注社会运动组织的供给以及运动所需的

资源和成员，却忽视了这样一个基本常识，社会问题和社会运动组织并不必然引发一场集体行动，因为人们是按照自己感知到的现实来行动的。正如克兰德尔曼斯所言，是人们对现实的解释，而非现实本身，引发了政治行动……对不满情绪做出解释并提升人们对成功的期望值，是抗议的社会建构的中心内容。[①]所以，人们对社会现实赋予意义或对情境进行的解释对于集体行动的能否生发是相当重要的。

集体行动框架或话语的一个决定性特性就是社会性，这一特性决定了表意、解释和意义建构只可能发生在个体之间的互动中，只有这样它们才可以被概念化成对抗议活动的社会建构。在以往关于集体行动研究的文献中，作为这些社会建构过程之载体的纽带和网络所受到的关注，远比这些过程所产生的认知建构受到的关注少得多。[②]克兰德尔曼斯在集体行动的研究中运用了人际生活圈子的分析工具，他认为抗议性意义正是在这种人际生活圈子中被建构出来的，它们把某些社会条件界定为"怨恨"，把获取集体物品的可能性界定为"对成功的预期"。与"公共话语"、"劝说性沟通"和"意识提升"相联系的种种意义，同样是在社会网络中建构起来的。[③]而且，面对面的互动网络是意义在其中被创造、解释和转化的社会背景，而这些意义对于解释集体认同感、不满情绪和机遇来说，是十分关键的。[④]那些反对功利主义来解释集体行动的学者更是认为，社会网络所代表的毋宁是一个符号生产过程（Melucci 1984a，1989；Taylor and Whittier 1992）。如果个人与某种社会环境的关系越是紧密，其中的成员

① Klandermans, Bert. 1989b. "GrievanceInterpretationandSuccessExpectations: The-SocialConstructionofProtest." *Social Behavior4*: 121 – 22.

② 艾尔东·莫里斯：《社会运动理论的前沿领域》，刘能译，北京大学出版社，2002，第91页。

③ 艾尔东·莫里斯：《社会运动理论的前沿领域》，刘能译，北京大学出版社，2002，第13页。

④ 艾尔东·莫里斯：《社会运动理论的前沿领域》，刘能译，北京大学出版社，2002，第13页。

在发展自身观点的时候就越是彼此参照、互相影响。[1]

意义建构的结果我们把它称之为框架或者话语，集体行动框架被界定为"正在形成中的行动导向的一系列信仰和意义，它们激发了社会运动的行动与战役并使之合法化"。"正在形成中的"表明这个框架并非一成不变，而是处于不断变化之中的。"行动导向的"显示了行动框架的动员特征，它鼓励和召唤那些共享这个框架的人能够针对某个情境有所行动。[2] 赵鼎新认为，话语包括意识形态、集体认同、口号、策略等等，本文依据这种归类将分别讨论社区网络对意义建构的影响。

（一）社区网络与集体认同

什么是集体认同感？所谓的集体认同是一群互动的个人，对于其集体利益，及其集体行动在客观环境中的机会与限制的共同认知。集体认同感适用于表明立场的一种速记标志：它是一组态度、承诺和行为规则；拥有这一认同感的人看来应该会赞同这一立场。从经典韦伯式的用法上来说，集体认同感就是对自己地位的公开宣称。它也是个体有关自己与其他人的亲密关系和联结的宣言。[3] 集体认同的建构可以说是集体行动不可或缺的成分之一（Melucci，1995）。对于这些群体来说，一个中心任务就是形成一个集体认同感，为此，一个群体必须把自己界定成为一个群体，而它的成员则必须发展出关于社会运动的共享观点，发展出共同目标，以及有关集体行动的可能性和局限性的共同意见。[4]

KC业主是一个有着高度集体认同感的社群，集体认同感作

---

[1] Donatella della Porta, Mario Diani：《社会运动概论》，苗延威译，巨流图书出版有限公司，2002，第 164 页。

[2] 艾尔东·莫里斯：《社会运动理论的前沿领域》，刘能译，北京大学出版社，2002，第 79 页。

[3] 艾尔东·莫里斯：《社会运动理论的前沿领域》，刘能译，北京大学出版社，2002，第 179 页。

[4] 艾尔东·莫里斯：《社会运动理论的前沿领域》，刘能译，北京大学出版社，2002，第 95 页。

为一种对自我身份的主观认知，笔者对集体认同感的强弱难以找到一个客观的评估标准，但是，笔者可以从 KC 人的言说中体认到他们的集体认同。

笔者将 KC 业主集体认同感的建构分为 3 个阶段，每一个阶段都形塑不同的认同，在规划路事件没有发生之前，KC 业主业已形成一种认同，即"我们是 KC 人"；在规划路事件发生后，KC 业主有了一种新的认同，即"我们是被剥夺的 KC 人"；在准备开展集体行动的时候，KC 业主又形构一种认同，即"我们是敢于抗争的 KC 人"。这些认同可以从 KC 人的话语中找到痕迹：

> 我们 KC 的业主不像其他小区，老死不相往来，在你来我往中，我们经常交流思想、情感，开始的时候，难免有点磕磕碰碰，交往多了，大家的想法就越来越融通了，交往久了，大家就越来越有感情，也就越来越喜欢这里的环境、这里的人。我很感激我的老婆，因为是她极力主张买 KC 的房子，让我有幸生活在这样一个团结上进的小区（KC 业主 22）。
>
> KC 绝对是我最正确的选择！不是因为 KC 的房子，而是因为 KC 的好邻居们！！（KC 业主 03）。
>
> 对 KC，我从心底里把它当做自己可爱的家，每次去外边出差，我就心里老惦着 KC，想着 KC 那般铁哥铁姐们，在 KC 的那种悠闲宁静舒适的生活。每次从外地回来走到 KC 大门的时候，哦，我回家了，那种感觉，我不知用什么来形容。（KC 业主 09）

认同感的外在表现就是公开表示自己对某一个社会身份的认同，这种公开的认同建立于对这一身份的接受或喜欢的基础之上。从与 KC 的言谈之中，明显可以感受到 KC 业主非常认同自己所在的社区和自己作为社区成员的身份。这种对社区的接受或喜欢是建立在了解的基础之上，如果没有对与自己有着同样身份的人们的了解，认同就难以产生。KC 业主为什么有一种强烈的

"我们 KC 人"感，就是基于他们了解了这个社区的人，知道他们有很多可爱的地方。但是，为什么对社区他人"了解"、"知道"，就是因为他们之间建立了紧密的关系网络，借助这个网络，对有着和自己同样身份的社区他人才会有了解，在了解的基础上产生接受或喜欢，集体认同由此建构起来。

> 我们可爱的 KC 被开发商出卖了，在 KC 开盘的时候，五图一书里根本就没有规划路，没有红线图，肯定是开发商把事实隐瞒了，否则，为什么等第三期楼盘全部售完之后，就突然冒出一条规划路来呢。可以肯定，我们 KC 人被开发商狠狠地耍了一把，如果规划路从我们 KC 穿膛而过，我们 KC 人会流失多少血汗钱。（KC 业主 07）

> 业主是一群可怜的羔羊，有些政府官员和开发商就像凶狠的狼和狈，狼和狈相互勾结，肆无忌惮地宰割我们 KC 这群可怜的羔羊。（KC 业主 11）

当 KC 开始出现规划路事件后，KC 人产生了一种新的集体认同，即"我们是受剥夺的 KC 人"。曼恩认为工人阶级的认同感的生发受制于国家对待工人的态度。[①] 不过，国家对工人的态度并非集体认同感唯一的制约因素，工人阶级集体认同感的形成还与资本主义的集中生产所培育的工人阶级的紧密关系网络的建立紧密关联。KC 人产生"我们是被剥夺的 KC 人"，当然与政府要在 KC 修建规划路，剥夺他们的公共权益有关。不过，如果没有 KC 业主的融合性社区网络，这种认同感的形成是难以达成的。尽管个体可以赋予规划路事件以某种意义，但是，如果个体和个体之间的意义无法进行沟通，则集体认同感的产生就很成问题。KC 业主之所以能将个体认同感和集体认同感，即"我是被剥夺

---

① Mann, Michael. 1993. The Sources of Social Power, vol. 2: The Rise of Classes and Nation-States, 1760 – 1914. Cambridge University Press.

者"和"我们是被剥夺的 KC 人"成功的连通起来，就是因为 KC 有这样融合的社区网络，在这个网络之中，KC 业主可以就对规划路事件的感知进行广泛深入的交流，通过交流，集体认同感得以建构起来。

在 KC 网站上，常有业主发一些帖子表达对自己对 KC 小区的认同，笔者从中下载一个有代表性的帖子：

> 我们有一群活跃在我们家园的优秀的热血青年，他们正直、善良、进取，他们朝气蓬勃；他们曾经为了伏击猖狂一时的 FCD① 不计得失，甘冒风险，为康城的安宁通宵达旦守在 KC 周围；他们为了维护 KC 人引以为豪的文化默默地坚持着自己的原则：谦卑、谨言、慎行。与他们为邻，令我们引以为傲，视之为福 （YOKINS）。
>
> 我们 KC 的业主从来不是好欺负的，我们从来都没有害怕过，谁侵犯我们的利益，我们都没有退缩过，我们跟开发商干过，跟伏击队干过，跟物业也干过，每次我们都没有因为对方强大而害怕，现在我们可能要和政府干上了，但是我们不会畏惧，因为我们 KC 人从来都是勇敢的。（KC 业主 12）

"我们是勇敢的 KC 人"，这是 KC 业主的另一种集体认同感。这种认同感同样是通过紧密的社区网络来建构的。因为他们联系紧密，所以他们能迅速知道自己所面临的危险，也因为有紧密的联系，所以，他们能发现 KC 业主在面对困难时的表现，能够体认到一些业主不畏强权的勇气，有了这些信息和认知，"我们是勇敢的 KC 人"的认同感因此建立起来。

梅卢西认为，社会运动是在"浸没"在日常生活中的"网

---

① FCD 就是经常盘踞在 KC 小区附件专事抢劫活动的摩托车队，他们常以出租摩托为名。

络"之中形成的。[1] 在这些看不见摸不着的场景中，社会运动向日常生活中占统治地位的符号发出了疑问和挑战。集体认同感作为话语的一部分，同样是通过人际互动建构起来的，所以，蒂利认为，社会网络是社会类别生产集体认同感所必需的结构性基础。[2] 在 KC 小区集体认同感的建构过程中，社区网络确实发挥了重要作用。

集体认同感能够培育出一种为群体利益而献身的承诺来。集体认同感可以持续地用于维持社会运动参与者的忠诚和承诺，它把个体的命运和群体的命运绑在一起，在群体受到威胁时，他们会觉得自己也受到了威胁，这个感觉使得个人利益与集体利益的区别被混淆，界限被逾越。在认同感很强的群体中，成员在认同感的驱动下，乐于向他们敬重的人赠与礼物，将会由于给群体中的其他成员（包括那些没有作出贡献，甚至没有能力作出贡献者，比如未来的子孙后代）带来益处而得到更多的快乐。[3] 同时，认同感可以强化群体成员之间的信任，各种不同的信息来源对潜在参与者所施加的影响的强度，将随着人们觉察到的这些来源的可信度的不同而不同。自然，人们将发现他们所认同的群体和组织要比他们所不认同的群体和组织更可信一些。[4] 群体成员信息的可信度对于提高集体行动的共意动员效率非常重要。认同感在高度整合的网络中培育出来，而一旦建构了认同感，认同感反过来可以影响网络的整合程度。

在 KC 小区，出现过多次公共权益被损害的情形。每一次，很多业主都会集体行动起来，为 KC 的公共利益贡献自己的款物

[1]　Melucci, Alberto. 1989. Nomads of the Present: Social Movements and Individual Needs in Contemporary Society. Philadelphia: Temple University Press.

[2]　Tilly, Charles. 1978. From Mobilization to Revolution. Reading, Mass.: Addison-Wesley.

[3]　Hirschman, A. O. 1970. Exit, Voice and Loyalty. Cambridge, Mass.: Harvard University Press.

[4]　艾尔东·莫里斯：《社会运动理论的前沿领域》，刘能译，北京大学出版社，2002，第 108 页。

和时间。在很大程度上，是因为发达的社区网络所孕育的集体认同感驱使他们减弱了对个人利益的过分关注。正如弗里德曼所言，集体认同感总是扎根于现存的组织和网络之中，因此它行使着引发个体参与的强有力的选择性激励的功能。[①]

在 JD 小区的访谈过程中，笔者没有从他们的言说中感受到 JD 业主的集体认同感，更多的是对 JD 小区的抱怨，抱怨这里的开发商、物业公司，抱怨这里的居住环境，抱怨这里的邻居。很多业主表示，只要条件许可，他们会选择离开这个小区。显然，他们没有形成 JD 小区的集体认同感。为什么？尽管有客观因素的作用，但是，业主在离散性社区网络中，缺乏沟通，存在太多的误解甚至敌意，这是一个非常重要的原因。

(二) 社区网络与问题论述

集体行动框架作为一个标注重音的工具，或者强调和突出了某种社会状况的严重性和不公正程度，或者把某个原先认为不幸但可能还可以忍受的社会状况，重新界定为不公正和不道德的。在上述两个场合中，运动积极分子运用集体行动框架来强调或突出现存的某些社会状况或社会生活的某些方面，并把它们定义为不公正的、不能容忍的且值得发起集体行动来加以改变的（Gamson等，1982；Klandermans，1984；McAdam，1982；Moore，1978；Piven and Cloward，1977；Snow 等，1986；Turner and Killian，1987）。

然而，把某一状况、突发意外，或一系列事件定义为不公正的、不能原谅的或不道德的，并不足以预测集体行动的方向和本质。我们还必须详细指明其前因后果，以及谁应该受到谴责，同时相应的表明参与修正行动的责任感。这就引出了集体行动框架的第二个功能，即归因功能，即集体行动框架是作为一个归因模式，做出诊断式和预见式的归因。在诊断式归因的例子中，运动

---

① Debra Friedman, and Toshio Yamagishi. 1985. "Explaining Variations in Free-Riding Behavior." Newbury Park, Calif.: Sage.

积极分子通过辨认出应受谴责的代理人，从而为某些成问题的集体性的过程和结构寻找根源。在预见式归因的场合中，列宁式的问题（即怎么办？）是这样得以阐明的：即提出改善问题的一般行动思路，并提出实施该行动的责任和方案。因此，诊断式归因所关注的是问题的认定，而预见式归因则提出了解决问题的办法。

本文将对某种社会状况的严重性和不公正程度的界定和对这种不公正或不道德状况的解释称之为问题论述。这种问题论述是集体性的社会性的，它同样需借助于人际互动才得以建构。

当 KC 出现了规划路事件之后，问题意识通过社区网络开始建构起来，当第一个目击者看到施工队在 KC 画线的时候，他就开始思考修规划路对 KC 意味着什么，当他把修规划路的消息通过他的个人网络告诉他圈子里其他人时，接受到这个信息的每个人都会思考当下的情境如何定义的问题。每个人不可能对修规划路这个情境有完全相同的诠释，有的人看到的是修规划路给 KC 带来的好处，有的人可能想到的是规划路给 KC 带来的害处；有的人可能只看到危害的某个方面，有的人可能看到危害的另一个方面。如果这些对情境有不同定义的人不能相互沟通，就无法形成对情境的共享定义，KC 业主之间建立的多元交叠网络为他们的不同诠释提供了相互交流的平台，所以，借助这个平台，KC 业主很快对在小区修规划路形成了一个集体性的问题论述。

1. 对危害性的界定，修规划路被定义为对 KC 业主利益的严重侵害

这是绝大部分 KC 业主在获悉这个信息时第一时间想到的，但危害到底有哪些？严重到什么程度？也许在每个业主的心中都有不同的界定，那么对这一情景的共享定义如何形成的？笔者从 KC 的业主网站上摘录了一段对话：

业主 A：如果从中心花园修一条市政规划路，那我们的家园可能被一分为二，昔日的美好将永远消失。

业主 B：老鱼头（注：业主 A 的昵称），不必那么悲观，塞翁失马，安知非福，说不定修了规划路会变得更好，至少交通变得方便些了，车可以开到楼下。

业主 A：老马（注：业主 B 的昵称），你今天是不是发烧，你还不知道事情有多么严重，你不想想小区里面整天车流不息意味着什么？

业主 C：我赞同老马的看法，对其他小区的人来说，可能在家门口修条路是件求之不得的事情，可是对我们 KC 来说就大不相同了。你每天上班的时候到小区门口看看，都是文质彬彬的知识分子，他们来这里买房，不是为了做生意，是为了在烦嚣的工作之余，能有一方休养生息的净土，修了规划路之后，安宁没有了，每天车来车往，你还能安然入睡吗？

业主 D：我同意老干部（注：对业主 C 的称呼）的看法，KC 本来就噪音够多的了，大家难道不知道，KC 的三面都是繁忙的交通要道，住在铃兰街和薰衣草街的住户每天从早到晚都能听到隆隆的车流声，如果现在再从中间修一条规划路，那 KC 不成了噪音的海洋？！

业主 F：王麻子（注：对业主 D 的昵称），你说得好，但是你还只说到危害的一个方面，我认为还有一个问题也是非常严重的，就是一旦修了路，KC 就变成了世界第二个雾都，你想想，广州的空气污染指数本来就严重超标，如果KC 被市政路包围的话，那空气污染到什么程度，就可想而知了。

业主 G：我也插两句，依我看，要是真修了路，坏处可能远不止这些啊！我们 KC 有个最大的特点，就是老人孩子特别的多，你看看，到了下午乘凉的时候，小区到处都是一堆一堆的老人小孩，一旦中间修了这条路，将来这些老人小孩，都是行动不那么灵活的人，他们有多危险，这个你们没有想到吧？

业主 C：我还想到一点，我们 KC 业主虽然在小区外受到飞车党的抢劫，但至少小区封闭式管理保证了我们在小区内部的财产安全，一旦修了规划路，KC 就门户洞开了，那么飞车党就能长驱直入、肆无忌惮，到那时，连窝在家里也没有安全感了

业主 B：这些都是我原来没有想到的，说到这里，我也想补充一点害处，KC 最让别人美慕的是什么，是小区这样一种和睦的邻里关系，要是中间有了条规划路，大家以后来往就没那么方便了，和睦的邻里关系就活生生给破坏了，哦，那 KC 不再是 KC 了。

业主 H：呵呵！老马头，你现在终于清醒了，告诉你，更可怕的还在后头，你们知道 KC 的房子尽管位置不是很好，但房价却升得快，靠的是什么，靠的是这里的环境、这里的社区文化、这里的邻里关系（没有人会考虑到这里买房做生意），当 KC 这些卖点没有了的时候，KC 的房价就会大跌，NH 花园就是先例，就因为 NH 修了条规划路，结果半年不到，NH 的房价跌了将近 2000 块，好惨好惨。

像这样的议论在小区的各种网络之中展开，各种观点相互交汇，最后大家对修规划路的危害性和危害程度形成了一个比较一致的看法，这些看法被一个业主进行了高度整合，以"规划路对 KC 带来多大的灾难"为题的帖子发在网站上，后来成立的 KC 维权小组以这个为蓝本作为宣传资料贴在 KC 各条街道的宣传栏和大门口。他们将"规划路事件"视为对业主权益的严重侵害，这些侵害包括：噪音污染、空气污染、交通安全、社区治安威胁、社区邻里关系破坏、房价下跌等等。

从这段对话中可以看出，在争议的初期，每位业主对规划路事件的解读是不同的，有的甚至是相反的。但是经过一番议论之后，至少这几个参与争议的人已经形成了对规划路事件的共享定义，对它的性质、造成的危害、危害的程度已经达成了共识。检

视共识形成的过程，笔者发现社区网络在其中发挥了关键作用。没有既存的社区网络，KC业主个体对当下情境的定义可能只能停留在个体层面，难以进行顺畅的沟通。没有沟通，个体对情境的定义就难以融合，对规划路事件难以形成共享定义。

显然，这个对"规划路事件"的共享定义是通过KC小区紧密的社区网络建构起来的，没有这样融合的社区网络，处于孤立或隔离状态的业主虽然会建构对当下情境的定义，但由于缺乏各自定义的相互沟通，则这些情境只是停留在个体层面，不能发展成集体层面的情境定义。

2. 对公正性的界定，"修规划路"被业主视为对产权的严重侵犯

业主对"规划路"带来的危害形成共识，那么，政府在小区修规划路有没有这个权力呢？处在紧密网络之中的业主对这个问题也展开了广泛的讨论。这种讨论亦在小区各种人际网络中展开，同时也在社区网站上进行热烈的讨论。各种观点和意见在网络中交互融合。

下面是一群围在中心广场的业主关于KC"规划路段"产权归属的讨论：

业主A：按道理，政府没权力在我们小区修规划路，因为这个地是我们KC所有业主的，每一个业主都有一份产权。

业主B：是业主的吗？我想应该是开发商的吧！我们买的只是房子，只对房子有处置权。

业主C：这个你就不明白了，公摊面积都是归全体业主所有的。

业主D：好像也未必，这要看你每个小区如何规定，有的是归开发商所有的，有的是属于业主的。

业主A：不，建设部关于商品房公摊面积的有明文规定，公摊面积通常主要包括3类：房屋本体公用设施，它包括楼梯、大堂、公共门厅、走廊、过道、公用厕所、电梯、上下水管道、加压水泵、公用天线、阳台、消防设备等；住宅区公用设施以及公共场所，它们包括道路、文化娱乐场所、体育设施、停车场、单车房等。这些条文我昨天在网上看到过。

业主F：但是，在公摊面积产权问题上，一般是按照购房合同上的规定，如果合同上没有注明你对某些公摊部分支付费用，其产权就不归业主。

业主G：我最近看过新的物权法，上面清楚地规定：（公摊面积）有约定的，按照约定；没有约定或者约定不明确的，除了建设单位等能够证明其享有所有权外，属于建筑物区分所有权人共有。

业主H：但这个物权法还在讨论阶段，还不具有法律效力，拿这个不顶用。

业主I：物权法有没有实施对我们KC来说无所谓，因为我已经认真看过合同了，上面写得很清楚，KC的道路都是由业主来买单的，所以我们对这个道路的使用拥有决定权。

业主F：但是这里有个这样的问题，如果这些道路属于市政规划设施，那么就不属于业主所有了。

业主I：有没有市政规划设施查查KC的五图一书就知道，根据我们在开发商那里查到的情况看，这里没有市政规划路。

业主G：这很难说就没有，说不定是开发商做了手脚，现在什么东西都可以造假，造个假设计图也是轻而易举的事情。

业主A：不管怎样，只有两种可能，一是开发商欺骗了业主，一是政府欺压业主。

其他几个业主附和：就是这样，政府和开发商就是欺辱我们这些弱小的业主。

当天晚上，KC的业主网站上就有大量业主对"规划路事件"的公正性进行热烈的讨论。

刚开始讨论的时候意见分歧很大，参与讨论的人数越多时间越长，有助于对公正性进行界定的信息也就越多，后来业主的看法越来越趋明朗和一致，那就是：规划路面积产权属于 KC 全体业主，政府强行修规划路是对业主产权的严重剥夺，是一种严重不公正的侵权行为。

集体行动积极分子通过用集体行动框架（话语）来强调或突出现存的某些社会状况或社会生活的某些方面，并把它们定义为不公正的、不能容忍的值得发起集体行动来加以改造的（Gamson，等，1982；Klandermans，1984；McAdam，1982；Morre，1978；Pivenand Cloward，1977；Snow 等，1986；Turner and Killian，1987），KC 业主通过对修规划路事件的严重危害性和公正性的定义，以唤起 KC 业主的高度警惕和反抗意识。

3. 对冲突目标的界定，到底谁是罪魁祸首

把某种状况、突发意外，或一系列事件定义为不公正的、不能原谅的或不道德的，还尚不足以预测集体行动的方向和本质。我们还必须详细指明其前因后果，以及谁应该受到谴责，同时相应的表明参与修正行动的责任感。[①] 这就是意义建构必须完成的第二种功能：归因功能。诊断式归因就是要辨识出应受到谴责的代理人，从而为某些成问题的社会状况找到罪魁祸首，无论这些代理人是某类个体也好，还是集体性的过程或结构也罢。[②]

规划路事件到底谁是始作俑者，KC 业主也对此有各种看法的碰撞，开始的争议可以分为两种不同的意见。一部分业主认为开发商是罪魁祸首，另一部分人认为政府是罪魁祸首。他们各自从自己所掌握的情资来支持自己的观点。笔者从一个组织者那里获得了一个会议录音，这是 KC 维权积极分子组织的一个会议，

---

① 艾尔东·莫里斯：《社会运动理论的前沿领域》，刘能译，北京大学出版社，2002，第157页。

② 艾尔东·莫里斯：《社会运动理论的前沿领域》，刘能译，北京大学出版社，2002，第157页。

会议在管理处召开，其中会议的一个议题是到底是政府还是开发商在侵权，维权的目标应该指向谁？这个议题当时在会议上讨论最激烈。笔者摘取其中几位业主的对话如下：

业主A：据我的判断，修规划路应该是政府所为。我们的政府历来就我行我素惯了，因为他们知道中国的老百姓是不敢对它怎么的。

业主B：规划路肯定是政府要修，但是如果是先有规划路再有KC，那也不能说是政府的错，只能是说KC有意隐瞒了规划路的真相。

业主C：我听说原来这里是没有规划路的，但有一次省委书记去奥运村视察，经过我们KC左侧的光源路绕过我们KC兜了好大一个圈才到奥运村工程现场。他指着我们KC说，弯绕得太大了，要是在这个小区修条路就快多了。本来是省委书记一句无心话，下面市里的领导就当真了，决定在这里真的开出一条市政路来。

业主D：政府不至于这么荒唐吧！毕竟这牵涉几千人的根本利益啊！

业主C：只要能让领导开心，他会管你老百姓的死活吗？这种用老百姓利益换领导高兴的事还少吗？JJ花园为什么要修规划路，就是因为领导住的地方要绕这个小区一个大圈，为了领导出入方便，就把JJ花园开膛破肚了。

业主F：但是真要是政府强行要修，那开发商为什么不阻拦？按道理，这么大的一个工程队进来打桩画线，管理处的人应该清楚，但管理处的人没有制止，这说明开发商是知道情况的，我怀疑，开发商是把我们的小区道路再次出售给政府了。

业主G：这很有可能，为什么这规划路迟不修早不修，刚等到三期全部卖完的时候，突然冒出条规划路来呢？因为房子卖完了，开发商能从业主身上榨取的利润有限了，于是就打小区公摊面积的主意。

业主 H：我看相比其他开发商，ZH 算是一家比较守规矩的，而且是一家海外上市公司，应该不会这样短线操作，要是真的这样做，我们把这个事向海外的媒体曝光，它就偷鸡不着反蚀把米，还能图长远发展吗？

业主 B：这种分析有道理，尽管说现在开发商对业主可以一手遮天，但再遮也遮不过政府，所以，如果是政府强行要修这路，开发商也不敢怎么的，毕竟开发商还要靠政府来混饭吃。

业主 I：现在大家说来说去说的都是一种猜想，没有十足的根据，现在的关键问题是要搞清楚是规划路在先还是小区开发在先，只有把这个查清了，才能查出到底是谁在搞鬼。

业主 A：这个要怎么查，哦，搞建筑的应该知道，我认识一个建筑学博士，它也是我们小区的业主，我给他打个电话问问。（开始打电话）

业主 A：我刚才打听到了，他说要查小区的五图一书和规划局的红线图，五图一书在开发商那里，要搞清到底是开发商还是政府造孽，只有赶紧去查图。

第三天，业主在开发商那里很轻易查到了五图一书，那上面没有市政规划路，开发商的客服主任态度诚恳地保证，绝对没有规划路，并愿意配合业主的维权行动。但业主提出要开发商一起去规划局查红线图，开发商就推说这样不妥，怕给政府一个带头闹事的印象，要是和政府关系搞不好，日子就难过了。业主事先达成默契，在没有查明真相之前，要和开发商保持良好关系，如果有开发商支持维权，成功的机会要大点。后来去规划局查验费了几番周折，第一次去规划局查的时候，规划局的领导很官僚，对他们根本不理不睬，后来有人在网上发了个帖子，看哪位业主和规划局有亲朋好友的，可以协助去查红线图，消息登出的当天晚上，就有七八个业主向维权小组的人打来电话，说规划局里有熟人，有两个本身就是规划局的职员。有熟人就好办事，很快规划局的红线图查明，红线图在小区报批之前是有的，后来小区报建之后又没有了，现在的红线图又有了，说是要恢复原来的市政规划路。

打听到确切内幕的业主把这个消息迅速发到了 KC 网站上，并附上了 3 个阶段的红线图（当时拍摄的）。这个信息引发了业主热烈的讨论，到次天早上 8 点止，这个帖子的点击次数达到7008，回复帖数达到1800。大家在这里各抒己见，但有一种看法得到了绝大部分业主的一致认同，那就是：规划路早就存在是事实，但 KC 报建后之所以消失应该是规划局的领导和开发商有某种私下交易，结果取消了红线图，现在新领导上任，可能不买前任的帐，又要重修规划路。所以，侵害业主权益的罪魁不只是政府或开发商，而是政府代理人和开发商勾结谋的结果。

无论是规划路事件的危害性，还是规划路事件的性质与危害的来源，每个 KC 业主可能都有自己的诠释，个体的诠释如何上升到一种统一的集体意识？这需要个体意识的不断交流与融通。在 KC，这个由个体认知上升到集体认知的过程，经过了 KC 网站上业主的畅所欲言的讨论、正式会议的交流、在公共场所的非正式交谈、和政府职能部门的非正式沟通等等。这些活动能够顺利开展，既存的关系网络起了非常关键的作用。社区内部网络使KC 业主之间得以顺利的沟通，各种观点、信息、推理可以在社区网络上自由流动和交换，在交汇综合作用下形成趋于统一的集体意识。而社区的外部网络也为业主提供了获得某些被权势集团封闭的信息，为业主发现真相寻找目标提供了关键性的支持。比如，在查询规划路的真相时，KC 业主正是因为有熟人在规划部门还有些业主本身就是规划部门的人，所以他们才能够通过非正式途径获取信息，发现事情的真相。

对正在面临的问题的危害性、性质和原因的界定，显然对个体的行动选择会产生相当重要的影响。危害性的界定为个体行动者就行动成本和收益进行计算提供了重要参与依据，如果危害性被界定为无足轻重的，那么个体行动者就觉得没有参与集体行动的必要，反之，可能就觉得集体行动的价值增大；如果问题的性质被界定为与基本的价值观无涉，则个体行动者参与集体行动的必要性降低；如果涉及基本的价值观，则个体行动者不仅可能参加集体行动，而且可能卷入更多的情感；如果问题的原因被界定，那就为个体行动者参与集体行动提供了明确的指向。

（三）社区网络与策略优化

在话语或框架的归因功能中，除了诊断式归因，还有预见式归因，在预见式归因的场合中，列宁式的问题（即"怎么办"?）是这样得以阐明的：即提出改善问题的一般行动思路，并提出实施该行动的责任和方案。因此，诊断式归因所关注的是问题的认定，而预见式归因则提出了解决问题的办法。

在维权高潮时期，KC 业主就集体行动的策略所进行的交流最为火热，在日常生活中的小圈子里，在 KC 小区的业主网站上，在 KC 各式各样的公共场所，业主围绕着"怎么维权才能赢"这个议题献计献策。这些策略大致可以分成以下几个方面：宣传策略、组织策略、募捐策略、抗议策略和保护策略等等。

1. 宣传策略优化

宣传策略主要是关于如何将各种维权的信息能既快又广的传递给业主以及其他需要告知的个人与组织。开始的宣传策略是无组织的简单宣传，即最先得知信息的人告知自己互动网络中的他人和通过 KC 网站把信息发给那些上网的业主。这种自然简单的宣传尽管在 KC 是有效的，但在宣传广度和力度上还是有局限性。当维权小组成立后，许多业主通过社区网络中对规划路事件以来的宣传工作进行检讨并向维权小组建言献策。在这些建议当中，有优有劣，业主对这些建议进行讨论，优的得到肯定、完善、支持和采纳，劣的被修正或否定或淘汰。以社区网络为平台，这些策略经过这样一个优胜劣汰的过程而不断得到优化。

我认为用 A4 纸打印出来的宣传资料字太少，对事件的描述用词太平淡，缺乏冲击力。所以建议纸张和字体要加大，对情况的描述加强震撼力。同时还建议用毛笔字写成醒目的大字报贴在各大门口和各条街道的宣传栏上。（大话侃侃）

对周末业主都在 KC 的时候没有抓住时机进行宣传表示遗憾，建议宣传要在大伙聚在 KC 的时候和下班回家的高峰期抓住机会加大宣传力度。（仙姑）

我认为仅在网站和宣传栏处进行宣传不够，建议建立多元立体交叉的沟通网络，即利用手机/小灵通短信群发、互联网、联络人/协调人、维权小组来建构这样的一个辐射范围广反应速度快的沟通网络。（peter）

建议建立楼长层长制度，形成维权小组——楼长——层长——业主的金字塔式的信息传达机制。将那些平时没有上网的业主通过传统的邻里动员模式（敲门）动员起来。（jin-gangshan）

鉴于宣传工作非常重要，建议维权委员会（由维权小组组建）下设专门的宣传部，专门负责宣传工作。（彼得大帝）

随着维权行动的进一步推进，对外宣传变得越来越重要，建议维权委员会专门组建媒体部，专门负责和当地的各大媒体以及中央的权威媒体在必要的时候和境外媒体加强联络，根据需要把 KC 的信息发布出去，扩大维权的社会影响力和对政府与开发商的威慑力。（流沙因）

2. 组织策略优化

组织策略主要是针对如何将集体行动的参与者和潜在参与者有效地组织起来，既保持理性有序又能充分展示 KC 业主的集体力量以对抗争对象形成一定的威慑力。

借助社区网络，组织策略和宣传策略同样经过了不断优化的过程，笔者收集了一些得到认可和采纳的组织策略列举如下。

提出 KC 维权要取得胜利关键不仅仅在于几个得力的维权积极分子，加强 KC 全体业主的凝聚力才是取得胜利的基础。因而建议加强对临委会的组织管理，统一思想认识，防止随着斗争的深入，出现内部分化瓦解，防止我们的对手来掺沙子。

建议临委会安排一个新闻发言人，所有相关的决议，信息均由他用专用的统一 ID 发表，防止出现不必要的误会和对手出来混淆视听。

建议筹备在本周内进行一次全 KC 业主总动员的大型活动。

建议建立维权小组——楼长——层长——业主的金字塔梯队，一旦有紧急情况，将第一时间通知维权委员会的委员，再由委员迅速通知组织部，组织部负责联系各楼楼长，由每个楼长打电话通知层长，层长再通知单元的业主，凡是可以赶回来的或是有家人在 KC 的都请迅速反应，保护我们的家园。

为防止业主大会出现非理性失序状况，避免给政府进行压制的口实，建议制定大会制度，如会前先得安排沟通代表，沟通的议题，以及期望达到的目的，否则乱哄哄，没有结果，也会让一部分业主失望；业主要想发言，应当得到组织者的许可才好，否则业主自己吵架，他人看笑话；印一些会议注意事项，每个与会者都发一张，注明整个会议的议程，参加人员，纪律等；届时小孩应当注意离开会场，一者小孩在边上嬉闹，影响会场气氛，二者，难保不会有什么意外，恐伤及小孩，应在小区出告示，建议各家家长让小孩远离会场。

3. 募捐策略优化

集体行动是需要资源的，资源是集体行动得以持续的物质基础。因此，如何动员到足够的物质资源，如金钱、实物等，是集体行动动员的关键环节。KC 的集体维权同样需要金钱，为了动员到足够的资源，KC 维权组织者和积极分子开展积极募捐活动。
但是，在维权的初期，其募捐策略有些简单粗糙，募捐的地点在
KC 正门商业街一位维权积极分子开的面包店里，捐款登记用一
个半旧本子，也没有专门的收款收据。对于这样的募捐方式，通
过相互沟通，KC 业主提出了许多批评和建议，使募捐策略得到
不断优化。下面是业主通过 KC 网站和其他途径对捐款技术提出
了各种批评和建议。

> 关于加强捐款管理的策略：捐款是支撑这次 KC 维权的
> 经济基础，捐款的来源，只能是 KC 广大业主，但是要发动
> KC 业主大规模捐款，必须首先消除各位业主对维权会运作
> 大资金的怀疑，每家捐款 100 元，有业主统计，这也是将近
> 37 万的资金，对这笔资金的合理的登记，做账，出纳以及财
> 会运作，让所有捐款业主能够跟踪审查资金的去向以及合理
> 利用，是消去捐款业主怀疑顾虑的唯一方法。（思甲甲）

> 目前捐款工作已经展开，一定要加强财务统一管理，严
> 格按照相关财务规定办事，对捐款者发放临委会制作的统一
> 票据，这样一可确保资金安全，二也可以防止部分别有用心
> 的人利用此事来攻击、瓦解我们业已团结起来的绝大部分居
> 民（这不是信任不信任的问题，斗争越是艰苦激烈，就越要从
> 内部抓起，千万不能自己内部首先出问题）。（蜡笔小新）

> 为了保证捐款的透明度，捐款方式不要太过多样化，避
> 免给业主造成管理混乱的印象，最好在一个统一的时段和地
> 点现场捐款。我认为选在周六和周日的下午 4——7 点比较
> 好，地点不要选在某位业主的家里或店里，最后选在人比较
> 集中的公共场所，比如 KC 正门。（公主磊磊）

> 每天应该在公布栏或小区网站公布捐款的使用情况，让
> 业主知道钱到底用到哪里去了，这样公开透明，可以提高业
> 主捐款的积极性（巍巍小弟）

> 财务管理应该做到相互监督，应该将出纳、财会人员分

开由专人管理（老举人）

关于加大募捐宣传工作的策略：维权捐款在宣传上应有一个必要的底线，就是明确告诉业主，这次捐款每家的基本数目。让业主明白，这不是慈善捐款的可多可少，而应该积极自我认捐属于自己的那份维权费用。这样才不会出现一些业主捐出十元钱还很有自我献身的崇高感。如果维权失败，KC 门户洞开，所有家庭都失去目前所享有的休闲场所和安全，家产至少贬值 30% 左右，和这样巨大的损失比起来，捐款一两百元，简直不值一提。（李公公）

为了防止某些业主搭顺风车，我建议要将每一业主的捐款公示出来，让大家心里有个底，到底哪栋哪户捐了款，捐了多少，哪楼哪户还没有捐款，这对捐款多的业主来说也算是一个奖励，对漠不关心的业主也算是一种鞭策（图绢花）

4. 抗议策略优化

如何开展针对集体行动目标的抗议，这是冲突性集体行动最为棘手的问题，即使已经动员了集体行动所必需的资源和人员，如果在抗议过程中使用的策略不当，可能让集体行动无功而返。因此，抗议策略是集体行动参与者最为关注的议题，也是讨论最为热烈的议题。借助于各种形式的社区网络，KC 业主仁者见仁，智者见智，就抗议策略进行了广泛而深入的交流。在这些交流中，人们对正在使用和建议使用的策略各抒己见，批评、完善、修正、补充，各种信息和智慧在交汇中被综合被采纳，策略因此得以不断加工和优化。笔者对 KC 业主提出的各种抗议策略进行分析，发现这些策略主要有两种取向，一种取向是如何让集体行动有效化，一种取向是如何让集体行动合法化。

其一，有效化策略。

在给政府的请愿书上，有业主提出建议，要大篇幅增加 KC 业主的悲情控诉，以及语言使用上对政府担心社会稳定施压，因为感到语言太过软弱的话，政府部门根本不当回事。再一层考虑，在业主请愿书上口气强硬，但是在代表递交请愿书时可以心气和平，让他们感到业主是愤怒的，而业主代表是理性的。这样使谈判的气氛和空间更有回旋余地。

为了团结一切可以团结的力量，对付最首要的抗议对象，有业主建议紧紧抓住 ZH 公司的把柄，将 ZH 公司和业主紧紧绑在一起，坚决要让 ZH 公司为此事的解决尽全力！哪怕每天有业主自发组织上 ZH 公司主要领导家上访抗议也在所不惜。目的是胁迫 ZH 公司和业主一起给政府施压。

有业主针对不同抗争场所建议采取相应的抗议策略，他们将康城维权划分为 5 个局部战场，即法院、政府（市政府和规划局）、KC 小区、道路（还有桥梁、广场）、互联网等，由于 5 个战场各有其特点，其中的"敌我"力量对比、可用力量、人员组成、可用策略以及 5 个局部战场之间的相互关系，以及对最终维权之战的胜负影响，都应该有所不同。法院是 KC 业主以法律方式维权的主战场，敌我所用的武器皆为国家法律，由于法律的专业性特强，这里不以人多取胜，所以这里可以参战的只有 KC 的律师，普通 KC 业主不必进入此战区。第二战场是政府大院，由于中国的国情，特别是现在这样的敏感时期，政府大院是最怕数量较大的业主聚集的地方，中央刚发文件，如果引起群体性上访事件或者群体性社会骚乱，当地政府领导要被追究领导责任。所以，如果要在政府所在地维权作战，必须要所有业主大量参战。其起到的作用，将超过法院所带给业主的胜率。但因为群体行为具有一定的不可控性，为防止发生暴力非法事件，最好由代表表达民意，而广大业主现场声援，隐忍不发，作势可也。效果也是一样的。第三战场在 KC 小区，在我们家门口作战，所有小区业主都可以参战，其中最主要的战略目标，就是保证小区不被政府随意进入。KC 的防御战，需要严密组织，其中需要阻挡推土机的"敢死队"，也需要让政府背上人道压力的妇孺儿童，更需要保障业主安全的后勤梯队。还需要为后续战斗取得现场证据的摄影录像技术人员。KC 防御战的胜负取决于 KC 业主维护自己的合法权利的决心。KC 防御战应该有两手准备：（1）能用实力让政府的推土机不入 KC 的话，就要严防死守。（2）如果政府动用暴力强行进入，可以放弃抵抗，但是至少取证人员要设法留下让社会大众了解真相的现场资料。并注意资料的安全和人身安全。第四战场是道路、桥梁、广场。这个战场只有在 KC 已经陷落的情况下才使用，一旦战斗转移到第四战区，就不是一般意义上的维权，本质上已经是政治斗争了。这时候，我们的作战就成了维权表演，表演给世界看，表演给政府上层看，表演给社会大众看。这时候，最主要的工作就是海内外媒体公关了。第五战场是互联网，可以将业主在法院、政府乃至 KC 小区的不利条件，全部转化为有利条件，可以说这是业主维权能够出奇制胜的地方，互联网不仅能影响社会大众，更能影响政府高层决策，同时通过高层，还能影响地方法院的判决，互联网之战，全在宣传。

有业主提出维权要抓住对方的软肋，并对开发商与政府的死穴进行了分析。就开发商而言，由于开发商是上市公司，诚信是上市公司的死穴。ZH 对外的姿态也一直是这样，这次要让所有股民都知道，ZH 骗了广大业主，"今天骗业主，明天就会欺骗股民"，让他的股价跌到最低点，有必要组织业主到香港去，到香港联交所门前和 ZH 香港总部门前去游行。ZH 现在不是在推新盘吗，比如 ZH 蓝湾，去售楼现场示威，揭穿他的阴谋，让他的楼烂尾。政府的软肋是什么：就是怕把事情闹大，特别是让他的上级对他反感，影响他的政绩和官位，现在党中央的总基调是：建设和谐社会，而安居乐业是社会和谐之本，ZH 和市政的这次行为则严重干扰小区住户的正常生活、工作和学习，严重侵害百姓的利益，与党中央的政策背道而驰。

KC 业主通过各种形式的社区网络，提出了许多如何有效达成集体行动目标的策略，在后来的维权行动中，其中一些策略被组织者采纳或借鉴，而事实证明，这些策略是行之有效的。

其二，合法化策略。

如何防范和阻击施工队进入 KC 打桩画线，有业主提出安排熏衣草街的警报值班表，分发喇叭，时刻注意施工队的动静，一有动静，号召所有业主从四面八方汇集到熏衣草街进行合理合法的"我们去锻炼"的活动。这样可以避免让政府扣上"非法集会"的帽子而予以压制，如果将"制止规划路施工的集体行动"贴上"锻炼"的标签，政府就抓不到业主的把柄。

有业主建议，在能够通过法律手段解决问题的情况下，就不要做无谓的牺牲，尽量采取让政府抓不到把柄的策略，要做到依法维权，就要懂法，建议在业主大会时要请专业律师参加，提供法律维权的种种策略。

尽量和中央领导的权威话语对接，这也是业主提出的合法化策略之一，政府不是口口声声讲要稳定压倒一切吗？政府在一个上万人居住的美好家园修规划路就是在带头破坏社会稳定；政府提出要建构和谐社会，但是社区是社会的组成部分，将一个本来就很安宁和谐的社区置于混乱之中，就不是在建构和谐社会而是在破坏和谐社会；政府说要以民为本，但不顾 KC 广大业主的利益和意愿，恰恰与民本思想背道而驰。

那么，集体行动策略如何产生如何优化？在 KC，笔者看到了社区网络在产生和优化策略过程中发挥的重要作用。俗话说，三个臭皮匠，赛过诸葛亮，这句话充分表明了集体智慧的重要性。但是，三个臭皮匠要赛过诸葛亮，有一个基本前提，那就是这三个臭皮匠之间必须是可以相互沟通协商。如果三个臭皮匠是彼此孤立的，则他们的策略也只是个人的智慧，要超过诸葛亮就很成问题。就一个有着近 4000 业主的 KC 小区来说，要产生体现集体智慧的行动策略，同样需要业主之间广泛而频密的互动。一个体现集体智慧的策略能否产生？需要以下几个方面的条件：一是策略的供给者要充分把握与集体行动相关的各种信息；二是提出的策略要能够让集体行动的参与者、同情者或支持者充分知晓。三是这些知晓策略的人要可以顺利地进行沟通。要满足这些要求，必须有一个融合的社区网络。只有在融合性社区网络中，集体行动相关的各种资讯才能广为人知，策略供给者才可以根据这些信息提出策略；也只有在融合性的网络中，提出的策略才能为他人所知；同样只有在融合性社区网络之中，那些知晓策略的人才可以就策略的优劣进行交流。一位为 KC 维权献计献策的业主讲述了他提出策略、策略被讨论和最后被采用的整个过程。

> 我主要就 KC 如何管理捐款的事给维权委员会提了个醒，刚开始接受大家捐款时可能是太仓促，反正有点混乱，捐款的地点就在一位业主的面包店里，登记就用个半旧的本子，捐了款又没凭没据，又没有其他人监督。当时我还没捐款，这个事是一位朋友打电话告诉我的。我觉得这个捐款是个大问题，我知道有几个小区维权时就是因为捐款没管理好，结果权还没维，业主自己内讧了，最后闹个不欢而散。后来我回到家的时候我妈告诉我一件事，说她们太极队①的老人已经对捐款的事有意见了，对维权会也有点意见了。说捐款搞得这么不明不白的，怀疑他们是用维权的名义来搞大家的钱。我觉得事情很严重，就约了几个 KC 的哥们晚上喝酒，顺势把这维权捐款的事和大家伙说了，我把关于如何管理捐款的方案跟大伙一说，大家就议论起来，有的说好，有的说不妥，有的给我的方案提了些建议，有的就为我做了些补充。回到家的时候我把各方的意见整理了一下，就在 KC 规划路维权专栏②贴了个关于如何管理维权捐款的帖子。③ 结果那天晚上我这个帖子的点击率惊人，达到 6000 次，而且有 1500 条回复帖，这些回复帖主要是就我的管理办法发表意见。这个帖子自然也引起了维权委员会的注意，他们就我的管理办法开了个会，结合其他业主的意见，他们在我提的方

---

① 由 KC 小区的老人自发组织的打太极的健身组织。
② 这是 KC 规划路事件出现后，业主在 KC 网站上专门开设的一个专栏，专门就规划路维权的事提供各种信息、建议等等。
③ 这个帖子在上文已经提及，是网名为思甲甲的业主提出来的。

案基础上提出了关于 KC 维权捐款的管理办法，并把它作为
维权委员会的一个正式文件发在"维权通报"栏。[①] 以后的
捐款就主要按我提出的方案来搞，这样大家也就消除了对维
权委员会的误解，捐款也更加积极了（KC 业主思甲甲）

由于 KC 的融合性社区网络，业主之间不同的创意、信息、
观点、消息等符号性资源得以快速流通和交换，集体行动的策略
也因此得以不断地加工和优化。

集体行动策略对个体行动选择也能产生显著的影响，在融合
性社区网络中，集体行动策略通过行动者之间广泛而频密的互动
得以建构，这样的策略吸纳了多方的意见和建议，能充分体现社
区成员最广泛的利益和智慧，所以，往往能得到高比率的认可和
支持，因此，这样的策略也就能产生较强的动员能力。反之，在
离散性社区网络之中，由于严重缺乏沟通，行动策略往往是个人
或者少部分人的利益体现和智慧结晶。因此，它的认受和支持度
相对较低，也就难以成功地动员出集体行动来。

（四）社会网络与标语或口号

口号或标语是集体行动的压缩式符号表征，在冲突性集体行
动中，标语或口号使用高度简洁通俗且具有冲击力的语词来表达
参与者的利益诉求、策略与决心。

在 KC 集体维权的不同阶段，都有标语或口号的生产。在 KC
业主大会的筹备阶段，KC 维权委员会为了表达广大业主保卫权
益的诉求和决心，动员更多业主参与维权行动中，特在网站上发
布向业主征集业主大会的标语或口号的通告。通告发布之后，一
些业主开始在自己的小圈子创作标语或口号，然后将那些得到小
圈子认同的标语贴在网站的标语征集专栏上，KC 上网的业主针

---

① 这是一个 KC 维权委员会在 KC 网站上开设的专门用来发表维权的进展情况和
组织规则的专栏。

对这些帖子进行讨论，许多批评和建议被提出，有的认为一些标语的句子太长，有的认为缺乏力度，有的认为打击面太宽，有的认为用词太激进，有的认为不够通俗易懂……得到大部分业主否定的标语被淘汰或者被修正，得到大部分业主赞赏的标语或口号被征用。经过社区网络的筛选过程，保留下来的标语或口号具有高度的认受度和反响度，自然有较高的动员潜力。笔者统计了KC 在最初提出的标语口号大概有 90 条左右，到业主大会召开时被征用的有 10 来条，列举如下：

> 碧血丹心．保卫 KC！！！
> 破坏社区和谐就是破坏社会稳定！
> 团结一心，众志成城。
> 我的楼盘 我做主！
> 众志成城，保卫 KC！
> KC 是我家，维权靠大家！
> KC 人们生气了，后果很严重！！！
> 美丽 KC 是我家，誓死都要保护她！！！！！！
> 国家有难，我用生命去捍卫；家园将毁，谁来"青天"驱阴霾。

这些标语既简单明了地反映问题所在，充分显示业主保卫正当权益的决心，同时又和权威话语对接，对业主具有很强的鼓动性，对开发商或政府具有一定的威慑力，但政府又无法用权威话语来进行反制。

从这些标语的生产过程可以发现，社区网络在其中扮演了一个相当重要的角色。笔者就以其中的一条标语的生产过程为例，来考察融合性社区网络对标语或口号生产和优化所发挥的功能。

"我的楼盘，我做主"，这个标语是很多 KC 业主最为欣赏的标语之一，也是笔者认为最具有号召力的标语之一。但这个标语的雏形与它的成品有很大出入，最开始是"楼盘是业主的，权力也是业主的"，被一位业主贴在标语征集专栏上，一些业主看了之后发表了自己的见解，并做了些改动。

这个标语虽然讲出了大家的心里话，但显得不够力量，我建议改为"楼盘是我买，权力归我有"（谦谦君子）

我认为这个标语读起来不是那么朗朗上口，标语应该读起来顺口，我认为改成"业主的楼盘业主说了算"。看大家觉得怎么样？（西比比）

但我觉得你这样改了后好像还是没分量，有点软绵绵的，这里我发表一下我的见解，供大家参考，我建议改为"楼盘属我，主权在我"。（米歇尔）

我觉得楼上的这么一改虽然有力量了，但是有点不合平常的语言习惯，好像没人说什么属我属我的，而且好像主权用的也不是地方，一般只在领土争议的时候才用。我觉得改为"我的楼盘谁做主？"为好。（金桂儿）

楼上的这么一改确实显得又简练又有分量，但在我的印象里好像没有标语用疑问号的，标语一般都是表示很坚定的决心很坚决的态度，所以，我倒是觉得不妨改为"我的地盘我做主"，愚人之见，仅供参考。（愚见）

老余，还是你聪明，这样一改真的好了很多，但我还是有两点建议，对不起，你知道我是搞汉语言文学的，喜欢咬文嚼字，我觉得将这七个字用一个逗号隔开显得更加简短有力，另外就是不要用地盘二字，因为这让人感觉有点占山为王的土匪习气，所以，我建议改成"我的楼盘，我做主"，不知可否？让余大师见笑了（老男人）

从"楼盘是业主的，权力也是业主的"到"我的楼盘，我做主"。显然，标语的动员能力明显提高。在标语被生产并最后被优化的过程中，业主通过他们早已建立起来的社区网络顺畅地交流自己的意见和建议，提出自己的新创意。融合性社区网络为标语提供了一个加工和优化的平台。通过融合性社区网络，那些容易理解的、认同的甚至得到赞赏的标语和口号被保留，那些难以理解的、较少认同的标语或口号被修正或淘汰。在一个缺乏广度和密度的社区网络中，一个标语或口号提出只能是在一个有限的小圈子经过讨论的产物，甚至是单一个体不假思索的作品。这样的标语或口号往往只有较低的认受性和反响度。

口号或标语是集体行动的压缩式符号表征，它表达参与者的利益诉求、策略与决心。标语或口号具有动员潜在参与者对集体行动的同情、支持和参与，以壮大集体行动的功能。因此，在冲突性集体行动的动员过程中，标语或口号扮演着非常重要的角色。共产党领导革命，非常重视标语的宣传鼓动作用，所以，她每开展一次运动，都会到处喊口号，贴标语。在 KC，同样借鉴了共产党的运动策略，悬挂了一些很有号召力的标语。而且，因为这些标语是通过 KC 融合性社区网络打造出来的，吸收了很多业主的意见和建议，表达了大部分业主的利益诉求和坚强决心，因此也就具有很强的动员潜能。

（五）JD 的社区网络与意义建构

在本小节，笔者几乎没有提及 JD 小区对社区问题的意义建构。并不意味着 JD 的组织者没有进行意义建构的努力，还是因为 JD 小区离散性社区网络使他们的努力毫无成效。

在对 JD 小区的考察过程中，笔者明显感受到业主的集体认同感低，或者根本就没形成集体认同感。他们绝大部分都不喜欢这个社区，都只是把这个小区作为过渡性的居所，"条件成熟了，我会把这里卖掉，另外找个地方"，大部分访谈对象如是说。集体认同感需要个体认同感之间的不断融通，但是，在 JD 这样的离散性社区网络中，个体认同感是难以相互连通的。因此，也就无法形成集体认同感。

对于 JD 小区存在的许多问题，比如公共维修基金下落不明、管理费不断增加、管理质素低劣、业委会失职、房管局越权等等。尽管问题很多而且延续的时间也比较长，但是，大部分业主对这些问题都蒙在鼓里，毫无知觉。许多业主不知道自己交了公共维修基金、不知道公共维修基金应属于业主所有、不知道首届业委会已经成立、不知道首届业委会是为开发商服务的、不知道DT 物业公司不具有物业管理资质等等。他们很大程度上就没有感知到自己所遭遇的严重的利益剥夺、[①] 当然更不知道危害的来源、也不知道通过集体行动要争取的目标、更不清楚达到这个目标要用什么样的手段。当然，JD 那些组织者和积极分子已经对自己所处的情境进行了比较明确的界定，他们试图将自己的解释框架与其他业主的进行联合。克兰德尔曼斯认为初级群体较容易对当下社会情境产生集体定义。[②] 因为在初级群体中成员之间倾向于和重要他人讨论并比较自己的解释。[③] 但是，在 JD 小区，离散性的社区网络不仅使业主之间不愿意进行沟通，即使有人主动进行沟通，也难以获得劝说性沟通[④]对象的信任。

> 为了让 JD 业主醒悟，让大家对 JD 的问题有个统一清醒的认识，我敲过多少家的门，那时是 7 月天，广州最热的时候，我一层一层地爬，我挨家挨户敲，我想把小区存在的严重问题告诉大家，让大家好有点行动。可是我发现好多业主对我不理不睬、不冷不热，有时稍微热情点但好像也只是在敷衍我，当然也有些还是蛮接受我的观点，可这样的业主很少。花了个把星期宣传，也没说动几个人，成不了什么大事，最后就只好不了了之（JD 业主 13）。

---

① 当然，对于管理费明显增加这样的剥夺还是能体验到的。

② Klandermans. Bert, 1989b. "Grievance Interpretation and Success Expectations: The Social Construction of Protest." Social Behaviar4: 134 – 35.

③ Festinger, Leon. 1954. "A Theory of Social Comparison Processes." *Human Relations*7: 117 – 49.

④ 劝说性沟通类似于框架联合和共意动员。

在这个案例中,这位积极劝说的业主尽管投入很大的精力来进行共意动员,但是,他的共意动员没有获得成功。对于他来说,可能会感到不可理喻。究其实,乃是因为小区离散性社区网络使然。离散性社区网络导致业主之间的集体信仰难以培育。迪吉阿莫在对学生抗议的研究中发现,某个行动者的劝说努力能否成功,取决于他或她的信仰和劝说对象的信仰的切合程度。① 显然,由于 JD 业主之间缺乏互动,也就没有形成集体信仰,因而他们之间的信仰切合程度相对较低,共意动员也就难以成功。

集体抗议的社会建构是发生在不同行动者之间的、决定谁的情境定义将获得胜利的一场斗争。② 在 JD 小区的共意动员进程中,同样出现了以少数业主积极分子组成的"支持部类"和以开发商物业公司为首的"反对部类"之间就情境定义展开争夺的一场斗争。

我们几个想让 JD 的业主知道真相,发动业主一起来维权,但开发商物业公司就从中作梗,不择手段要蒙蔽那些不明真相的业主,听从他们的使唤。阻吓我们的宣传活动,我们在小区那些显眼的地方贴大字报,发倡议书,他们物业公司的人就跟在后面把大字报撕掉,把倡议书收起来。开发商还在业主面前造谣中伤我们,向各家各户发传单,把我们的照片印在传单上,说我们几个根本不是小区的业主,是社会上的流氓,向他们物业公司勒索诈骗,结果物业公司不买账,他们就煽动 JD 业主来造反,想报复开发商和物业公司,要业主提高警惕,小心上我们的当,破坏小区的安定,影响小区的房价。结果那些业主真的就信了他们的妖言了,倒过

---

① Di Giacomo, J. P. 1980. "Intergroup Alliances and Rejections with a Protest Movement: Analysis of Social Representations." *Europan Journal of Social Psychology* 10: 309 – 22.

② Klandermans. Bert, 1989b. "Grievance Interpretation and Success Expectations: The Social Construction of Protest." *Social Behaviar* 4: 221 – 35.

来帮开发商物业公司的忙。骂我们要钱不要脸，唯恐天下不乱，还威胁要把我们赶出去。（JD 业主 21）

在这场情境定义的争夺战中，开发商取得了胜利，那些积极维权业主的解释框架不仅没有争取到业主的支持，积极分子本人反而受到其他业主怀疑、反对和唾骂。劝说性沟通能否取胜，在很大程度上取决于劝说代理人和劝说对象之间的社会距离。在 JD 小区，尽管那些积极分子和劝说对象都是 JD 业主，但是由于他们之间缺少互动，处在一种离散性的社区网络之中。劝说代理人和一些业主之间的社会距离反而大于开发商物业公司和那些业主之间的社会距离，所以，在这两个部类争夺话语主导权的过程中，开发商物业公司争取到更多的劝说对象，而积极分子却落得个好心没好报的结局。

在 JD 小区，不仅其内部关系网络的离散性影响了集体行动的意义建构，而且 JD 的外部关系网络也影响了抗议的社会建构。在第四章介绍两个小区的社区网络时，笔者发现 JD 小区的外部关系网络同样处于离散状态。JD 业主不仅没有和政府、开发商建立强纽带，而且和媒体也没有建立联系。在抗议的社会建构中，大众媒体扮演着非常重要的角色。[①] 任何一个集体行动都包含着意识形态的包装和反包装，而大众媒体尤其承担了在一个社会中传播意识形态包装的责任。[②] 可见，如果支持部类和媒体有着良好的关系，媒体就有可能为支持部类传播或包装他们自己的情境定义。但在 JD 小区，由于没有媒体方面的熟人，他们对抗议的社会建构也因此受到严重制约。

---

① Gamson, William A. 1989a. The Strategy of Social Protest. 2d ed. Belmont, Calif. : Wadsworth.

② Gamson and Modigliani, 1989. "Media Disourse and Public Opinion on Nuclear Power." *American Journal of Socliology* 95 : 1 – 38.

　　我早就想通过报纸或电视台把 JD 小区的事捅出去，可是在那些部门找不到自己的人，我好不容易左拐弯右拐弯，才托熟人和一位报社的记者说上话，可是我把来意一说，他就当堂打了退堂鼓，不敢了，为什么，我要他报道的那些事牵涉 JD 开发商，开发商和他们的报社关系好得不得了，每年要在他们的报纸上做几十万的房产广告，也算是他们的衣食父母，现在说到要向全社会告发他，那简直是要断报社的财路，没戏，开发商和这些报纸电视台的关系强过和我们这些小业主的关系 100 倍。后来又托人找记者，情况和这个差不多，就我们和他们这种关系，根本就不可能让他们冒丢饭碗的风险。我们要宣传，开发商就破坏，要曝光，又找不上关系过得硬的记者。总之，一句话，在这个社会，没关系万万不能啊！（JD 业主 19）。

　　而在 KC，情况正好和 JD 相反，这个小区有一些业主本身就是一些大众媒体的从业人员，他们的同学或者同事也是媒体从业人员。这种和媒体建立起来的紧密的关系网络使得 KC 业主掌握了对问题进行社会建构的主导权。

（六）小结

　　借助 KC 发达的社区网络，集体认同感被培育出来，"规划路事件"的性质得到清晰的界定，抗议的目标被清楚地标注，维权行动的策略不断得到优化，维权的标语或口号被不断地提炼。集体行动的意义建构由于得到业主的广泛参与，凝聚了业主对社会现实的集体认知。因而具有高度的认同度和反响度，也因而具备了高度的动员潜力。而在 JD 小区，由于社区内部关系网络和外部关系网络都处于离散状态，所以，JD 业主没有就小区的公共权益所遭受的危害、造成危害的根源、危害的性质、因应危害的策略、要达成的目标形成一个集体性的解释框架，或者说个体的认知没能上升到集体性的社会建构。可以说，JD 没有就小区问题进行集体层面的意义建构，即便集体性的意义建构业已形成，但这个建构的认受性相当低，反响度也相当低，因此，其对 JD 业主的动员潜能也相当微弱。通过考察比较和分析，笔者将两个小区社区网络对意义建构的影响列表 8 - 2 如下。

表 8 - 2　社区网络对意义建构的影响

网 络 特 性		融合性（KC 小区）	离散性（JD 小区）
意义建构	集体认同	强	弱
	问题论述	集体性	个体性
	策略	认受性高	无
	口号或标语	共意性高	没有出现
结　　论		动员能力强	动员能力弱

第三节　社区网络与情感生成

理性选择模型对于集体行动动力机制的揭示的一个重大缺陷在于忽视了情感（如不满情绪、剥夺感、友谊和团结感）对于行动者行动选择产生的影响或者过分强调理性的制约作用，认为情感所造成的行为冲动总是屈从于理性。甚至把"情感维系"与"理性利益"对立起来，因而不仅贬低了前者，而且掩盖了社区关系和社区根基感对许多人来说是不能同他们的个人利益相分割的这一事实。[①] 这种理性决定论遭到了越来越多社会运动理论家的批判和唾弃，开始对情感在集体行动中的作用给予应有的关注。尽管一些理论家认为不满情绪或剥夺感并不能自动地或轻易地转化为可见的集体行动（社会运动）——尤其是高风险的社会

---

① Calhoun, Craig. 1988. "The Redicalism of Tradition and the Question of Class Struggle," in Michael Taylor, ed., Rationality and Revolatuion. New York：Cambridge University Press.

运动。[1] 但并不能因此否定情感对于集体行动发挥的重要影响力。从直接经验（比如愤怒或喜悦）之中，人们获得了自己的判断视角，并学会了向霸权性的秩序所提供的价值定义发起挑战。遭受压迫的人们尤其需要情感并看重情感，并把它作为受文化的理性标准鄙视的价值观和群体进行肯定的手段之一。[2] 作为集体行动的促发因素的情感如何产生，显然，孤立的个体并不可能产生这些情感，这些情感都是"在一个集体情境中被社会性的建构起来的"。[3] 也就是说，这些情感是在行动者所处的社会网络中逐渐培育起来的。

（一）KC 小区的积极情感

在 KC 进行调查和观察的过程中，笔者明显地感受到这个小区的业主之间的亲情、友情、喜爱、热爱、尊敬、感激等等积极情感。这些积极情感通常在基于血缘、姻缘或地缘的传统社区中生发。但在 KC 小区，也存在类似于传统社区的积极情感。

1. KC 人的自豪感和热爱之情

在 KC 观察和调查阶段，笔者从 KC 业主的言谈中从他们的交往中感受到业主对他们居住的社区强烈的热爱和自豪感。绝大部分 KC 业主都把 KC 当做自己的家、一个可爱的窝。在对 KC 业主的访谈中，业主谈起 KC 总是在它前面加上"我们"做前缀。在 KC 的业主网站上，有个醒目的标题："KC，我可爱的家园"，在论坛上，业主总是以"KC 人"自称。他们深深地热爱他们的家园，为拥有 KC 这样一个家园而感到自豪。

---

[1] Zald, Mayer N., and Bert Useem. 1987. "Movement and Counter-movement Inter-action: Mobilization, Tactics and State Involvement," in Social Movement in an Organizational Society, ed. Mayer N. Zald and John D. McCarthy. New Brunswick, N. J.: Transaction Books.

[2] Jaggar, James, and Jane Poulsen. 1989. "Animal Rights and Anti-Nuclear Protest: Condensing Symbols and the Critique of In-strumental Reason." Photocopy.

[3] 艾尔东·莫里斯：《社会运动理论的前沿领域》，刘能译，北京大学出版社，2002，第 9 页。

　　我不是这里的业主，我两个儿子是这里的业主，他们都很喜欢这个小区，我知道这里很多人都喜欢这个地方，为什么呀，主要就是这个小区有一点和其他小区不同，就是邻里关系好，在其他小区里面，大家彼此防着，住上十年八年也没打过招呼。这里就不同，年轻人他们都有一大帮熟人，老年人也都有自己的圈子，一出门随便走一走就可以碰到几个可以说上几句话的邻居，这样就和我住在老家一样，一点也不觉得孤独，我在这里住上好几个月了，也很喜欢这个地方了，这里挺好的，你（指作者）也来这里买个房吧。（KC 某业主的父亲）。

在 KC 小区的业主网站上，许多业主的帖子充分表达了他们对 KC 的热爱和作为 KC 人的那份自豪。笔者从中摘录了一位业主在 KC 网站的维权专栏上发了这样一个帖子：

　　KC 绝对是我最正确的选择！不是因为 KC 的房子，而是因为 KC 的好邻居们！！

　　我们要用自己的力量来维护我们热爱的 KC。我们不要基层政府的任意摆布！我们有一群活跃在我们家园的优秀的热血青年，他们正直、善良、进取，他们朝气蓬勃；他们曾经为了伏击猖狂一时的"飞车党"不计得失，甘冒风险，为 KC 的安宁通宵达旦守护在 KC 周围；他们为了维护 KC 人引以为傲的文化默默地坚持着自己的原则：谦卑、谨言、慎行。与他们为邻，让我们引以为傲，视之为福；他们必定是我们利益的坚定维护者，称职的代言人！这才是我们的希望，我们的选择！（KC 某业主）

这种热爱之情和自豪感并非空穴来风，除了 KC 小区优美的环境、雅致的设计、优质的管理，更重要的是缘于 KC 小区高密度的社区网络。由于高密度的社区网络，使 KC 业主体验到现代都市难得的和睦、温馨和相互关怀。使业主可以体验到传统社区那种家园般的感觉。使业主可以轻易发现社区里可爱的人和事。

一个和谐的社区网络培育出热烈的喜爱之情，这种对 KC 的喜爱之情自然能转化为业主参与集体行动的一种重要驱动力。笔者和几位维权积极分子进行交流，当问到他们为什么愿意为 KC 小区的公共权益投入那么多时间和精力时，很多人的答案中都表明，对 KC 的热爱是驱使人们积极参与的重要动力。

> 如果不是因为喜欢这个地方，舍不得 KC 这样一种融洽的邻里关系，我不会那么卖命的去维权，像这样子的房子这样子的环境广州有的是，但像这样子的邻里关系却是难得遇到的，我好喜欢这样子的一种氛围，就像住在自己的老家，温馨、舒适、恬美……不管怎么说，这种感觉我太喜欢了，这是花钱都买不到的。但如果真要建一条规划路将小区一分为二，那这一切就可能被破坏了，美好家园被毁，这是我无法容忍的事情，所以，我要尽我所能来阻止这条规划路，现在，尽管为这个事我贴了钱又贴了时间，但我觉得值。（KC 业主16）。

2. KC 人的尊敬和感激

情感是通过人际互动来传递和交流的，人际网络越是紧密，则情感的流动和交换就越是可能达成。在高密度的社区网络中，组织者和积极分子为 KC 的维权所奉献的热情具有高度的可见性，当 KC 人看到这些组织者和积极分子为 KC 所作的贡献时，应对他们报以尊敬和感激之情。

笔者从 KC 的网站上下载了一些业主对维权积极分子表示尊敬和感激的帖子：

> 看房时，我和 MM 商量说，我们年轻人，选择邻居比选房更重要，看了 KC 论坛的阻击"飞车党"，等事情，我们

选择了 KC。昨天我和老婆说，我们生活在一个团结上进的小区，我为我们的选择感到高兴。今天看到你们①那么晚了还在为我们 KC 奔忙，我们想说一句，邻居们，你们辛苦了。（小鱼儿）。

为业主服务的邻居们，你们辛苦了！你们是幸福的！因为你们是被所有业主祝福的！！（愚见）。

在出现"敌情"的时候，我们开始懂得团结一致对外了，"伏击队"的兄弟姐妹们是好样的，东东（一业主网名）每次和同事朋友讲起这一段，就兴高采烈，神采飞扬的，仿佛自己亲身经历一般，尤其是 N 辆小车追杀"飞车党"，直到车比路②把飞车党撞下车然后生擒的事情，现在想起来仍然是热血沸腾。在此仍然要再说一次：追杀"飞车党"的各位好朋友，你们辛苦了！我们因你们而自豪！（豆腐西施）

对维权会所有英勇站出来为 KC 未来而无偿工作的邻居表示敬意，俺因为人不在 GZ 常驻，不能参加维权会和各位一起战斗很是着急，今晚回到 KC，才得知规划路事件，猛然发现战火已经烧到家门口，感谢临时维权委员会几天来为保卫家园所做的辛苦工作。（无为）。

古，③ 这几天最累的就是你了，每天工作时间都超负荷，白天跑政府职能部门，晚上还要开会，总结、安排明天的工作。看着你熬夜熬得发红的眼睛，看着你这几天就瘦了一圈，我们能帮你的总是那么少，我们只能说我们支持你，你辛苦了！（行者孙）

感谢本报④的无私奉献！有空我请你去洗脚，嘻嘻，放松一下，嘿嘿，腿好你才跑得更快！呵呵，辛苦了！敬爱的

---

① 指 KC 小区的维权积极分子。
② GZ 市一条街道的名称，距 KC 小区大约有十几公里。
③ KC 维权领袖，一位报社记者。
④ KC 维权领袖古的网名。

本报!!! 啊，KC 哪里有难，哪里就有他的身影! 当年在网上看到邻居自发打伏击的时候，我热血沸腾了，报名参加战斗，联系人就是本报，打通他手机，他在四川，我说："反正都打通了，讲完一分钟吧，你出差吗?"他说："不是，有个朋友这边给偷了，我赶过来看一下能不能帮什么忙! 明天就回 KC!"他给我第一个感觉就是，这个人真热心，有这样的朋友的人才是幸福的! 后来就开始庆幸自己买 KC 的决定，孟母三择邻就是为了邻居的素质，我不用再搬了。这次当 KC 规划线出来时，本报才去北京出差，我当时就想，如果他在就好了，没想到他居然在晚上赶回来了，我只能说 KC 有他是 KC 之福!（武术家）。

他（注：维权组织者古）流了很多汗，那天看到他跟其他委员回来，衣服不知干湿了几回，全是白色的盐渍，头发也没时间打理了。嗓子嘶哑了，即使带着劲浪，也不管用。（绿面桃花）

KC 人除了通过互联网来表达对组织者和积极分子的尊敬和感激，在实际生活中，KC 人用言行来表达对他们的尊敬和感激。笔者参加了 KC 的业主大会，亲眼看到一些业主走到台上发言时，绝大部分都要首先对这些维权积极分子表示尊敬和感激，还有一位业主甚至当着几千位业主对这些积极分子深鞠了一躬，而台下的业主对他的行为也致以热烈的掌声。在大会之后，一些业主围住那些组织者，向他们表示感激。

KC 人何以能产生和表达这种尊敬和感激? 除了组织者和积极分子本人对社区公共利益的积极贡献，还要具备其他两个条件，一是组织者和积极分子的贡献要有高度的可见性，也即业主要能够看到他们所作的贡献；二是那些业主的尊敬和感激也要具有高度可见性，也即组织者和积极分子要能够感受到业主对他们的尊敬和感激。这两个条件的满足依赖社区网络的融合性，只有在高密度的网络之中，人们的言行和思想才比较容易被察觉和感知。而在离散性网络之中，人们之间的能见度是很低的。KC 的融合性社区网络为尊敬和感激之情提供了温床。

业主的尊敬和感激对于那些积极分子来说是一种积极的奖赏，当他们从社区网络中体验到这样令人愉悦的感情回报时，他们反过来会增加对这个网络的情感投入。

> 说实话，现在业主面对的是有权有势的开发商和政府，要维权真是很艰难，我为自己的事都没有感到这样难受过，枪打出头鸟，我们这些带头的更是要付出百倍的艰辛，花时间花钱都算不了什么，可怕的就是生命都受到威胁，更难受的是人格也要受到侮辱。说实话，我为自己家里的事都没有这样操劳过，我有时觉得自己这样做也不值，但是，当你看到邻居们那么的尊敬你、感激你，让我感动得不行，一个人受到那样的尊敬和感激，连命搭进去都值啊。（KC 业主古）。

显然，KC 小区的融合性社区网络有利于尊敬和感激之情的生发、传播和感知，而且对这些接受了这些尊敬和感激之情的积极贡献者产生了参与和促成集体行动的强大内驱力。

3. KC 业主的友情和亲情

在 KC，许多人都有自己的朋友圈，在笔者的所有访谈对象中，90% 以上在这里有自己的朋友网络。当然，有些朋友网络并不是到 KC 之后才建构起来的，一些业主在购房时就把自己朋友网络尽可能地移植到社区网络中，和拉亲戚一起来购房一样，许多业主在购房时也把自己的朋友拉了进来。

> 我 KC 的朋友有一大帮，不过很多在没来 KC 之前就是好朋友，有的是业务上的，有的是感情上的，有的是兴趣上的。我想如果能和这般朋友住在同一个小区，那生意上可以有更多信息、在这里也不会感到孤独，还有可以一起闲聊，

太爽了，所以，我就千方百计把要好的朋友都游说过来，其实，他们也有和我一样的想法，所以，我的几个好友先后在KC买了房。（KC业主23）

但是，更多的业主是入住了KC之后扩展了自己的朋友网络。在购房阶段，KC准业主已经开始建立联系，但是这种联系是工具性的，他们建立这样的关系网络并非以寻求精神性支持为目的，他们只是想获得更多关于KC的信息，房屋质量怎么样？房屋的价位怎么样？开发商是什么背景？过往的表现如何？随着时间的推移，他们的议题不再局限于购房，扩展到购房以外的议题，而且参与网络之中的准业主也随之增加，互动也更加频密。一位业主回忆起当时的情境：

> 开始我们这些素不相识的业主在21CN的房产论坛上交流，在这里，互联网把我们连到了一起，我们和骏景的XDJM斗成语接龙，我们的论坛人气一直都是满堂红的头名，我们在论坛上斗嘴，我们在论坛上联谊，我们为争取五颗星而自己制作带五颗星的头像……好多好多。别的小区看着我们不大的小区却有如此大的人气而羡慕，也为户外（一位KC业主的网名）的爱情帖而惊讶（说句实话，我现在都没看懂），然后，我们一起和香斑竹翻脸（是她不对），又集体地搬家到了SOHU，然后又在蕾猪和YOR-KIN带领下，最后有了我们自己的窝，温暖的窝。（KC业主09）。

而业主入住KC之后，通过KC的互动的网络空间（业主网站）和物理空间，在各种需求的牵引之下，社区网络更进一步扩展，各种年龄群体在各种共同需求的驱动下组建了多元交叠的社区网络。这种较为紧密的社区网络为业主提供了重复互动的机会。这种重复际遇使得很多普通的邻里关系变成了特殊的朋友关系。因为重复际遇使得业主可以找到和自己偏好、见解、价值观类似的人或者在需求上可以互补的人，这些发现增强了邻里之间的社会吸引，驱使他们进行更多的互动。久而久之，KC 业主之间的友情得以发育和成长。

一位业主讲述了入住 KC 之后和另一位业主发展友情的经历。

> 在 KC，古（业主领袖）是我最铁的哥们，但说实话，我刚开始认识他的时候对他印象很差，觉得怪怪的，有点不正常，留着很长的头发，又不修边幅，好像那些街头的烂仔，说心里话，我当时有点不敢接近他。但后来有位 KC 的朋友约我去聚会，在那次聚会上我知道他原来还是南方一家很有名的媒体的记者，后来我留意了一下他的文章，很有才气，我平时也喜欢玩玩文字，开始对他有点好感了。后来我们 KC 业主自己组团旅游，结果那次又遇上他了，一路上看到他对别人很照顾，在四川爬九寨沟时，很多人累得不行，他就替他们背包，一共背了 5 个人的包，那次之后我觉得他这个人够体贴，对他印象更好了。后来 KC 组建伏击队，那次我也参加了，古是发起人，他表现很好的，在最危险的时候总是冲在最前面，通过那次接触，我觉得这个人真的够朋友。后来就越来越喜欢和他交往，现在，我可以说，我们成了生死兄弟了。(KC 业主 14)

这位业主和古之间的友情很大程度上得益于紧密的社区网络，尽管业主古的才华、人品是促使他们发展友情的内因，但是，如果没有这样的社区网络为他们提供多次交往的机会，业主古可能永远都是这位业主心目中的一个怪人，一个不可接近的人，他们之间根本不可能产生友情。但 KC 的社区网络是融合性的，这样他们就有了多次交往的机会，才让他认识到了业主古的才华人品，才让他产生了和他建立朋友关系的冲动。这正如柯林斯所言，重复际遇中的互动与交谈着的人们，倾向于产生积极的情感与感情。①

KC 小区是一个完全商品化的居住小区，社区成员组成完全是市场机制下业主自由选择的结果，通常来说，商品小区中传统社区的血缘姻缘关系并不存在。为什么 KC 业主之间会存在亲情？

笔者对 KC 人进行的访谈中发现，有不少业主在 KC 都有自己的直接或间接的亲戚。这里绝大部分业主都是年轻的外来移民，为了在日益冷漠的现代都市获得宝贵的精神性支持和一些工具性支持，或者为了和自己的亲属共同分享这个小区的优美宁静舒适，一些业主在购房时或入住后就将基于血缘和姻缘关系的亲情网络拉进了 KC 小区。

> 我的弟弟和妹妹都在广州，在没买房子前我们就有个约定，一定要在同一个小区买房，这样平时相互之间可以有个照应，遇到什么麻烦事情可以相互帮扶，还有，我们的父母接过来住就很方便，免得要东奔西跑，这样子很辛苦的。就这样，我们三姊妹就都在 KC 买了房，住在一起了。（KC 业主 19）

> 我比我弟弟和两个表妹先来 KC，但我入住小区之后，我觉得小区的环境很好，物业管理也不错，再加上房价也比较合理，我就想把我的亲戚都拉过来，我就为 KC 做了义务推销，向我的弟弟和表妹推荐，他们来看了房子，感觉不错，就在 KC 二期下了订单，后来的弟弟又把他的姨妹和小舅子也拉了过来，我的表妹则把他的堂兄也拉过来，这样算下来在 KC 我的亲戚就有七八个。（KC 业主 21）

笔者在调查中碰到一位老人，他有 4 个儿子，4 个儿子都先后在这里购置了房产，他觉得这样很好，感觉就好像在自己的农村老家，今天这家看看，明天那家看看，儿孙满堂，其乐

---

① Randall Collins. 1981. "On The Micro-Foundation of Macro-Sociology," *American Journal of Sociology* 86：984 – 1014.

融融。

不管是何种理由何种方式，反正是一些 KC 业主一进来就引入了自己的亲情网。亲情网络成为 KC 社区网络的重要组成部分，这种特殊网络的存在，让很多业主一住进小区就能体验到只有传统社区才有的温情。当然，在这里，是业已存在的亲情影响了 KC 社区网络的建构。但反过来，这种社区网络也会加深业已存在的亲情，因为同处一个小区，空间距离的接近大大降低了他们之间的交往成本。[①] 交往成本降低有利于促进人们之间的交往，随着交往的增加，他们之间的亲情会进一步加深。在和一位业主的交谈中，笔者明显可以感受到社区网络对亲情的促进作用。

> 我的两个表妹，是我舅舅的两个女儿，我舅舅是"文化革命"时去新疆支边的，在那边成的家，这两个表妹我从来没见过，她们两个后来也来广州工作，我买房子的时候就把他们两个也拉上了，她们也在小区买了房子，原来我和她们之间觉得很陌生的，见了面都不知说什么好，现在我经常和她们来往，一起吃吃饭、打打牌或到白云山爬爬山，交往久了，我和她们之间感情越来越深了。(KC 业主 16)

KC 小区的亲情和友情，增强了群体内部凝聚力，也有助于集体行动的动员。看到自己的亲友参与维护公共权益的活动中去，只要不是那种高风险的政治活动，人们通常会基于亲情或友情的考量也给予理解、支持和配合。在 KC 小区维权行动中，许多参与者在一定程度上受到了这种亲情或者友情的牵引，而选择了为集体行动投入时间或金钱的抉择。一位业主向笔者讲述了她参与这次维权行动的经历：

---

① van der Poel, Mart. Personal Networks: A Rational-Choice Explanation of Their Site and Composition Netherland: Swels & Zeitlinger B. V. Lisse, 1993.

其实，KC 开始维权的时候我并不太关心，我觉得这些事自己不管总会有人来管，我们 KC 是个藏龙卧虎的地方，多我一个少我一个都没有什么大不了的，后来有天傍晚散步经过物业管理处的时候，看到我的好朋友海姐姐正在和其他几个业主商讨维权的事情，我才知道她参与了这件事，而且为此已经奔波了好几天，人瘦了，脸也黑了，眼都成熊猫眼了，都是为维权的事操的。我当时看了心酸酸的，我们平时处得像姐妹一样的，能不伤心吗？于是我也决定参加了，不参加就太不够朋友了，做朋友就应该同甘共苦，我的其他几个好姐妹知道这个事，也都参加进来，有的做志愿者，有的搞宣传，有的做文书。(KC 业主 17)。

在 KC 小区紧密的社区网络之中，KC 业主体验到的主要是亲情、友情、喜爱、自豪、感激和尊敬等等积极情感。情感网络理论认为，当人们预期将体验到一种积极情感时，他们将趋于投入这些相遇，当在相遇中确实得到了这些积极情感，那么个体与他人的情感联结就会增强，随着个人—他人联结的加强，这些他人就能从该人那里体验到一种积极的情感，作为结果，他们就会发展与该人的联结，因此，积极情感对于群体团结具有核心作用。[①] 皮纳德在对加拿大魁北克省的信贷党运动的研究中发现，建立在组织和网络关系上的人与人之间的凝聚力才是人们加入一个社会运动（或集体行动）的关键。[②] 尤森在对波士顿的反校车法运动中发现，那些做出参与集体行动选择的人往往是对自己的社区感情较深的人。[③] 而在 KC 快速的集体行动动员中，一定程度上是建

---

① 乔纳森·特纳：《社会学理论的结构》，邱泽奇译，华夏出版社，2001，第114 页。

② Pinard, Maurice. 1975. The Rise of a Third Party: A Study in Crisis Politics. Montreal: McGill-Queen's Press. : 181 - 219.

③ Useem, Bert. 1980. "Solidarity Model, Breakdown model, and the Boston Anti-busing Movement." *American Sociological Review45*: 357 - 369.

立于 KC 业主之间积极情感之上的凝聚力发挥了相当重要的作用。

（二）KC 人的消极情感

在早期社会心理学研究中，剥夺感、不满、疏离、紧张、挫折或认知不协调等情绪因素被视为集体行动的主要诱因，而且这些消极情感是通过即时聚合的群体成员之间的相互传染而引爆集体行动的。而实际上，这些消极情感并不一定要通过即时的现场的人际互动来传播，亦可以通过既存的关系网络来传播。通过紧密的社区网络，一方面可能使消极情感得以传播和蔓延，使个体层面的消极情感上升为集体层面的消极情感；另一方面可能使消极情感得以强化，尤其在与对立方联系弱化或完全断裂的情况下。如果能借助现代化的通讯设备，亦可能加快这些消极情感的传染速度。

在 KC 小区，消极情感主要是业主针对政府和开发商的不满，政府规划部门进入小区画线进行道路规划的场面当时只有几个人发现，亦当即引起这几位现场目击者的强烈不满，这只能算是停留在个体层面的不满情绪。但是由于 KC 紧密的多元交叠的社区网络，这种个体层面的不满迅速通过网络得以传染，不过两天时间就上升为集体层面的不满。一位熟悉规划路事件来龙去脉的业主向笔者陈述了不满情绪在 KC 蔓延的经过。

> 路政规划部门的人来我们 KC 画线那天是 7 月 28 日，大约下午 3 点多，正好是 KC 的年轻人都去上班的时候，我估计他们是有意挑选这个时候来划的，当时天气热，在室外的人很少，但也有几个老人（业主的父母）发现了这些人在用白灰画线。他们马上去问原因，知道是要从小区中间修路，老人非常气愤，并马上给他们的子女打电话，又把他们自己认识的那些人叫出来，这样马上就集合了 20 多个老人，他们人多势众，很快制止了画线。而那些从他们父母那里得到消息的业主马上和他们自己圈子里的人打电话，对政府和开

发商的不满和愤怒很快从一个圈子传染到另一个圈子。到傍晚下班回家高峰的时候，我们 KC 的正门已经围了一堆堆业主或家属，他们在议论修规划路的事，一脸的激愤，言辞也比较激烈。而那些下班回家的业主即使没人告诉他们，看到这个场面也知道发生了什么事，自然也加入了这个不满的队伍。（KC 业主 18）

而如果借助互联网这类现代通讯手段，这些消极情感可以得到更快速的传递。KC 小区有高度普及的互联网使用率，在传播不满情绪的过程中，自然借用了这个发达的互联网。而互联网的借用确实发挥了加快不满情绪传播的功能。

在 KC 小区规划路事件的当天下午，一位业主在他的办公室接到现场目击者（他的父亲）那里打来的电话，马上在 KC 的社区网站最醒目的位置发了帖子，打出"KC 危急，家园危急"标题，下面陈述了施工单位偷袭 KC 小区画线的详细经过。据笔者记录，这个帖子在当天晚上 2 点为止，点击次数达到 6350，回复帖子数达到 1600。在这些回复帖子中，绝大部分都是表达对开发商和政府的强烈不满。

> 我已经出离愤怒了，无良的奸商！无良的政府！典型的官商勾结！（鞑靼贵族）
>
> 我们的自由与民主已经被这群恶棍粗暴地强奸了！（户外的酒店）
>
> 我们的所有权利与尊严已经被所谓的公仆无情地踩蹒了!!!我踢，我踢，我踢踢踢！（雷霆 7）
>
> 几十年攒的钱想让自己有个可以住的地方，换来的却是无奈、满腔的悲愤以及无法发泄的恨、恨、恨!!!如果真的修了这个路的话，如何不恨呐！政府无视我们这些人民最基本的生活要求！我们靠自己的血汗钱来买一套房子，为何顷刻间让我们的心血就这样变为满腔的悲愤呐？如何能不恨

政府，不恨规划部门对我们最基本生活要求的践踏呐!!
（卫格尔）
……

借助发达的社区网络，不满情绪在 KC 小区快速传播。同时，这种网络还可能使消极情绪得到强化。布鲁默、K. 兰和 G. 兰的"循环反应论"认为情绪在群体成员之间经过双向循环感染将不断强化。[①] KC 业主在网站上讨论规划路事件时的一段对话正好印证了这种观点：

> 业主 A：规划路可能是原来就有的，而开发商隐瞒了这一事实，它欺骗了我们广大业主。
>
> 业主 B：我们这么信任开发商，但它却是这样子对待我们这些善良的野猪[②]。
>
> 业主 C：有些事你们可能不知道，其实开发商已经干了很多对不起我们 KC 野猪的事情，我是一期的业主，我对他们的罪恶清楚得很。第一件……第二件……第三件……
>
> 业主 D：真是太可恶了，无商不奸啊!
>
> 业主 A：我想不清，这些开发商为什么可以这样为所欲为，目无法纪。
>
> 业主 F：是啊，我原来是在 JQ 住的，那里的开发商比这里的还要可恶，业主要是造反，开发商就搞保安或黑社会的人来"镇压"，我的一个亲戚就因为带头向开发商讨公道被开发商派来的人捅了几刀。
>
> 业主 G：开发商的罪恶太多太多了，它为什么这么猖狂，原因在哪里，就是因为有政府的人为他们撑腰，或者他们本身就是政府的人或者和政府有千丝万缕联系的人。

---

① 巴克：《社会心理学》，南开大学出版社，1984，第 178 页。
② 业主的谐音。

业主 B：房地产与政府某些领导狼狈为奸，典型的官商勾结，最有钱的和最有权的绑在一起，老百姓哪里还有说话的地方。

业主 H：这世道太黑暗了，太丑恶了，政府腐败是罪魁祸首，某些腐败分子已经走到了人民的对立面，应该把这些家伙统统送上西天。

通过上面的对话可以分析出，在没有得到政府和开发商积极回应之前，这种不满情绪可能通过紧密的社区网络持续发酵，由指向某个目标上升到指向某个阶层或集团，由比较温和的不满上升到怨恨甚至仇恨。

尽管集体行动的情绪中心论受到过严厉的批判，但是，不满情绪对于冲突性集体行动产生的驱动力是不可否认的。在 KC 小区维权行动中，参与者对开发商和政府的不满甚至怨恨冲淡了甚至淹没了对行动得失的理性计算。当问及一些参与者为何参与这次集体行动时，不满和怨恨虽然不是唯一的原因，但至少是其中重要原因之一。

人在世间一口气，开发商和政府欺人太甚了，我们实在受不了了，只要能让我出了这口恶气，我花再多的时间精力都舍得，都无所谓。（KC 业主 21）

为维权的事，我①这一个月都没写几篇稿，原来一个月拿 6000 多，但是那个月我只拿到 1000 多。肉掉了七八斤，这些你能去计较吗？钱少了点没有什么了不得，最让我难受的是受了委屈没地方诉，我现在这么拼命，为的就是出这口怨气，现在我们赢了，这比我多攒几千块钱要爽多了，痛快痛快。（KC 业主 14）

---

① 这位业主是报社记者。

通过热情参与而释放出来的社会运动的能量，是经由关于团结、共同分享和完整一体的情感而生成的，并不是仅仅由于参与成本的降低或实现群体目标的期望的升级而引发的。[①] 在 KC 的集体维权过程中，在社区网络中孕育出来的友谊、自豪、热爱、尊敬和感激等等积极情感大大加强了 KC 业主群体的内部凝聚力，也是借助 KC 发达的社区网络，由开发商和政府对业主的权益侵犯所引致的剥夺感、不满情绪等等消极情感得以在 KC 小区快速传染和发酵，成为业主克服搭便车积极参与维权的强大驱动力。

（三）JD 小区的情感因素

与 KC 小区不同，JD 小区的业主在购房时并没有自主选择权，这种带福利性质的房产属于政府提供的公共产品，其配置必然受到政府的严格控制。政府对 JD 小区住房的购置权进行严格的限制，并且对申请购房者的资格进行严格的审查。这个过滤机制削弱了购房者选择的自主性，使他们不可能像 KC 小区业主一样可以把自己原有的关系网络带入新的社区。由于资源占有上的不利地位，导致他们缺乏像 KC 小区业主那样多样化的有效需求、媒介和技术，因而没能建构像 KC 小区那样紧密的社区内部网络和外部网络。与 KC 小区相比，他们建构的社区网络是离散性的，小区内部成员之间较少联系，小区业主与政府、媒体之间的联系更是处于割裂状态。

这种低密度的社区内部网络使 JD 业主之间没能培育出像 KC 业主那样的亲情、友情等积极情感，隔阂、冷漠成为 JD 业主之间的感情基调。这样的社区网络所导致消极情感和信任缺失，使集体行动组织者和积极分子的资源动员遭遇了重重阻力。在组织者和积极分子挨家挨户去敲门争取业主签名成立业主委员会筹备

[①] 艾尔东·莫里斯：《社会运动理论的前沿领域》，刘能译，北京大学出版社，2002，第 379 页。

组时，他们遭遇了被一些业主拒签、猜忌、防范、嘲讽、拒之门外的尴尬。

> 我们 JD 小区有 30 多栋楼，都是没有电梯的，要找他们签名，得一层一层的爬，签名的那几天，我不知爬了多少层楼梯，腿酸了，脚肿了，这些我都不在乎，最让我委屈的是业主对我的态度，你敲他们的门，他们从门眼里先看你是谁，因为我们平时都没有接触过，所以彼此都不认识，看到是一张不熟悉的脸面，一些业主连门都不会开，还有一些则开了缝，对着你左看看右看看，把你当贼一样防着，像审犯人一样查你户口，问你来干什么的，你跟他费了半天口水，有些还好，会给你面子签个名，有的不买账，拒不签字，本来是大家的事，却搞得好像我是小化子，要求着他，唉，我原来在国有企业里好歹也是个官，从来没有受过那样的委屈。(JD 业主 06)

> 大家平时没来往，不认识，疑神疑鬼也是难免的，我去求业主签名，同样会遇到这些麻烦，但远不止这些麻烦。他们不信任你，不相信你的为人，你的用心，你的能耐，说到底，大家不熟悉吗。凭什么让人家相信你，有的业主说，我给你签个名，你好拿去和开发商讨价还价为自己谋好处，自己得了好处就不管大家的事了，这样的事太多了；有的业主心里想，我知道你是什么样的人，到时候业委会成立了，说不准也是那种贪污蛮横的人，让业主多一个冤家对头，要知道，这样子的事在其他小区就出现过，大家一起打江山，打下江山结果又多出个南霸天；还有的人就是对你的能力不相信，开发商都是通天的人，你扳得过他们吗？你懂法律吗？你能说会道吗？让大家和你闹事，会不会浪费时间精力？有了这些疑问，好心点的会劝你算了，胳膊扭不过大腿的，不客气的会讥笑你，说你自不量力。说来说去，还是因为平时大家来往太少了点。(JD 业主 05)

在一个高密度的社区网络中，业主之间有高度的可见性，这使得积极分子的贡献被其他业主发现成为可能，也让其他业主对这些贡献做出的回报（尊敬和感激）被积极分子发觉成为可能。但是，在低密度的社区网络中，积极分子的贡献难以为其他业主所觉察，其他业主就不可能对他们报以"无缘无故"的尊敬和感激，甚至有可能在其他不确定或错误信息的误导之下，对那些为公共利益作出贡献的积极分子报以敌视或怨恨。

> 我为 JD 的事前前后后加起来大概有一年时间，但最后落个什么下场，受到开发商派来的黑社会的人殴打，这个还不算，最让我难受的是一些不明真相的业主不仅没有支持我，反而说我破坏了小区的正常秩序，说我想自己捞好处，说我作风不正。我后来才知道，这都是因为开发商、物业公司还有原有那帮业委会的人在造谣，他们利用物业公司送催款单的机会给业主发传单，传单上把我的相片也复印上去，在上面说我如何如何的坏，要大家警惕我，不要理睬我，一些业主也真的信了，因为他们也不认识我，不知道我的为人，相对来讲，他们和物业公司的人要熟悉些，所以就信他们的。所以，我找业主签名的时候，一些业主对我很不客气，要我不要唯恐天下不乱，还要威胁我说，如果闹事影响到房价下跌就找我算账。我这辈子从来没受过这种冤屈。（JD 业主 09）

在 KC 小区，紧密的社区网络使得那些为公共物品作出贡献的人获得了积极的情感奖赏，在 JD 小区，却因为低密度的社区网络造成业主行为之间的低能见度，使为公共物品作出贡献的人不仅没有得到应有的情感激励，反而遭遇了一定程度的精神惩罚。这种状况导致原有的组织者和积极分子从集体行动的动员中退出，而新的组织者和积极分子陷入难产的困境。一位和笔者保持联系的 JD 小区的早先组织者在表白他维权的心路历程时有这样一段话：

> 好心不得好报，这就是我在 JD 维权过程中的总的感受，
> 我自己好心维权，劳心劳力，却落得个两面不得好，一和你
> （指笔者）谈起维权，我就感到心酸心寒，以后，我再不会
> 去干这种傻事，哪怕 JD 小区有天大的劫难，只要保我自己
> 能躲则躲，能逃就逃，万一逃不了，那要死一起死，不过，
> 我现在已经准备离开这个小区了，只要政策上允许卖这个
> 房，① 我就打算搬到另外一个小区去了。（摘自 JD 业主 11 给
> 笔者的来信）

当人们预期将遭遇或实际遭遇到消极情感时，他们就会避
免这些相遇，逃避相遇的倾向强化之后，群体的团结就大大
降低了。② 由于 JD 小区的社区网络是离散性的，这种网络没有产
生像 KC 小区那样的积极情感，也难以产生像 KC 那样的群体凝
聚力。

（四）小结

社区网络的密度和情感的产生有高度关联，KC 高密度的社
区网络培育出了亲情、友情、自豪、尊敬和感激等等积极情感，
这种积极情感如黏合剂一样可以加强群体的凝聚力；另一方面，
指向对立方（开发商和政府）的不满通过这样发达的社区网络而
快速传播和发酵，从而起到凝聚士气，强化参与集体行动的驱动
力。相反，JD 小区低密度的社区网络却阻碍了积极情感的发育，
组织者和积极分子的贡献也难以为他人所见，同时，低密度的社
区网络为不确定和错误信息误导提供了机会，这使积极贡献者不

---

① 经济适用房的出售在一定程度上受到限制。
② 乔纳森·特纳：《社会学理论的结构》，邱泽奇译，华夏出版社，2001，第
114 页。

仅不能获得应有的情感激励，反而可能遭遇负面激励。

通过考察两个小区社区网络对情感生成的影响，可以发现，社区网络对情感的显著性影响，为了更清楚地显示二者的关联，笔者特列表8-3予以直观的表示。

表8-3 社区网络对情感生成的影响

网络特性		融合性（KC小区）	离散性（JD小区）
情感生成	积极情感（内）	强	弱
	消极情感（外）	强或强化	弱或弱化
对集体行动生发的影响		高凝聚力	低凝聚力

第四节 小 结

社区网络的形态影响着对现实的意义建构、情感生成和理性计算，意义建构作为对社会问题"是什么、为什么和怎么办"的一种集体认知，是引发情感和利益权衡的基础。

在KC小区，借助它的融合性网络，集体行动话语即对小区业主群体所面临的冲突的共同认知得以快速和广泛的建构起来，借助KC的融合性社区网络，KC业主的集体认同感得以强化、行动策略得以优化、对问题的论述趋于集体性、口号或标语共意性提高。具有高度共意性的意义建构能对个体行动者产生较强的动员潜能；而在JD小区，由于它的离散性网络，使得业主群体难以快速而广泛地形成对所面临的利益冲突的集体认知。由于业主之间的关系网络处于离散状态，因此，集体认同感弱、策略未经优化、对问题的论述认受性低、没有提出行动的口号或标语，所以，其话语的动员能力相当有限。

网络具有传递和激发情感的功能，不同融合性的社区网络对社区成员的情感培育产生的影响力有别。凭借KC小区的融合性网络，KC业主之间的积极情感（如亲情、友情、喜爱、尊敬、感激等）得以传播和激发，业主对侵害利益方（如开发商、政府）的消极情感（如不满、怨恨等）得以快速蔓延和发酵；而在 JD 小区，离散性社区网络不仅使业主之间难以培育积极情感，而且对外的消极情感也难以传播和发酵，当然，在突发事件的刺激之下，对外的消极情感可能以火山喷发式的形态喷发出来。无论是对于积极情感还是消极情感具有相互传染和发酵的作用，内部的积极情感和对外的消极情感越强烈，则对于行动者产生的驱动力越大。

社区网络的融合性对集体行动的潜在参与者的理性计算也会产生相当大的影响。社区网络对信息的传递量、对个体行动者的监控能力和激励能力、对组织者的保护功能、对组织者和积极分子的供给水平以及潜在行动者对成功的预期都高度关联。由于 KC 的融合性社区网络，KC 业主获得的信息量大、受到监控的可能性强、贡献者被发现而受到激励的几率高、组织者和积极分子供给水平高、受到保护的可能性大、个体行动者对成功的预期也相对较高，因而，潜在行动者对行动的预期收益为正，倾向于做出有利于集体理性的行动选择。而 JD 小区网络的离散性特点，自然也窄化了信息的来源，缩小了信息获取量同时也阻碍了信息的传递，业主得到的信息既有限也比较迟缓，由于网络离散性导致业主之间的低能见度，使得积极分子的贡献和搭便车行为都难以为他人所察觉。所以没有形成有效的监控机制，也就不能产生激励机制，在这种离散性网络中，积极贡献者不仅难以得到保护，而且容易被暴露而招致反对派的打击报复，为集体行动承担更大的风险成本；网络的离散性也大大降低了组织者的供给水平，出现组织者供给陷入困境；在这些因素的综合作用下，使得业主难以做出趋向于集体理性的行动选择。在这种网络之中，潜在行动者对参与行动的预期为负，更趋向于做出搭便车的行动选择，从而难以达成追求集体权益的集体行动。

因而，相对于融合性社区网络，在离散性社区网络之中的群体成员参与集体行动的可能性要低。

为了更清楚地显示社区网络对个体行动选择及集体行动生发可能性的影响，笔者将两个小区比较结论汇总成表8-4。

**表8-4 社区网络的特性与个体行动选择及
集体行动的可能性的影响**

网 络 特 性		融合性社区网络	离散性社区网络
情感生成	积极情感（内）	强	弱
	消极情感（外）	强或强化化	弱或弱化
	结论	高凝聚力	低凝聚力
意义建构	集体认同	强	弱
	问题论述	集体性	个体性
	策略	认受性高	认受性低
	口号或标语	共意性高	没有出现
结 论		动员能力强	动员能力弱
理性计算	信息传递量	大，趋于集体理性	小，趋于个体理性
	监控能力	高，搭便车成本高	低，搭便车成本低
	激励功能	强，贡献者收益大	弱，贡献者收益小
	组织者供给水平	高，其他个体成本降低	低，其他个体成本提高
	保护功能	强，风险成本低	弱，风险成本高
结 论		行动预期收益为正	行动预期收益为负

在融合性社区网络中，生成的情感能产生较强的凝聚力，对社会现实的意义建构又对个体行动者产生较强的动员潜能，对行动成本和报酬的计算结果是预期收益为正。这三方面因素都推促个体行动者做出参与集体行动的选择，因而绝大多数的潜在行动者将选择参与，集体行动的生发也就成为可能。而在离散性社区网络中，网络对三方面因素的影响都促使个体行动者做出搭便车而规避集体行动的选择，所以，集体行动也就难以达成。

综上所述，社区网络越是融合，则个体行动者越有可能做出参与集体行动的选择，集体行动也就越有可能产生，反之，集体行动就越难以产生。换句话说，融合性社区网络提高了集体行动生发的可能性，而离散性社区网络却降低了集体行动生发的可能性。

本章探讨的只是社区网络对集体行动产生影响的一个方面，在集体行动出现之后，社区网络对集体行动的表现形态和绩效又会产生什么样的影响。这是接下来笔者要深入探讨的问题。

第九章
社区网络与集体行动的绩效

本章主要论述"社区网络与集体行动的绩效"。这一章分成两个小节，第一节论述社区网络对集体行动形态产生的影响（其中包括对集体行动的规模、集体行动的组织化程度和集体行动的暴力程度），第二节则在第一节的基础上论证社区网络对集体行动的绩效产生的影响，集体行动的绩效包括两个方面，即群体绩效和社会绩效。

第一节　社区网络与集体行动的形态

齐美尔对社会冲突的研究有独到的贡献，他最早提出社会冲突的积极功能，认为社会冲突有助于社会整合、有利于社会稳定和促进社会发展。但是，这些积极功能的发挥不是无条件的，只有当冲突的激烈程度维持在不至于颠覆整个社会结构和社会秩序时，它的积极功能才能有效发挥。而社会冲突的激烈程度是与冲突的表现形态息息相关。

社区网络对集体行动的可能性产生影响，在同样面对结构性冲突的情境之下，融合性社区网络使集体行动更可能发生，但并不意味着离散性社区网络之中不存在集体行动生发的可能性，只是说在这种网络中集体行动生发可能性较低。在外部介入或者突发事件的刺激之下，亦有可能爆发集体行动。尽管在不同的社区网络之中，集体行动都有可能发生，但是在不同社区网络之中，集体行动是否受到社区网络的影响而有不同的表现形态？这正是本小节要深入探讨的问题。本文将集体行动的规模、集体行动的组织化与集体行动的暴力程度界定为集体行动的形态。本章将专门考察社区网络对集体行动规模、组织化程度和暴力程度的影响。

（一）社区网络与集体行动的规模

集体行动的规模与群体成员的参与度有关，在同等规模的群体之间，成员的参与度越高，则集体行动的规模越大，反之，集体行动的规模就较小。

群体成员是否参与集体行动受到意义建构、情绪和理性计算的影响，而网络作为符号（信息、观念、价值、规范、消息等）、物质（物质事物，也可能是符号，比如金钱）和情感（赞赏、尊敬、喜欢、高兴等）流转的载体或管道。[①] 个体对社会现实的意义建构、个体的积极情感和消极情感和个体据以进行理性计算的各种信息能否通过网络快速广泛地流转，在很大程度上依赖于网络的规模和密度。在融合性网络中，群体成员的认知、情感和信息能够广泛而快捷地传递和融合。这种情感、信息和认知的高度可达致性容易建构具有高度共意性的集体认知（话语）、培育群体内部的强烈的积极情感和形成以追求公共利益为主的集体理性，而高度共意性的集体认知、积极情感和集体理性能产生更强的动员潜能，驱使人们做出参与集体行动的抉择。所以，在融合性社区网络之中，社区成员在集体行动中的参与度要比割裂性社区网络中的社区成员的参与度高。

本文在阐述 KC 小区和 JD 小区的集体维权行动时，对两个小区业主参与集体行动的情形有所描述。在 KC 小区的集体维权中，业主的参与度较高，有三四千人参与了业主大会，据 KC 业主的

---

① Barry Wellman, 1983. "Network Analysis: Some Basic Principles," *Sociological Theory*, 55 –57.

估计，有将近 80% 的业主或业主家属参加了业主大会。相较于 KC 小区，JD 小区的业主的参与度明显低于 KC 小区，即使在受到突发事件的刺激之下，亦只有 150 人左右参与了冲突事件。显然，这两个个案能说明社区网络的特性对集体行动的规模产生的重要作用。

（二）社区网络与集体行动的组织化程度

本文将组织化视为集体行动者组织的技术条件、政治条件和社会条件的满足程度，按照达伦多夫的观点，组织的技术条件的满足程度有赖于领导者或组织者的供给和行为规则的形成；组织的政治条件依赖于统治者对相反利益取向的组织的许可；组织的社会条件与群体成员相互沟通的机会以及招募成员的机会相关。但是所有这些影响集体行动组织化程度的相关因素，都受到了网络的制约。

1. 网络特性对领导者的供给和规则的形成产生影响

集体行动有否可能以及能否成功，与领导者的供给有着重大关联，领导者能否顺利产生主要要看集体行动者是否愿意将其行动的控制权让渡并集中到某一个体或某些个体，而这些被让渡控制权的个体（即领导者）必须是被其他行动者视为能为他们获取利益的。要成为这样的个体（领导者），必须具备作为一个领导的多方面的特质，如忠诚、热诚、警觉、精力、荣誉感、聪明、团队精神、可信赖度、自信、正直、毅力、决心等人格特质；老练、同情心、耐心、威信、对他人的信任等社会特质；身高、体重、长相、身着等生理特质。[①]不过，所有这些关于领导者的特质的信息必须可以达至那些让渡行动控制权的其他行动者，换句话说，潜在的领导者必须为其他行动者所认知。这个传播信息或为他人认知的过程在很大程度上须凭借非正式网络。所以，

---

① H. L. Smith and L. M. Krueger, 1933. "A Brief Summary of Literature on Leadership," *Bulletin of the School of Education* (Indiana University), vol. 9, no, 4.

非正式网络会制约领导者的生产，不同特性的网络影响领导者的供给难度。在离散性网络中，群体成员的特质难以为他人所认知，因而即使具备领导特质的个体也难以被其他行动者发现，而被他人将行动控制权让渡给这位潜在的领导者。在融合性网络中，由于群体成员之间有着频繁的互动，个体的特质容易为群体其他成员所认知，那些具备领导特质的个体容易为群体成员发现并被推举出来，成为其他行动者让渡行动控制权的对象。

在 KC 小区，业主借助这个小区的融合性网络，发现了那些有能力有魄力有品格值得信任的业主，当 KC 的公共权益受到损害的时候，这些具备领导特质的业主如果能主动出面组织集体维权行动，往往能一呼百应，在短时间和较大范围内获得业主的支持，成为富有成效的业主领袖。即使没有主动出来组织集体行动，也可能受到其他行动者的极力推荐或拥护而成为集体行动的领导者。

在 KC 小区的集体维权行动中，业主古之所以能够成为其他业主让渡行动权的领导人物，不可否认他本人所具备的领导特质是让 KC 业主推举他为领袖的内因。但是，如果没有 KC 小区融合性的非正式网络，业主古极有可能成为"养在深闺人未知"的深宫怨妇。笔者再次引述第六章第三节的一段访谈记录来论证网络对于领导者供给的重要意义：

> 古在 KC 是很有人脉的，他在 KC 有很多的朋友，在 KC 网站上，他也是非常活跃的人物，他在 KC 发帖数排在第二，据我估计，KC 业主十有七八都认识他，即使没有见过面，也清楚他的人品和能力。我当然对他很了解，因为我们很早就是好朋友，他是记者，人聪明机灵，又好学，读了很多书，也走了很多地方，很有见识，他为人没得说，豪爽大气，很能服众，他在大学就担任学生会主席，也蛮有组织才能，我们 KC 以前搞过几次大活动，都是他带头搞的，都很成功。对我们 KC 的事他算是头号热心人。规划路事件出来

之后，开始有点群龙无首，各路人马虽然都一心维权，但方式方法各有千秋，难以齐心。我当时就想到，KC 出了这么大的事，没有古恐怕不行，但他不在 KC，在北京开会，准备开完会后直接飞往香港旅游，我和他联系上，其实那时已经有七八个业主和他联系了，还有一些不知道他联系方式的业主在网站上发了一些邀请他来主持大事的帖子，都希望他能赶紧回来组织维权，本来他是想利用这次机会好好轻松一下，要知道，他是名记者，平时很辛苦的，好不容易才抓住一个放松的机会。开始他有点犹豫，但看到那么多业主朋友信任他，推举他，他忍痛放弃了那次公费旅游，第二天乘飞机赶回广州，着手组织这次的维权行动。（KC 业主林）。

显然，古是一个"聪明机灵、又好学"、"有组织才能"、"很多业主信任他"、"头号热心人"、"豪爽大气"的人，已经具备作为一个领导者的性格特质。但他这些特质为什么能为其他业主所感知所发现？是因为古"人缘好"，因为 KC 小区业主之间存在的多重归属的人际关系网络。

在 JD 小区，组织者的供给能力相当有限，这并不意味着 JD 小区业主中缺乏具有领导特质的人，JD 小区离散性非正式网络使得有关业主个体的信息的传播受到阻滞，那些具备领导特质的业主难以让其他业主感知、发现和接受，因而难以得到其他业主的支持和拥护。笔者在 JD 小区的调查过程中，发现在小区公共利益受到侵害的时候，也有一些业主积极组织维权。但往往难以获得其他业主的信任和支持甚至反而受到置疑、误解和抵触，而使集体行动陷入困境之中。尽管在这些积极分子中不乏具备领导特质者，但由于 JD 小区的离散性网络使得他们的特质难以为其他业主所发现，也因而难以获得其他业主的信任和支持。这是 JD 小区集体维权行动中组织者难以产生的重要原因。

一位 JD 业主向我讲述了他对一位维权积极分子①的误解:

> 其实要论能力论人品,这个老吴②是完完全全有资格做 JD 的领头羊。但大家不认识他,我本人也就是前个把月才认识他的。以前我就对他有很深的误会,对他还动过粗。他其实很早就知道这个 JD 存在的那些问题,就想号召大家来保护好小区的利益,不要让开发商物业公司榨我们太多的血汗。他心是好的,但这小区认识他的人太少了,对他没有信任,他说的那些没人听,后来开发商物业公司发些传单,说他这个人不是小区的人,是想诈骗开发商没成才想让大伙来造反,帮他报仇,我就信了那些物业公司的人,就对他很恼火,有次当面指着他的鼻子骂,要他少管闲事。现在想起来好后悔,就是因为不了解,后来就是那次和物业公司干仗,我被几个物业公司的围着打,他为了帮我解围,结果也受伤了。和我同住一个病房,那次我才算是了解他,哎!好人啦。能力人品都没得说了,为 JD 维权他赔了钱、留了汗、挨了打、还受了我们业主的冤枉气。这么好的一个人,我们要是早点听他的维权就好了。可惜哦!现在他搬走了,我觉得这可是 JD 的一大损失(JD 业主 16)。

JD 小区的老吴具备了做业主领袖的个人特质,他本人亦愿意主动承担这份责任。可是,JD 离散性的社区网络降低了老吴和其他业主之间的能见度,再加上开发商和物业公司故意裂解业主。使得老吴难以得到其他业主的理解、信任和支持,使得 JD 这位潜在的业主领袖陷入难产的境地。

社区网络对集体行动规则的形成也产生重要影响。所谓规

---

① 这位 JD 的维权积极分子因为对开发商物业公司的不满和对 JD 业主的哀怨,他选择了离开这个小区。
② JD 维权积极分子的尊称。

则，是指群体共同的信念，是群体成员行动的规定模式，是群体
用来管理成员行为的准则，让成员确知在各种不同的情境中，什
么行为可以做，什么行为不可以做。①

在没有强制力的情境下，非正式组织规则的形成依赖于共享
价值观、对规则的需求和对规则的认受。而共享价值观是在群体
成员之间的互动中形成，对规则的需求乃是出于群体成员对规则
缺失所导致的消极外部性的集体体验，这种集体体验也是通过人
际互动而获得；对规则（包括成文规则和不成文规则）的认受其
实是一个内化过程，而这个内化过程也是借助互动网络完成的。
因此，作为衡量社区成员互动状况的社区网络，对于规则的形成
有着至关重要的影响力。在融合性社区网络中，社区成员更容易
培育出共享的价值观、更容易体验到对规则的迫切需求也更容易
就一些规则达成一致同意。

在 KC 小区的维权行动中，出现了许多明示规则和暗示规则
来约束集体行动的参与者，这些规则的生产在很大程度上是凭借
了 KC 小区的融合性社区网络。其中，业主大会章程的形成过程
尤其能够佐证社区网络对规则形成的重要约制力。

为什么 KC 要制定一个成文规则来约制业主的行为，回顾前
文第四章，在规划路事件出现之后，采用何种策略来维护小区的
利益，KC 业主争论相当激烈，激进派主张采取立即行动，去静
坐、示威、游行、堵公路；保守派则主张先看看形势，最好做到
温和理性，千万不能让政府抓住把柄；中间派主张先礼后兵、认
为首先还是要理性温和，通过法律途径、通过和政府或开发商沟
通协商来解决问题，通过媒体来施加舆论压力。万一不行，可以
采取激进一点的方式来维护权益。在激辩中，保守派和温和派都
受到了批评和质疑，中间派的意见受到了包括激进派和保守派在
内的一致赞同。于是，"依法理性有序"成为 KC 业主在维权方

---

① D. W. Johnson and F. P. Johnson. 1991. Joining Together-Group Skill. Englewood Cliffs, NJ: Prentice-Hall.

式上达成的一种共享的价值观。

正是在形成上述共识的基础上，就有了对维权行动系列规则的需求。在要召开业主大会前几天，一些业主已经在网上和网下就业主大会的规程方面展开广泛的讨论。在 KC 网站有人开辟了业主大会专栏，有业主围绕大会规则展开讨论：

> 业主 A：据我判断，参加业主大会肯定有 4000 人左右。
>
> 业主 B：4000 人，那么大的场面，一定要组织好，组织不好，出了乱子就完了。
>
> 业主 C：是，好端端的小区要搞一条规划路穿堂过，大家心里不好受，万一控制不好，恐怕会出现情绪失控。
>
> 业主 D：这么多人一旦情绪失控，那后果不堪设想，JJ 小区就是因为业主情绪失控，结果发生业主和物业公司员工的流血事件，物业公司的办公设施全部被毁坏，好几位业主被打成伤残，那几个带头的被刑拘。
>
> 业主 E：这样一来性质变了，被政府抓到了把柄，说他们是破坏公共秩序。
>
> 业主 B：即使我们自己不乱，也要防止开发商物业公司的人故意派黑社会的人来捣乱，我原来住的那个小区开业主大会的时候，原本好端端的，结果开发商派来的人故意在里面搅局，把事情搞砸了。
>
> 业主 F：看来这次大会的组织问题大家要高度重视才行啊，弄得不好，可能会前功尽弃，维权不成，我们 KC 的那些领袖都可能受牵连啊？

通过业主的一番讨论，大家将有关集体行动失序的体验进行了交流，形成了害怕"失序"的一种集体体验，使业主体认到对集体行动进行规范的必要性。

如何规范集体行动？也即制定一个什么样的规则来规范集体行动者的行为？KC 业主就此借助小区网站展开讨论，有人在规划路维权专栏发了帖子"关于制定业主大会章程（草案）的征求稿"。连续几天，这个帖子被连续点击达 5000 次，回复帖达 2500次。业主就业主大会章程进行深入交流，一个又一个草案被提出，业主针对这些草案提出批评和建议，仁者见仁，智者见智。草案不断被增补、修改、或删减，经过业主广泛参与，终于形成了一个 KC 小区首届业主大会章程的定稿。由于篇幅有限，笔者不能将讨论的过程一一详述。

从 KC 业主大会章程（规则）整个制定过程看，从共享价值观的形成到规则必要性的集体体验再到规则的出台，都建立在业主互动的基础之上，当然，这种互动的产生是基于 KC 小区业已建构的融合性社区网络。没有 KC 既存的社区网络，就没有 KC业主频繁的互动，业主之间没有互动，就无法形成共享价值观，没有形成"温和理性有序"的共享价值观，就不会产生对行动无序后果严重的集体体验，也就不会体认到规范行动的必要性，没有业主互动，就不会形成一个具有高度认受性的业主大会章程。

对于 JD 小区而言，由于业主之间处于离散状态，没有互动就难以形成共享价值观，也就不可能形成对某种危害的集体体验，也就不能建立对某种集体行动的规范。

可见，与 JD 小区这种离散性社区网络相比，在 KC 小区融合性社区网络之中，其集体行动组织的技术条件能得到较高程度的满足。

2. 社区网络与政府对组织的许可程度

本文所指的社区网络不仅包括社区内部成员之间的非正式关系网络，而且也包括社区成员与外部组织或个体的关系网络。外部关系网络中涉及社区成员与政府职能部门或政府代理人之间的关系。尽管政府对与之存在潜在冲突的组织有着天生的警惕、反感和抵触，但是，在其他条件都相当的的条件下，与政府及其代理人保持强非正式关系的组织与存在弱非正式关系组织更容易得到政府的许可。

在 KC 小区的维权行动中，业主先后成立了正式的维权组织，如 KC 维权小组、KC 维权委员会、KC 业主委员会筹备委员会等等。这些组织的成立虽然没有向政府职能部门报批,但政府并没有采取行政手段取缔或禁止他们的活动,而是采取了视而不见的默许态度。尽管有一些政府领导提出要对这些组织的领导者进行制裁,但因为政府部门的一些职员或领导和这些组织的头目存在较为密切的非正式关系而使他们在第一时间获得内幕消息而得以采取相应的保护策略。

一位和政府关系密切的 KC 业主向笔者讲述了政府相关领导对 KC 业主组织的态度分歧和变化:

> 我在市政府工作,我有位很好的朋友是市政府办公室副主任,他告诉我,市委准备就我们小区规划路的事专门开会,规划局的领导已经向市政府和市委告状,说我们 KC 有几个业主成立非法组织准备干扰政府的规划和聚众闹事影响政府正常办公。① 管市政建设的副市长听了很恼火,准备专门开会来讨论取缔 KC 小区的"非法组织"。我听了这个消息之后,赶紧和维权委员会的人说了,要他们采取对策,他们马上召开会议,把我也拉进去,会上他们做了决定,一方面赶紧以全体业主的名义向市委市政府写陈情书,并委托我和我那位市政府办公室的朋友在最短时间内把 KC 业主的陈情书送到副市长手里;另一方面也发动广大业主以个人名义向市委市政府写请愿书。尽量让副市长充分了解规划路真相、我们业主遭受的损害和我们维权的决心。这些策略很快见效,关于处理 KC 小区非法组织的会议被取消,副市长派人去规划局调查情况,没有下文,但对 KC 小区的维权组织也没有采取什么强硬态度,换句话说,就是睁一只眼闭一只眼。(KC 业主 19)

---

① KC 维权委员会带 50 位业主去规划局核查五图一书。

政府对 KC 维权组织的态度发生变化，由原来的准备取缔变成后来的默许，KC 小区与政府代理人之间的这种强连带至关重要。如果没有在市政府工作的 KC 业主，没有这位业主从在市政府办公室得到内幕消息，没有这位业主的朋友及时将 KC 业主的请愿书送达副市长的办公桌，KC 的维权组织极有可能中途夭折。

而在 JD 小区，尽管业主经过近 3 年的努力，也未能如愿以偿成立维护业主权益的自主组织。尽管在 JD 业主成立权益组织的过程中，政府或其代理人并没有直接出面禁止或阻挠维权组织的组建，但他们要么充当开发商和物业公司的后台，支持后者阻止业主成立维权组织。比如 JD 小区有十几位业主聚在小区一块空地上讨论维权事宜，被物业公司以非法聚会的名义用高压水龙头进行驱离，而政府对物业公司的非法行为采取默许的态度。

> 我们业主在一起商量小区的事，凭什么就说我们非法聚会，你物业公司有什么资格说我们合法非法的，即使我们是非法聚会，你物业公司也没权力来镇压我们。我们不服，就找区政府的人，区政府的人说得很含糊，说有什么矛盾可以通过合法途径向政府反映，我们就说就是商量成立业委会的事，他们说要成立业委会也应该由街道和物业公司牵头，不是由你们自己牵头，还拿出本《物业管理条例》来要我们好好学习。我们业主和政府的人没关系，有理都是没理。开发商物业公司衙门里有的是人，没理都是有理。（JD 业主 21）

政府要么使用权术来阻碍业主成立自主组织，比如房管局故意将 JD 小区业委会筹备小组成员的审批手续延误半年，并且在最后审批时将筹备委员会里那些积极维权的业主以种种借口从筹委会里刷下来。

> 其实我很清楚，政府特别是房管局，它就怕成立业委会，一有了真正代表业主的业委会，就给他们添乱添麻烦，

害得他们浪费时间精力。所以，他们就想让业主像一盘散沙，这样就闹不成事，也就不会影响安定团结的大好局面，上面的领导也就喜欢。这样，他们就变着法子要让你成不了。我们 JD 业主自己报上去的业委会筹备小组，在房管局整整审批了 6 个月，说没时间是假的，不让你办是真的，搞了半年下来，那些真正带头维权的积极分子全部取消资格，是些什么理由，一个因为拖欠了半个月的物业管理费，一个为的是曾经违反计划生育，还有……反正是蛮好笑的理由，哎！衙门里要有个关系过得硬的人就好说话多了，但住在这里的人就没有，要有的话，也不会住在这里。(JD 业主 17)。

显然，对于 JD 小区的自主组织，政府及其代理人尽量采取了阻挠和禁止的策略，许可度相当的低。之所以如此，在一定程度上是因为 JD 小区和政府或其代理人缺乏必要的联系，政府及其代理人对这些不熟悉的业主要成立自己的维权组织心存疑虑，生怕又成为一个麻烦增长点，而业主由于和政府关系疏离而对政府确实存有较大的怨恨和敌意，这一点使得政府对业主组织保持更高度的警觉。

所以，在融合性网络中，社区组织的政治条件可以得到较大的满足，相反，在离散性网络中，社区自主组织的政治条件难以得到满足。

3. 社区网络与组织的社会条件的满足程度

社区网络的特性与其组织的社会条件有着更为直接的关联，组织的社会条件的满足依赖于群体成员之间沟通的机会和组织招募成员的机会。显然，网络的广度和密度和成员沟通以及成员招募机会之间的关联是显而易见的。在融合性社区网络中，社区成员之间有更多的机会进行沟通，这种网络也为组织的成员招募提供了更多更为便捷的机会。

在 KC 的维权过程中，进行了多次的招募活动，比如招募宣传员、招募政府游说队、招募志愿服务队、招募法律工作者、招募放哨员、①　招募大会秩序维护者等等。每一次招募，都相当顺利、非常踊跃。一位维权组织者向笔者讲述他们招募放哨员的经历：

> 我们 KC 维权委员会那次开会决定要搞一个规划路预警机制，需要招放哨员，这事当然老人家最合适，我一开完会回家就和我老爸老妈说了这个事，话是晚上说的，第二天下午我老爸老妈就告诉我，他们已经搞起了放哨队，成员不少，五六十个，都是老头子老太太，我问他们怎么这么快，我老爸说早上去打太极的时候和太极小组的人说了，他们支持得很，这些人还去拉其他认识的人，我老妈行动更快，她当天晚上唱歌的时候在唱歌队拉了一批人。两批人马合起来，我老爸就当了放哨队的队长。（KC 业主 14）

显然在放哨队的招募过程里，KC 发达的社区网络起了相当关键的作用，那位业主的老爸老妈都有自己的小圈子，他们的小圈子又可以连接到其他的小圈子，这样一个小圈子连着一个小圈子，一个小圈子牵着另一个小圈子，很快，放哨员就招募起来。

而离散性社区网络本身就意味着社区成员之间缺少沟通，在这种网络中，组织在招募成员过程中会遇到更大的阻力。笔者用不着去提讨论成员招募的事，成员招募是行动动员，一般说来，行动动员需要有一个集体行动组织，集体行动的行动动员总是在共意动员之后，而在 JD 小区，由于社区成员之间处于离散状态，共意动员都不见成效，行动动员就更加只能纸上谈兵了；更何况，JD 小区没有出现一个正式或非正式的集体行动组织。

因此，在融合性社区网络中，社区组织的社会条件较容易得到满足，而在离散性社区网络中，其社区组织的社会条件相对难以得到满足。

---

①　放哨员主要任务是侦察规划路施工队的动静，一有情况马上向维权委员会报告。

综上所述，社区网络的特性对于集体行动的组织化程度有着重要意义，融合性社区网络中，集体行动的组织化程度更高，而相比之下，离散性社区网络之中，集体行动的组织化程度较低。

（二）社区网络与集体行动的暴力程度

只有在冲突性集体行动之中，才有可能出现暴力。由于本文所指涉的集体行动是冲突性集体行动，暴力程度是它的特性之一。暴力程度受到哪些因素的影响，齐美尔认为，冲突群体之间的整合度越低，投入的情感越多，则暴力程度越高；群体成员越是视冲突超越于自身利益和个人目标之上，则暴力程度越高；冲突群体的利益越是得到清晰的表现，他们的目标就越清晰和集中，目标越清晰，则越有可能采取讨价还价与妥协的暴力程度较低的手段。[1] 达伦多夫亦对冲突性集体行动的暴力程度有较为深入的研究，他认为，冲突群体之间的互动越少，暴力程度越高；组织的技术、政治与社会条件越得不到满足，暴力程度越高；冲突群体之间相互调节达成协议的能力越低，则集体行动的暴力程度越高。[2] 科塞在对前人的研究加以综合的基础上，发展出 3 个关于集体行动暴力程度的命题，当群体在现实问题上卷入了冲突性集体行动，他们更有可能寻求在实现利益的手段上达成妥协，这样，冲突更不具有暴力性；当群体在非现实问题上卷入了冲突，情感唤起与卷入的程度越高，这样，冲突越具有暴力性，尤其是在以下情况，即冲突涉及核心价值观以及冲突持续的时间较长；如果群体之间功能相互依赖程度越低，吸收冲突和紧张的制度化程度难以实现，冲突越具有暴力性。[3] 从这些论述中，可以

① George Simmel. 1956. Conflict and the Web of Group Affiliation, trans. K. H. Woft, Glencoe, IL: Free Press.

② Ralf Dahrendorf. 1958. "Toward a Theory of Social Conflict," *Journal of Conflict Resolution* 2: 170-183.

③ 乔纳森·特纳：《社会学理论的结构》，邱泽奇译，华夏出版社，2001，第180页。

抽取几个影响集体行动暴力程度的关键变量，即情感卷入、群体目标的现实性、冲突群体之间的互赖程度、冲突群体之间的协调能力。这几个变量都与社区网络有着直接或间接的关联。

首先，社区网络与冲突群体之间的互赖程度的相关性。冲突群体之间的互赖程度越低，则他们吸收冲突和紧张的制度化程度越难以实现，他们之间的冲突也就越具有暴力性。而冲突群体的互赖程度与社区网络的广度应当是互为因果的关系。与社区发生冲突的群体与社区成员之间的功能互赖程度越高，则社区成员和冲突群体越有可能发生关系，反之亦然。在 KC 小区，由于其业主拥有较多的文化资本、经济资本，因而可以与占有较多权力资本的政府代理人进行交换而相互获得更大的效用。所以，这个小区的业主和政府代理人之间存在较为密切的联系。

一位在广州某名校（中学）担任教师的 KC 业主向笔者透露他和市规划局领导认识的经过及其发挥的协调作用：

> 我是广州 YW 中学的老师，教高三，YW 你应该晓得，省重点，很有名的，好多领导的子女都在那里读书，我教书也 10 多年了，在这里教毕业班的数学也算是小有名气了，不是我吹，很多家长请我家教，后来市规划局的副局长经校长介绍，也找上门来，想请我给他儿子补补数学，我就这样和局长认识了。每个星期去他家里做两次家教，都说领导看不起老百姓，但我觉得局长对我可热情了，KC 出了规划路的事，上了报纸，局长也知道了，有天我上他家补课的时候，他就问起我们小区的事，他知道我住在 KC，我就一五一十地把大家心里的委屈全抖出来，反正和他熟，也就没顾虑，我还说，大伙这半辈子的血汗全搭在这房子上，万一要是毁了，连命都可以不顾的。局长听我这么一说，也觉得事态严重，要我回去做做其他业主的思想工作，不要冲动，他们会慎重处理这个关系到老百姓根本利益的事，我也按照局长的意思在 KC 网站上发了个帖子，劝大家要保持冷静保持

> 克制，说不能对政府全盘否定，也有真心为老百姓着想的。
> 我不知道是不是我和副局长说的这些话起了作用，反正规划
> 局后来确确实实把规划路改了。（KC 业主 16）

这位 KC 业主之所以能和规划局的局长建立关系，就是因为他有比较重要的文化资本——较强的教学能力。而局长的儿子正好需要他这种文化资本，他和局长之间就产生了互赖关系。这种关系使他有机会和局长就 KC 规划路的事进行非正式沟通，可以充分向局长表达 KC 业主的利益诉求和维权决心。借助和政府的外部关系网络传递 KC 的信息和情感。

相反，在 JD 小区，这个小区的业主文化程度和经济水平相对较低，他们和政府代理人之间的互赖程度相对较低，因而两个群体之间的联系也比较弱。

由于二者之间的因果关系，可以推知，社区网络越具有融合性，冲突的暴力程度越低，反之就越高。

再来考察社区网络的融合性与冲突群体的协调能力的关系。在融合性社区网络中，社区成员和对立群体或重要第三方存在较强的非正式关系，这种非正式关系的存在为社区与对立群体之间的协调开辟了非正式的沟通管道，沟通管道的存在在一定程度上提高了两个冲突群体之间的协调能力。但在离散性社区网络中，社区成员和对立群体或重要第三方有着较弱的非正式关系，这意味着两个冲突群体之间缺少甚至不存在沟通管道，这种沟通机会的缺失弱化了冲突群体之间的协调能力，将导致两个群体之间的冲突升级。在 KC 小区，由于一些业主和开发商、物业公司以及政府代理人有着良好的私人关系，通过这些关系，业主可以将自己的利益诉求传达给开发商、物业公司和政府代理人，而后者的意见态度也可以透过这些渠道反馈到业主。通过这些非正式关系所建立的沟通管道，业主与开发商、政府之间的协调能力得以提高。最后，二者都做出了一定程度的妥协，他们之间的冲突最终得以化解。政府同意修改规划路，而业主也体谅政府和开发商的

苦衷，同意让规划路从对小区影响最小的边缘地带经过。但是，在JD小区，业主和开发商、政府部门的非正式关系很弱，所以业主的利益诉求难以向他们顺利地传达，而他们的意见也难以为业主所知悉，结果二者之间的矛盾不断升级，导致最后的暴力冲突。

接下来分析一下社区网络的融合性与群体目标的现实性。冲突群体所追求的目标越现实越清晰，则冲突的暴力程度越低。反之就越高。群体目标的现实性明晰度与社区网络的融合性同样是有关联的。在本来只涉及利益冲突的群体之间，如果两个群体之间的关系越是融合的，则群体的目标越趋向于现实性，如果两个群体之间的关系越是离散的，则冲突的目标越趋向于非现实性。在KC小区，业主与开发商和政府之间的冲突是比较现实的利益冲突，尽管在冲突发生之初部分业主带入较强的情感卷入，对开发商与政府相当的不满，但由于业主群体与开发商及政府代理人之间有着较为密切的关系网络，业主努力开辟与政府和开发商的沟通管道并获得成功，良好的沟通使部分的怨气逐渐释放。

他们的追求目标逐渐集中到如何改变规划路的方案以使业主的利益损害尽量最小化。所以，在集体行动中业主尽量保持了平和理性有序，避免政府或开发商的强力反弹，以使冲突的烈度最小化。但在JD小区，尽管业主和开发商以及政府代理人之间的冲突在刚开始仅仅只是源于物业管理费和业主委员会利益代表性之争，但是由于JD业主和开发商及政府代理人之间平时没有建立起较为密切的非正式关系网络，业主即使努力与后者进行沟通，也未取得预期效果，正如一位业主所言：

> 我们其实和他们开发商的矛盾并不很深，很简单，就是为了一个利字，希望管理费不要搞那么高、希望公共维修基金能有个下落、希望改选业委会。作为我们小小业主来讲，当然是通过心平气和解决问题最好，我们努力了，但和这些人平时没有任何接触，说不上话，这些人大得很，根本就不搭理你，这样一来，业主感到自己受了污辱，就对他们生恨

了，时间拖得越久，大家对这些开发商恨得越深，越到后头，大家越来气，越来越把对方视为仇人，把报仇雪恨当做一个最大目标了，只想找个机会发泄。（JD 业主 03）

JD 小区业主与房地产利益集团由于他们之间非正式关系是离散的，在发生利益冲突的时候由于难以沟通协调，吸收冲突和紧张的能力大大降低，使原本较为现实清晰的利益之争演变成一场报仇雪恨式的流血冲突。

最后，分析一下社区网络特性与集体行动中情感卷入的程度。在冲突性集体行动中，情感卷入越深，则暴力程度越强。情感卷入的程度和冲突群体之间的非正式关系网络的密度有着密切联系，在离散性的非正式关系网络之中，由于冲突群体之间缺乏信息、物质和情感的交换，他们之间的互赖程度很低，双方误解和隔阂较深，当他们的利益受到严重剥夺的时候，作为被剥夺群体，总是想以最小的代价即通过平等的谈判争取应得的利益，但是在和敌对群体进行协商沟通的过程中，强势群体凭借地位优势而令被剥夺群体体验到消极情感，如羞耻、负罪、压制、焦虑、痛苦等。一个人在与他人互动中越是体验到消极情感，他就会越感到愤怒越显得好斗——使指向权力模式的行为发展。[1]

在 KC 小区的维权过程中，业主的公共利益面临可能的被剥夺危险，他们开始通过与开发商和政府代理人的谈判来争取自己的利益，尽管在维权初期由于没有动用与开发商和政府代理人建立起来的这种非正式关系，而使一些业主在与他们进行互动时体验到了一些消极情感，但是后来通过动员一些业主与开发商或政府之间的非正式关系网络，使两个群体成员在互动中能体验到平等尊重友好的积极情感，使业主更愿意采取一种理性和平有序的维权行动。

---

[1] Theodore D. Kemper and Randal Collins. 1990. "Dimensions of Microinteractionism," *American Journal of Sociology 96*: 32 – 68.

　　当时，我们想了解规划路的真相，去市规划局核查五图一书，第一次去规划局查的时候碰了钉子。后来，有位在市规划局副局长那里做家教的业主在网上发了帖，说了那位领导对 KC 规划路的关切。维权委员会的人看到这个帖子，就和他很快取得联系。拜托他去找那位副局长，让业主查实一下五图一书，这位业主也是很有心维权的，就找了那个副局长去打招呼，第二次去查五图一书的时候，规划局的接待人员态度比起上次来了个一百八十度大转弯，给我们沏茶倒水，我们顺顺利利地查到了 KC 的五图一书。（KC 业主 13）

　　相反，在 JD 小区，业主为了争取合理利益而与开发商以及政府代理人进行谈判中体验到被忽视被羞辱的消极情感，一位业主回忆起他们找开发商和物业公司就物业管理费和业委会组建的事进行交涉的情景：

　　我们是小区的主人，这房子是我们的，物业公司算什么，就是我们请来的保姆、仆人，可是如今的世道倒过来了，保姆、仆人反而高高在上，骑在我们业主的头上拉屎撒尿，我家里几次失盗，我找物业公司经理理论，物业公司的经理简直像个流氓，倒过来说我自己的防盗意识不强，结果把小偷引进来了，还说我影响他们正常办公，让保安把我撵出去。小区里那么多问题，我找开发商去，要见开发商可不是一般的难，好不容易逮着个机会碰到了，他根本就不把你放在眼里，看你就像没看见什么似的，我也顾不上，缠着他理论，他对你爱理不睬，有次可能他心烦，我跟在他后面说事的时候，他突然转过身来对我大吼一声，说，你给我滚，你要是活得不耐烦，我可以帮你。你有什么资格和我说话，有事找你们业委会说去。说实在的，没下岗时我好歹是个车间主任，虽然没什么权，多少还受人尊重，还从来没有谁像开发商那样子对我吼过，我当时就恨不得和他拼了，说实在

的，当时要是我兜里有把枪，就可能真的顾不上我那一家老
小了。哎！好在政府禁枪，要不我那天就把命搭进去了。
（JD 业主 09）

由于他们与开发商及政府的非正式关系向来处于离散状态，
所以他们缺乏可资利用的非正式协调管道而避免或减少在互动中
体验到这些消极情感，随着时间的延长，他们体验到的这些消极
情感越来越强烈，进而触及他们的核心价值观，最后，在一次突
发事件的影响下，业主积压已久的消极情感被高度唤起，进而转
化为一次愤怒情绪的火山式喷发。

通过对这两个小区的比较分析，社区网络的特性影响冲突性
集体行动的暴力程度，显然，在融合性网络之中，人们之间的互
动强化了他们的互赖程度，在他们之间出现利益冲突的时候，较
为密切的关系网络有利于提高协调利益化解紧张的能力，使他们
群体的诉求趋于现实和清晰，冲突群体在沟通过程中也较少体验
到不满、羞耻、痛苦、愤怒等消极情感，因而在冲突中较少情感
卷入，故而在集体行动中行动者更为理性克制，暴力程度较低。
而在离散性社区网络中，互赖程度低、协调能力差、目标非现实
化以及情感卷入较深，故而大大提高了在集体行动中行动者采取
暴力手段的可能性。

第二节　社区网络与集体行动的绩效

行动绩效的评估以行动所支付的成本与行动所带来的收益的
比较值为主要依据，集体行动的绩效评估不仅以集体或群体在行
动中所付出的成本和获得的回报为依据，而应考虑集体行动在社
会层面产生的影响，即也要以社会为集体行动所耗费的成本和获
取的收益为依据。据此笔者将集体行动的绩效分成两个类别，即
群体绩效和社会绩效。

（一）社区网络与群体绩效

群体绩效只是就集体行动的群体而言，尽管本文的两个社区的业主维护和增进公共权益的集体行动最终获得成功，不过，两个小区的业主为此成果付出的代价大小不一。在 JD 小区，业主为维护公共权益，耗时 3 年多，期间一些业主尽管积极组织维权行动，但遭遇了来自对立群体（开发商和一些政府代理人）的阻挠、威吓、打击报复，因此在物质、精神和肉体上都付出了较大的代价。一位业主为起诉物业公司乱收费违规行为，前后花费诉讼费和其他各类开支达 2 万多元，而且最终败诉。有一位维权积极分子遭到由开发商指使的黑社会成员的围攻，为此而花去医疗费用近 3 万多元。在业主与物业公司发生的流血事件中，一位业主重伤，4 位业主受轻伤，因此他们承担了巨额的医疗费，一位业主甚至落下伤残。在物质上蒙受损失和肉体上遭受伤害的同时，在精神上也受到摧残，一些业主在和开发商、物业公司以及政府代理人打交道的过程中，受到对方的歧视、羞辱和恐吓，感到相当的痛苦。一位业主讲述了他在维权中所体验到的羞辱、痛苦和愤怒：

> 为了让那些房管局的人对物业公司有个公正的处理，我得求他们讨好他们，房管局物业科那个小李，才 20 多岁，论年纪，我差不多可以做他的爷爷了，但我不得不在他面前低声下气，可这小子还不买账，对我爱理不理的，活到这把年纪，还从来没有被人这么不放在眼里过，那个开发商就更不得了，我和他心平气和讲道理，他倒好，当着那么多人的面对我大声呵斥，哎哎，我一辈子都没有受过这么大的侮辱，为自己的事也没有这么难受过。（JD 业主 07）

所以，JD 小区的业主为争取公共权益所支付的成本是高昂的，而且，如果没有那次物业公司管理人员羞辱老业主的偶发事件来唤起其他业主积压已久的不满和怨恨，进而爆发流血冲突，引起有关政府职能部门的高度关注，JD 小区的集体利益可能还在持续遭受剥夺。

与 JD 小区相比，KC 小区业主不仅成功地维护了公共权益，而且为维权行动支付的成本相对较低，KC 业主的维权行动历时10 天，用于维权组织的开支和业主大会的会务费只有 3000 多元，由于整个维权过程保持理性平和有序，没有爆发流血冲突，没有任何业主受到肉体伤害。在维权初期尽管业主的维权因威胁到开发商和一些政府代理人的既得利益而遭遇到他们的反弹，但是当业主借助内部密切的非正式关系网络迅速组织起来，并且以集体行动仪式（如集会、示威等）充分展示业主高度凝聚力以及维权的决心时，开发商和一些政府代理人最后选择了妥协和统合。

> 现在政府也很势利，怕强欺弱，像我们 KC 规划路的事，要不是我们 KC 人齐心、团结、有那么种势不可当的气势，那规划路修了也就修了，政府开始的时候态度是很强硬的，说非修不可，后来从各方面打听到 KC 业主团结一心的气势，报纸和电视台都报道了 KC 业主大会的声势，政府态度就有所变化，答应就 KC 业主对规划路的质疑案进行讨论，KC 的维权组织没有松懈，继续保持旺盛的态势，紧紧咬住政府对规划路的最后方案，而政府最后还是考虑到我们 KC 业主的利益，愿意做出让步，修改了规划路的方案。（KC 业主 14）

由于既存的非正式关系网络，业主和开发商以及政府代理人在谈判时较少体验到消极情感，因而也没有遭受精神上的损失。

尽管两个小区通过不同的维权方式使公共利益得到维护，但是，他们为此付出的代价是有差别的。还有，维权行动可能对邻里关系和社区声望产生影响，这种后效既有负面的，也有正面的，都应当视为群体绩效的一部分。

对于 JD 小区来说，这种无组织的非理性的暴力维权行动并没有给邻里关系带来积极影响，这种暴动式维权只是业主的一次稍纵即逝的集体仪式，短暂的聚合并没有促进他们之间的互动。相反，由于平时缺乏沟通，彼此互不相识。所以那些在维权中作出贡献的业主（比如那些流血受伤者）并没有受到其他业主特别的关注和关心，甚至没有得到他们所期望的尊敬和感激，更令一些积极贡献者难以释怀的是他们的行为受到一些不明真相业主的误解和埋怨。笔者最后一次访谈 JD 的一位维权积极分子时，他已经从 JD 搬到了另外一个小区，他谈起 JD 的维权就很有点郁闷：

> 我为 JD 作了多少贡献，我多次都和你谈到过，不是我在这里表功，而是觉得这里的人素质太低了，太没有人情味了，我好心维权，不感谢我也就算了，反过来还要帮开发商来整我，那次我们这些业主和物业公司的人打起来，其他很多业主在看把戏，我被打伤住院了，不来看我也就算了，反过来还有人在背后说我的风凉话，说我是不知道自己有几斤几两，想和开发商对着干，我们几个受伤的业主气不过，就在小区贴了大字报骂那些没良心的业主，但第二天，他们也贴了大字报，我估计就是那些被开发商和物业公司收买的家伙，他们说我们唯恐天下不乱，闹得小区鸡犬不宁，搞得业主人心惶惶，说我们是小区的罪人。（JD 业主 03）

这种离散性网络形塑的反激励机制使那些组织者和积极分子和那些漠不关心的业主之间产生了怨恨和隔阂，社区成员之间关系网络更趋离散。

KC 融合性社区网络是催生理性维权的一个重要基础条件，反过来，这种集体维权又能强化 KC 社区网络的融合性。集体行动需要资源集中、人员集中，为了集中集体行动所需的资源和人员，组织者利用一切非正式关系将不同社交圈的人集聚起来。这种集会将原本不同归属关系网络的人串联到一起，使原来隔绝的网络产生新的链接，社区网络的规模得以扩展，社区网络的密度也得以提高。也就是说，集体行动变成了不同关系网络的中介和桥梁或者说黏合剂。

> 这次维权之后，我在小区里面认识的人更多了，维权委员会要招志愿服务者，我想那些维权委员会的人为小区的事那么辛苦，自己也应该做点什么，我就报了名，进了志愿队，在志愿队里，我认识了很多业主，有几个还和我挺谈得来，以后都成好友了，后来又连续参加了几次维权活动，比如去 ZH 公司查五图一书、进入捐款监管小组、转入维权委员会的宣传部、后来又选进业委会筹备小组等等，每一次我都认识了一些我原来不认识的业主，粗粗算一下，这次维权让我新认识的业主可能有三四十个了。我把他们的联系方式都记下了，我们还在网站上建立了经常的联系。（KC 业主 07）

尽管在维权过程中部分业主可能因为意见不合诉求不同而产生分歧甚至决裂，但势不可挡的还是联合的冲动与力量。所以，总体而言，在融合性社区网络中发生的集体行动能进一步促进既存网络的融合和交叠。

受到网络特性影响的集体行动，其所表现出的不同形态也可能对社区声望产生影响。通常说来，那种以无组织的暴力方式爆发的集体行动，自然有损于社区声望。JD 小区流血事件后，笔者对这个小区的社会声望进行观察。笔者观察的重点是 GZ 市各相关房产网对小区的各种评议。

JD 小区的流血冲突被媒体曝光之后，许多网友发表感言，绝大部分都是对 JD 不利的评议：

> 敬劝各位千万不要进驻 JD 小区，我不幸在那里买了套房子，后悔得要跳楼，这里的开发商是黑社会老大、物业公司是地痞流氓、邻居是陌路人……不过，谢天谢地，房子上个月终于脱手了。

我在那里租住过，好恐怖的，我在那里被盗的损失比我的房租还多，等于我要交两倍的房租。

这里还有个缺点，邻居不亲房子亲，这里的房子近得可以接吻，房子一年四季都是阴天。

JD 周边被大马路紧紧包围，简直像生活在噪音的海洋，在这里住不上几年，保你变成聋子。

……

限于篇幅，笔者不能将对 JD 小区的负面评价一一摘录，这些负面评价当然对 JD 小区的社会声望是一种严重的损伤。JD 小区确实是一个问题严重的小区，但像 JD 这样问题严重的小区不在少数，只是因为 JD 小区的流血冲突事件产生了聚焦效应，使人们的目光聚焦于 JD 小区，有那么多双眼睛盯着的时候，JD 小区地上的垃圾都可以被发现。就这样，JD 小区在人们心目中简直成了一个魔窟的代名词。

JD 小区集体行动的表现形态反映出社区矛盾的尖锐性和难以调和性。尽管人们习惯将矛盾的根源归咎于强势的利益群体，但受损更多的是社区的业主，因为小区声望的受损带来的后续效应就是小区的房价下跌，房价下跌对于业主而言意味着资产流失。JD 小区的流血事件虽然平息，但有关 JD 流血冲突的报道已经在社会上持续发酵，JD 小区的房价也一跌再跌，在小区矛盾没有得到彻底解决的半年之内，JD 的房价降了两成。而在 KC 小区，理性有序成功的维权行动为社区声望大大加分，因为这样的集体行动折射小区业主的凝聚力、战斗力和矛盾的可协调性。这样的小区能给业主带来权能感和安全感，对那些对物业纠纷心有余悸的住房消费者产生更大的吸引力。这是笔者在关于 KC 规划路事件系列报道后摘录的部分评议：

KC 业主真的很牛，扳过了政府和开发商，哦！业主万岁，祝贺你们，KC，好样的。

我去过那个小区，那里的环境真的很幽美，住在里面好舒服。

好环境不重要，邻里团结才最重要，我看 KC 的业主就很团结，团结才有力量，要不是，他们怎么能让政府的规划改过来，与这些人为邻，会感到比较有安全感的。

KC 这个小区真的有很多优点，我特别喜欢那里的社区文化，社区的氛围，他们业主自己组织很多活动，比如唱歌、跳舞、打球、旅游什么的，这里的业主真的很开心的哦，我表姐住在那里，我喜欢感受那里的气氛。

KC 的物业管理尽管不尽如人意，但在广州堪称一流。

……

KC 的维权事件发生后，一些媒体争相报道，KC 的房价随着社会声望提升，半年之内，KC 的房价涨幅达 20%。

所以，总的说来，其他条件相当的情境下，在离散性社区网络中，集体行动的群体绩效相对要低，而在融合性社区网络中，集体行动的群体绩效要高。

（二）社区网络与社会绩效

再来考察集体行动的社会绩效，社会绩效与集体行动暴力程度有着密切的关联，马克思、达伦多夫等都注意到冲突性集体行动的暴力程度所带来的社会功能，马克思认为，冲突性集体行动越具有暴力性，社会结构与资源分配模式的变迁程度越大。达伦多夫进一步认为，冲突性集体行动越具有暴力性，则社会结构变迁和再组织的程度越大，速率越高。显然，马克思和达伦多夫对暴力性的集体行动的社会功能较为关注，而科塞则更多地把注意力投向低暴力性的集体行动，他列举了频繁的低暴力性的（冲突性）集体行动所导致的一系列社会效应，如提高系统单位创新与创造力水平，使人们反思和重新组织他们的行为；可以释放系统的敌意或紧张，使之不至于达到敌对各方围绕非现实问题极端化的程度；可以促进调节紧张的规范手段（法律、法庭、调解机构以及其他）的发展；可以提高系统单位清晰表达利益和目标并进行讨价还价达成妥协的能力；可以提高社会系统内部的整合水平和系统适应外部环境的能力。[①]

可见，冲突性集体行动越具有暴力性，就越有可能对现存的社会结构和社会秩序造成颠覆性后果，引起社会危机或社会动荡；而暴力性程度越低，就越有可能释放社会不满、提高社会系统的协调能力、加强社会的整合度和适应能力，而不至于使冲突各方走向极端化，进而危及社会稳定。

与 JD 小区的维权行动相比，KC 小区业主的维权行动在理性平和有序中进行。这种低暴力的集体行动并没有影响社会稳定，反而，业主对开发商以及一些政府代理人的不满情绪得到释放。

KC 小区的规划路事件发生后，业主对开发商和政府的不满情绪通过紧密的社区内部网络迅速传播和发酵，在未能顺利与政府和开发商进行沟通之前，业主的不满情绪不断得到强化和上升到集体层面。但是，当 KC 小区业主借助外部关系网络和开发商以及政府得以进行非正式沟通之后，业主的不满找到了表达的出口；又通过开展成功的集体行动，业主的不满情绪更加得到释放；政府或开发商在集体行动后并没有因此强力反弹，还是做了积极正面的回应，使得业主的不满彻底释放。

业主借助集体行动清晰地表达了自己的利益诉求，充分展示了业主联合起来的潜在力量，政府和开发商在与业主的博弈过程中调整了自己的行为，做出了一些妥协，这两个对立群体因为利益得到协调，原有的关系没有受到破坏，业主对一些政府代理人和开发商比以前更趋认同和友好。KC 业主维权成功之后，很多业主都对政府和开发商的印象有了转变。他们觉得只要讲究策略，政府和开发商也是人，同样是通情达理的。一些业主感慨

---

① 科塞：《社会冲突的功能》，孙立平译，华夏出版社，1989，第 78 页。

"政府里面还是有很多为老百姓着想的人，现在的政府还是在朝服务型政府转变，他们确实有真心实意在建设和谐社会"，也有一些业主认为"他们 KC 的开发商还是算广州房地产商里面最讲道理的素质最高的开发商"。

> 我原来是对政府、对开发商印象很坏，几乎有点把他们妖魔化，不过，经过我们 KC 规划路这件事，我就觉得政府办事还是替咱老百姓着想，开发商也不像我想象的那么坏。（KC 业主 04）

应该说，业主与政府和开发商的整合程度反而因为这次集体行动有所提高，正常的社会秩序没有受到影响。

JD 小区的维权行动最后以流血冲突收场，尽管这种小规模的冲突不足以颠覆现存的社会秩序，尽管政府相关职能部门对冲突进行了灭火，业主的一些利益得到了一定程度的维护，但是这次冲突还是带来了较为严重的负面效应，业主的不满情绪虽然通过这次非理性的暴力冲突有所释放，但这种释放不是出于反对派善意的让步，所以怨恨仍然没有消除；他们的利益尽管在政府的强力干预下得到一定程度的协调，但是两者的关系更进一步恶化，开发商事后通过匿名电话的方式对一些业主进行恐吓，一些业主事后确实遭到了不明来历的身体攻击；二者的极端化行为在一定程度上是对社会秩序的局部破坏，也是危及社会稳定的一个隐患；当事件被一家房地产网站报道之后，也引起了广大网友对开发商和一些政府代理人的强烈不满，一些网友在房地产网站上纷纷发帖进行谴责。因此，社会系统的整合水平受到影响。

总而言之，融合性网络能使冲突性集体行动趋于理性有序，理性有序的集体行动能提高社会系统自我协调能力和社会整合度，反之，离散性网络使冲突性集体行动趋于非理性和无序状态，降低社会系统的自我协调能力和社会整合水平。

第三节 小 结

本章主要考察了社区网络对集体行动表现形态和集体行动绩效的影响。通过实证研究发现，第一，社区网络对集体行动的表现形态有显著影响。在融合性社区网络中，集体行动的参与度、组织化程度较高，而暴力程度较低；在离散性社区网络中，集体行动的参与度、组织化程度较低，而暴力程度较高。这个发现表明，社区网络越是趋于融合，则集体行动的参与度越高、组织化程度越高而暴力程度越低。第二，社区网络对集体行动的绩效也有明显影响，在融合性社区网络中，集体行动的成本低，邻里关系得到强化，社区声望得以提高，对社会的破坏力弱，社会矛盾得以化解，系统协调能力得到提高和社会整合度被提高；在离散性社区网络中，群体为集体行动付出的成本高，而邻里关系反而恶化，社会破坏力强，社会矛盾激化、系统协调能力降低和社会整合度降低。这个发现表明，社区网络越趋融合，集体行动的群体绩效和社会绩效越高，反之则相反。

为了更直观地表明社区网络对集体行动形态和绩效的影响，笔者绘制表格 9 - 1 如下。

表 9 - 1 社区网络与集体行动的形态与绩效

比较项目		融合性网络（KC）	离散性网络（JD）
集体行动 形 态	参与度	高	低
	组织化程度	高	低
	暴力程度	低	高
群体绩效	集体行动成本	低	高
	邻里关系	强化	恶化
	社区声望	提高	降低
社会绩效	社会破坏力	弱	强
	社会矛盾	化解	激化
	系统协调能力	提高	降低
	社会整合度	提高	降低

第十章
结 语

本课题旨在研究社区网络对社会怨恨的释放是否产生影响。通过分析社区网络对社会怨恨的释放渠道——集体行动的生发可能性、表现形态和绩效的作用机理。从理论上对社区网络与集体行动生发可能性的相关研究进行整合和补充，同时试图填补社区网络与集体行动的表现形态和绩效相关性研究的空白。在发现社区网络对集体行动的作用机理之后，再回到现实，讨论在当前长期积压的结构性怨恨亟待释放之时，政府应如何应对作为集体行动重要释放渠道的集体行动。在做出选择之后，再利用本研究关于社区网络对集体行动作用机理的发现，就社会工作如何介入社区网络的建构，以利于社会怨恨及时有效适度的释放，促进社会整合展开论述。

第一节 总 结

本研究选取了转型期中国都市两个新型社区作为研究对象，考察了不同特性（融合性与离散性）的社区网络对集体行动生发的可能性、表现形态和绩效产生的影响。通过比较研究，得到如下发现。

（1）在社会怨恨缺乏其他释放渠道的情境下，社区网络越趋于融合，则集体行动生发可能性越高。

在对这一结论进行论证的过程中，笔者对网络与集体行动生发的相关性研究进行了整合，同时还做了一些理论上的补充，比如，社区网络对集体行动的组织者的供给水平产生的影响，这是以往的研究中没有关注的。

表 10 – 1 不同网络特性的两个小区的集体行动比较

比较项目		KC 小区	JD 小区
网络特性		融合性社区网络	离散性社区网络
情感培育	积极情感（内）	强	弱
	消极情感（外）	强→弱	弱→强
结　论		高凝聚力	低凝聚力
意义建构	集体认同	强	弱
	问题论述	集体性	个体性
	策略	认受性高	认受性低
	口号或标语	共意性高	共意性低
结　论		动员能力强	动员能力弱
理性计算	信息传递量	大，趋于集体理性	小，趋于个体理性
	监控能力	高，搭便车成本高	低，搭便车成本低
	激励功能	强，贡献收益大	弱，贡献收益小
	组织者供给水平	高，参与成本降低	低，参与成本提高
	保护功能	强，风险成本低	弱，风险成本高
结　论		行动预期收益为正	行动预期收益为负
集体行动形态	参与度	高，规模大	低，规模小
	组织化程度	高，自控能力强	低，自控能力弱
	暴力程度	低，破坏力弱	高，破坏力强
集体行动绩效	群体绩效 行动成本	低	高
	邻里关系	改善	恶化
	社区声望	提高	降低
	社会绩效 社会破坏力	弱	强
	社会怨恨	释放	积压
	系统协调能力	提高	无变化
	社会整合度	提高	降低

（2）社区网络越趋于融合，则集体行动的规模越大、组织化程度越高而暴力程度越低。

（3）社区网络越趋于融合，则集体行动无论对群体还是对社会就越可能产生正面绩效。即越可能降低社会破坏力，促进社会整合。

为了更清楚地表明本研究的发现，特列表 10 - 1。

综上所述，融合性社区网络有利于提高集体行动生发的可能性，同时以理性温和有序的形态出现，因而降低集体行动的社会破坏力，促进社会整合。换句话说，融合性社区网络有利于社会怨恨及时有效地得到释放，同时其释放产生的能量能保持在适度的水平，不至于对现存社会秩序造成过大的冲击。所以，本研究认为融合性社区网络对于社会怨恨产生"消气降压"作用，有助于社会怨恨通过集体行动渠道及时有效适度地得到释放。

第二节　讨论：摆在政府面前的
三条道路

转型中国正处在急剧的社会变迁中，各个阶层群体的利益格局正面临重新调整，由此引发与日俱增的社会冲突。如何因应由结构性怨恨引发的集体行动，这是摆在中国政府面前的一大难题，这也是西方国家曾经遇到的难题。西方社会从农业社会向工业社会转型的过程中，同样出现了大量的社会矛盾和社会冲突。初始阶段，由这些社会矛盾引发的集体行动只是发生在群体层面，但是，如果统治者动用强制力或封闭政治机会结构来应对这些集体行动，那么群体层面的集体行动就可能演变成社会层面的社会运动，甚至导致动摇统治基础的暴力革命。许多西方国家避免了被暴力革命颠覆的命运，之所以如此，是因为这些国家采取了将集体行动制度化的策略。所谓集体行动制度化，就是将集体行动合法化或者说就是将集体行动纳入体制轨道。从西方国家的经验看来，当大多数社会运动（包括冲突性集体行动）被制度化之后，西方社会运动的总量大大增加了，但对社会的破坏力却越来越小，对政体本身的冲击力也越来越弱。换句话说，随着大多数社会运动被纳入体制轨道，发生大规模骚乱，尤其是发生革命的可能性大大降低了。[①]

笔者将制度化社会情境下发生的集体行动称为制度化集体行动。制度化集体行动有几个方面的特点：其一是被政府赋予了制度合法性；其二是具有较高的生发可能性，这也就是为什么在西方社会集体行动被制度化之后，集体行动的总量大大增加的原因；其三，制度化集体行动采取温和理性有序的姿态，因为这种集体行动被政府许可而不会遇到有组织的强力压制，所以没有必要采取激进的暴力手段；第四，制度化集体行动的社会破坏力，还可以促进社会整合。因为没有采取激进的暴力手段，自然对社会的破坏力会降低，另一方面通过集体行动，社会不满在一定程度上得到释放，社会整合度也因此得以提高。

处在转型时期的中国社会，政府对集体行动未赋予制度合法性，目前也看不到将集体行动制度化的迹象。在这种集体行动非制度化情境下，一些集体行动具有很低的生发可能性，但一旦爆发，就表现为激进暴力无组织非理性的形态，对社会产生较大的破坏力，影响社会整合。这些特点正好与制度化集体行动相反，笔者将这类处在制度化集体行动另一个极端的集体行动界定为"非制度化集体行动"。如本研究所涉及的个案 JD 小区所发生的集体行动，就表现出非制度化集体行动的特点，即集体行动生发的可能性低，但一旦爆发就表现出非理性无组织暴力性等特性，对社会造成较大的破坏力，影响社会整合。

尽管同处在非制度化的社会情境下，也有一些集体行动表现出制度化集体行动的特点，这类集体行动得到社会的广泛认可，政府也采取默许的姿态，亦即赋予了社会合法性和行政合法性，

---

① 赵鼎新：《社会与政治运动讲义》，社会科学文献出版社，2005，第 6 页。

所以没有遇到政府或其他强势集团有组织的强力反制，因而其生发的可能性相对较高，因此也就采取温和理性有序的姿态，故而只会产生较低的社会破坏力。这类集体行动除了没有被赋予制度合法性，其他各方面特性与制度化集体行动非常相似。因此，笔者将这类集体行动称之为"准制度化集体行动"。KC小区发生的集体行动就属于准制度化集体行动。

为了更清楚地显示这3种不同类型的集体行动的区别，笔者特制表10-2对3类集体行动进行比较。

表10-2　3种类型的集体行动比较

项　　目	制度化集体行动	准制度化集体行动	非制度化集体行动
合法性	制度合法性	社会与行政合法性	社会合法性
生发可能性	高	较高	低
表现形态	温和理性有序	较温和理性有序	激进暴力无序
绩效	社会破坏力小，有利于社会整合	社会破坏力小，有利于社会整合	社会破坏力大，不利于社会整合

通过上述的比较，可以发现3类集体行动在合法性、生发可能性、表现形态和社会绩效几个方面的区别。从追求国家和民族的永续发展来考量，集体行动制度化是理想选择，但从追求政府代理人的短期目标和个人利益来考量，集体行动非制度化是最佳选择。因为集体行动制度化虽然可能提高了集体行动生发的可能性，但另一方面它表现出温和理性有序的形态，因而对社会的破坏力小且有利于社会整合。可以说，集体行动制度化将使社会趋向稳定与和谐。而集体行动非制度化尽管可以在短期内降低集体行动生发的可能性，但另一方面却是一旦爆发就表现出激进暴力无序的特点，给社会带来极大的破坏力，不利于社会整合。集体行动非制度化对于以追求任期利益为目标的政府代理人来说是有利的，因为它可以营造短期社会稳定的表象，但从长远看，集体行动非制度化将使整个社会推向更大的社会冲突和动荡。

　　那么，从国家和民族的长远利益考虑，中国政府是否应该立即将集体行动制度化？

　　集体行动制度化问题其实就是政治机会结构的开放性与封闭性问题，制度化就是政治机会结构从封闭走向开放的过程。按照艾辛格（Eisinger，1973）的观点，在政治机会结构极端封闭的状态下和极端开放的情况下，社会运动都不会产生。因为在极端开放的情况下，社会运动没有必要产生；在极端封闭的情况下，社会运动不可能产生。只有当政治机会结构介于两个极端之间时，集体行动才有产生的可能。图 10 - 1 显示了政治机会结构的开放程度与社会运动生发几率之间的关系。

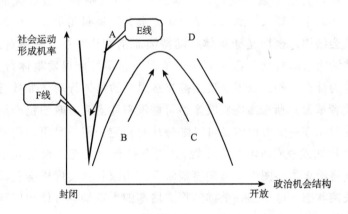

图 10 - 1　政治机会结构与社会运动形成的几率

　　集体行动制度化就是政治机会结构从封闭转向开放的过程，B 方向就表示从集体行动的非制度化走向集体行动的制度化。集体行动制度化提高集体行动生发的可能性，也即集体行动的几率大幅提高。达到一定程度之后，集体行动将沿着 D 方向走，即集体行动的可能性降低，因为政治机会结构的更加开放使得集体行动失去了产生的必要性。艾辛格（1973）是在考察西方社会运动的基础上发现上述规律的，但是，西方社会运动的社会情境与转型中国社会的社会情境有着巨大差异，转型中国社会的急剧社会变迁生产了大量的社会怨恨，而政治体制改革的严重滞后封堵了社会怨恨的释放，导致社会怨恨的长期积压，作为国家与社会缓冲带的中层组织严重发育不良。在这种情况下，如果将集体行动制度化，必然造成社会怨恨的遽然释放，集体行动有可能演变成摧毁现行社会秩序的暴力革命，由此产生的能量可能超过社会所能承受的限度。因此，转型时期的中国政府如果将集体行动制度化，那么集体行动的生发几率和总量就不是沿着 B 方向的曲线运行，而是一条近似垂直线 E 方向的直线运行。因此，集体行动制度化将可能使中国社会遽然陷入失控状态。这正如爆米花机的原理，爆米花机在绝对封闭状态下加热产生气体不断积压，最后由爆米花师傅遽然撬开阀门，立即发出一声巨响和一股强大的气浪，场面十分吓人。那么，是否应该永久性地封闭集体行动的政治机会结构，也即是让集体行动持续非制度化？在艾辛格看来，当政治机会结构处于极端封闭的情况下，不可能爆发集体行动。但是为什么一些极权国家还是被遽然爆发的集体行动（如社会运动或者革命）所摧毁呢？艾辛格可能没有注意到，政治机会结构极端封闭在一定时期内是可以维持社会稳定，但一旦出现偶发事件（比如战争或政治精英分裂），则集体行动乃至革命的几率和总量将沿着类似图中 F 方向直线飙升，国家和社会同样会立即陷入失控状态。这正如一个排气管道堵塞的大锅炉，气体积压到超过锅炉所能承受的压力就引起剧烈爆炸。

因此，转型中国社会将集体行动立即制度化或持续非制度化都将是十分危险的策略选择。

转型时期的中国政府应当如何应对日益积压的社会怨恨呢？笔者认为，中国政府应当走集体行动制度化和持续非制度化之中间道路，这条中间道路就是如何将集体行动准制度化。集体行动准制度化是社会怨恨通过非正式管道的释放方式。尽管通过这种方式的释放是舒缓的，但毕竟能使社会怨恨获得释放。这正如一个压力锅，尽管高压锅的气阀只是一个小孔，释放的气体有限，但它毕竟能起到降低压力的作用，可以防止高压锅剧烈爆炸。集体行动准制度化既可以规避社会怨恨遽然释放造成的巨大冲击，又可以防范非制度化最终导致的全面崩溃。集体行动准制度化既可以达致集体行动制度化的效果，又可以规避集体行动非制度化的恶果。

那么，集体行动准制度化如何可能？本研究中 KC 小区集体维权行动的个案，就是集体行动准制度化的实例。通过实证研究，发现 KC 融合性社区网络是达致集体行动准制度化的关键原因，KC 小区正是借助融合性社区网络，集体行动生发的可能性得以提高，行动者得以采取温和理性有序的姿态，社会破坏力也得以降低，社会整合度得以提高。因此，建构融合性社区网络是达致集体行动准制度化的主要路径。

接下来，笔者将探讨如何建构融合性社区网络。在第三节，主要考察 KC 社区网络建构史，从中发现影响融合性社区网络建构的关键变量。第四节主要就社区网络建构中社会工作如何介入进行探讨。

第三节 融合性社区网络是如何建构的
——KC 社区网络建构史的启示

（一）社区网络的发端

KC 小区的社区网络最初是如何建立起来的，这必须追溯到第一个结网的人。KC 小区处在 GZ 科技城和高新开发区附近，科技城和高新开发区集聚了大量需要购房且具备一定购买能力的年轻知识分子，KC 小区最初的定位就是瞄准这批中产阶层知识分子的钱袋。KC 小区的空间距离与规划环境确实很快吸引了这两个地方的中产白领的眼球。不过，由于这些中产白领绝大部分都是在 GZ 市有一定工作年限，所以也都有了自己的建立在业缘或趣缘基础上的社交圈。他们大都希望自己的亲戚朋友能和自己居住在同一个小区，所以在看房时绝大部分都是结伴而行，如果大家都有了购房意向，则意味着他们将会把原有的社交网络带进小区。而事实上，确实有很多结伴看房的业主同时看上了 KC 小区，自然也都成了 KC 的业主。问他们为什么喜欢抱团？很多业主的回答有极高的相似性。就是大家都有情感的需要、社交的需要和安全的需要：

> 我是从外省过来的，在这里除了我自己的亲人，我信得过的人可以说等于零，我当然就希望能和他们住在一起，因为和他们住在一起总有一种温暖感安全感，不至于那么孤独，不好玩的时候可以和他们聊聊天玩玩牌，遇到麻烦事的时候可以找他们帮帮忙，也没有人敢欺负的。这样挺好的，感觉就像在老家一样，现在我把我的弟弟、表弟还有我的姨妹都拉过来了，他们都住在这个小区里。(KC 业主 13)

> 我看房的时候就把在广州认识的几个最要好的朋友拉过来，我们事先就有约定，要在一起买房子，在现在这个感情荒漠的社会里，找几个情投意合的朋友真的不容易，所以一定要珍惜这样难得的友情，我和他们在一起相处才感觉到人间除了铜臭味还有人情味，这样活着才觉得有点意思，于是我们就在一起买房，首先是我们 3 个朋友一起买，后面我们又去游说其他的朋友来这个小区买房，这样一来，我总共有 8 个老朋友住在这个小区。这当然不包括我后来在这里认识的新朋友。(KC 业主 09)

当然，原有的社交圈毕竟是比较狭小的，它的作用仅限于情感上的慰藉和生活上的互助。当他们的共同利益受到侵害，而对手又非常强大时。这样的小圈子就显得非常弱小。因此，将这个圈子尽可能扩大是十分必要的，而 KC 年轻的业主早就认识到这一点。虽然他们可能并没有亲身体验到开发商、物业公司对业主权益的严重侵犯，但这群信息社会的知识分子却百分之百地了解广大业主遭受开发商、物业公司和政府代理层联合的权益损害而又无力抗争的共同体验，所以，他们觉得在一开始就应该让业主联合起来：

> 现在业主的利益权力受到侵害的事情真是太普遍了，可以说，在广州甚至在全国几乎没有一个小区的业主利益没有遭受侵害的，可是，损害了业主又能怎么样，开发商、物业公司是母子关系，而那些当官的和他们又是一捆柴，而业主这边呢，来自四面八方五湖四海，又事不关己，高高挂起，就是一盘散沙。和开发商、物业公司、政府的人斗，简直就是以卵击石，可以说，业主和开发商斗绝大部分都以失败结束，为什么，业主不齐心，不团结。团结才有力量，只有团结开发商政府才有怕头。（KC业主12）

出于权益保卫的需要，KC业主在看房时就产生了将业主联合起来的想法，而且有一位热心的业主首先就发起了串联业主的行动：

> 我记得第一次联合业主的人就是古，就是后来KC的领袖之一吧！那时候其实大家都还不是业主，大不了是一些有购房意向的准业主，有一次我们在看房车上的时候，古大胆地对看房的人发起倡议，说为了保护自己的利益，希望大家保持联系，然后他给车上的人都发了名片，上面有他的电话号码、伊麦尔还有QQ号码，要大家和他联系。我后来真的和他联系了，很多业主都和他联系了，因为他后来在其他的看房车上也散发了名片。（KC业主13）

这种倡议得到了业主的热烈呼应，在开发商、政府代理层与广大业主的长期博弈过程中，以开发商为首的强势利益集团剥夺业主的权益而以业主为主的弱势群体却因不团结而只能任人宰割已经成为社会常识，大家已经产生了大敌当前必须预先抱成一团的紧迫感。这时候只要有人振臂一呼，自然可以得到广泛的响应。当我找到当时的首倡者即后来 KC 小区的集体行动组织者古了解当时的响应程度时，他对那些准业主的响应显然十分满意：

> 我发出倡议的当天晚上，就有 20 多个业主和我联系，可以说，那辆车上拿到我名片的人都差不多都和我联系上了，他们对我的建议很赞同，而提出很多宝贵的意见，这些意见主要集中在两点，一是如何完善沟通的手段，一是如何扩大联系的范围。我们甚至就在当天晚上形成一个决议，约定一个时间搞一次聚会，来商量具体方案。（KC 业主古）

没过几天第一次业主聚会就选在一家酒店，参会的准业主有 24 个。在这个会上这些业主形成一系列决议，改变原来用电话或伊麦尔联系的方式，在 21CN 的满堂红专门开辟一个 KC 业主论坛，尽可能将 KC 论坛告知更多的准业主，让更多有意在 KC 购房的人知道并参与这个论坛，具体的做法是转告各位与会者所认识的准业主，还有就是组织一些人马到看房车上去做宣传：

> 这些方法非常富有成效，在短短的半个月之内，KC 业主论坛就有了 400 多位会员还有更多的过客，可以说是人气十足。他们在论坛上进行广泛的讨论，因为大家考虑以后会成为邻居，所以不像在其他论坛上一样胡来，大家都尽量把光鲜的一面展示出来，以赢得未来邻居的好感。这也是我们的论坛越办越红火的原因。（KC 业主 13）

论坛的议题很多，比如娱乐类，时事类，新闻类，友情类，但主要还是围绕房产问题这个主题，业主主要交流所有关于 KC 小区的信息，比如开发商的发迹史、它所有已经开发或正在开发的楼盘、开发商和它的业主的关系、开发商与政府的关系、KC

小区的建设经过，或者是关于 KC 小区房产的各种评议，比如 KC
的房价是否合理、周边可能的噪音空气污染、房屋的质量、房屋
的设计，还有区内的绿化、公共设施；虽然业主还没有搬进小
区，但维权的议题在论坛上已成为热门话题，大家在论坛上热议
GZ 市或其他城市发生的开发商与业主的冲突事件、业主的维权
方式及其后果，许多业主把自己知道的维权案例发到论坛上，让
业主来深入地分析这些案例，比如利益冲突的根源、维权策略上
的得失、如何做到理性而有效的维权。另外，就 KC 业主之间如
何加强联系，业主在论坛上也是献计献策，比如多搞联谊活动、
多向其他业主广泛宣传。

由于 KC 业主论坛上的论题都是广大业主关心或感兴趣的话
题，而且参与讨论的业主尽量展示其善良、理性、智慧、公正的
一面，正如一位业主所做的评价，"我们的论坛闪烁着人性的光
辉。"因此，KC 业主论坛吸引了越来越多的准业主，发展非常迅
速，在 KC 还没有正式入住之前，这个论坛的会员已经达到两千
左右，在 GZ 市所有的业主论坛中可以称得上是人气最旺的一个。

后来，由于会员过多引起论坛出现了拥挤现象，于是有人倡
议专门建立 KC 的业主网站，这个倡议很快得到了响应，在业主
入住 KC 小区之后，KC 业主就建立起自己的网站，而且会员数量
也快速增长。到 KC 第三期开盘，入住率达到 90% 的时候，小区
网站上的注册会员已经接近五千，他们在网站上展开的交流也更
为广泛和深入。

（二）社区网络的扩展

1. 由互联网延伸出来的社区网络

当 KC 业主入住小区之后，原来以互联网为媒介建立起来的
社区网络得到了更为广泛和深入的扩展。原来在虚拟的互联网上
认识的业主现在真正聚集到同一空间，空间距离的拉近为业主的
身体接触提供了便利，原来大家在网上认识却难以见到的网友现
在终于可以近距离接触。入住小区之后，KC 很快开展了"串门

运动"，和原来志同道合却素未谋面的网友现在成了邻居，去串串门相互进行面对面的交流成了顺理成章的事情。

一位业主在回忆当时串门的情景时说到他一天串了七八家门，串门不仅巩固了原来的网络，而且也扩展了原有的社区网络，在串门过程中，业主认识了更多的业主网友的家人和朋友。

除了串门，业主根据各种需求继续通过 KC 业主网站扩展社区网络，因为 KC 小区绝大部分是中产白领，而且是来自外省的中产白领居多。这个群体的同质性决定了这个群体在需求上也具有很多相似点，共同的需求使业主在互联网支持下迅速组合到一起，形成多元化的以需求为媒的社区网络。

由于 KC 小区的业主大多以从事脑力劳动为主，需要以运动来消解脑力劳动带来的疲劳和健身运动，因此，运动成为 KC 业主一个非常重要的共同需求，在这种共同需求的驱动之下，KC业主通过业主网站建构了各种各样的运动网：

> 我在大学时就喜欢打篮球，现在在一间 IT 公司上班，比较辛苦，也需要打打球锻炼锻炼身体，我就想在小区找一帮喜欢打篮球的业主，我就在网站上建了一个"篮球发烧友"专栏，并且留下自己的联系方式，好家伙，早上发出去的，到晚上就有 50 个人来报名，后来更是发展到了近 200 人，后来我们干脆成立的一个"KC 篮球协会"，选出了会长，定了制度，后来这个篮球圈子越来越大，发展到现在每条街都有一个篮球队，然后定期举行篮球赛。（KC 业主 15）

许多其他运动网的建构过程都有类似的经历，都是通过某位业主在网上发起，然后一呼百应，迅速建构了多样化的运动网络，如足球网、网球网、排球网、羽毛球网、乒乓球网、甚至还有体操网，每个网络都有自己的非正式组织和例行活动。

这些运动网具有很强的扩张能力，它不仅可以吸引大量的运动爱好者，而且可以蔓延到运动者的亲友圈：

我是 KC 乒乓球总队的队员，我们 KC 有十几个羽毛球队，除了队员之间单独活动，我们各队之间还举行定期比赛，每场比赛，就有队员尽可能多的亲戚朋友动员过来做拉拉队，这样一来，做拉拉队的亲戚朋友彼此之间也就认识了。(KC 业主 16)

事实上，KC 运动网的扩张能力并不仅限于小区内部，有时还会扩展到小区之外：

我们 KC 的羽毛球队水平很高，有几个还是省队出身的，在整个广州都小有名气，于是就被外面的机关或小区拉过去比赛，有时候他们也会主动到小区来比试比试，这样来来去去的，和外面这帮人也混熟了。(KC 业主 17)

除了运动，旅游也越来越成为中产白领喜欢而且能够支付的一种偏好，这种需求也有很强的社区网络建构能力。旅游者对旅行社组织的团体旅游越来越厌倦，他们觉得旅行社的铜臭味太浓、团员之间关系也太陌生。于是，KC 小区的业主自己组团旅游成了一种时尚，因为这样可能摆脱旅行社的算计和生硬的时间安排以及团员之间的冷漠。每到寒暑假或"五一"或"十一"黄金周，就有业主在网站上发帖组团旅游，很多业主纷纷报名参加，这些参与者在网上就旅游的交通工具、旅游路线、时间安排、饮食住宿进行周密的讨论之后，就在几个核心成员的组织下，从 KC 小区出发，开始沿着预定的旅游线路旅行。小区的组团旅游不仅可以扩展社区网络，使原来不认识的业主因为旅游而相互认识起来，而且由于旅途之中的协作互助而建立起来的感情更可以起加固社区网络的作用：

我是今年暑假的时候参加了我们 KC 组织的去四川九寨沟的团体旅游，旅途其实是很辛苦的，但因为我们都是一个

小区的，所以大家一路走来都像亲人一样相互照应，路上有
走不动的、有生病的、有背不起包的、有情绪低落的，这些
人都得到了其他业主的悉心照顾，哎呀，那种感觉和旅行社
组团完全不同，感觉好温馨，就像一家人出游一样的，回
来之后，业主之间的感情更深了，关系更好了，有男女青
年还在路上擦出了爱情的火花，实话告诉你，我就是在这
次旅游中找到了我的另一半，现在我们都快要结婚了。
（KC 业主 17）

KC 业主来自外省，面对高风险的社会，作为单个的外来者
的力量显得相当的弱小，为了自我保护的需要，这些来自外省的
年轻人希望建立起在地缘基础上的老乡网，以便在面对共同的
"侵略者"时可以抱成一团同仇敌忾。当然，满足安全需要并不
是老乡网的唯一功能，通过老乡网，业主还能获得许多互补的信
息或共享各种社会资源。在 KC 的业主主要来自湖南、湖北、江
西、福建、山东和东北等地，在 KC 的网站上，来自这些地区的
业主都建立了自己的联谊专区。其中以湖南的"同湘会"最为火
热，会员特别多，据 KC 小区的物业公司介绍，这里的湖南人可
能占到 30%。这些老乡网除了在网上进行交流，网下也有频繁的
接触。笔者有幸认识了"同湘会"的会长，他向我介绍了"同湘
会"的基本状况：

　　我是"同湘会"的第一个发起人，我当时是基于一个什
么想法呢，作为外地人在广州这个地方打拼真不容易，每个
人都难免会碰到什么难事，老乡们帮衬帮衬，也就可以扛过
去；再有就是现在干什么都要有关系，关系太重要了，要在
这个大城市混下去，没关系都要千方百计找关系，大家既然
是老乡，本身就是一种关系，何不把它好好利用起来，互利
互惠呢？于是我就想把湖南人联合起来，搞了个"同湘会"，
发展很迅速，现在都有 300 多人了，我们还搞了几次联谊活

动，通过这个，大家联络了感情，还互通有无，起到了很好的效果。（KC 同湘会会长）

建立在趣缘基础上的各种旨趣网，也是 KC 社区网络的一大特色，比如歌唱协会、书画协会、吉他协会、音乐协会、摄影协会等等。

以上所列的运动网、旅游网、老乡网和旨趣网等社区网络都为一种相对稳定的需要所驱动，所以这些网络也比较稳定和持久。除了这些稳定的网络，还有一些社区网络是在某种临时的需要建构起来的，比如某个孕妇出于对孕育的无措和担忧而在网站上发起的孕育专栏，这个讨论网主要就孕育方面的知识展开讨论，这样的网络自然是临时性的，等孕妇变成产妇，讨论就没有必要了。但不可小看这些临时网络的作用，它可能为建立稳定的社区网络提供机会，很多业主就在讨论过程中为对方的智慧、人品、热情所吸引而产生建立稳定的朋友关系的冲动。

2. 由幼儿编织的社区网络

KC 业主除了在文化程度、经济收入和社会地位方面具有高度的同质性，在年龄上也有高度的同质性。从社区居委会居民登记簿的资料所进行的统计数据表明，KC 的业主 80% 处在 28～40 岁的年龄段，这个年龄段正好是育儿的高峰期。这意味着将近 80% 的家庭都有婴儿、幼儿或学童。儿童有天生的抱团的心理倾向，又没有形成成年人的心理防御机制，儿童的大量存在为社区网络的扩展提供了不可阻挡的动力。

在由儿童编织的社区网络中，可以分为婴儿网、幼儿网和学童网。KC "婴儿聚会" 堪称一道独特的风景线，每当早晨或傍晚温度适宜的时候，由产妇或老人用婴儿车推着婴儿向他们平常聚集的地方会合，在中心花园、华尔兹广场和小区喷泉处已经成了婴儿聚会的固定场所。在这里，那些带婴儿的大人围成一团团一簇簇，相互欣赏对方的孩子，交流着育儿的心得，讨论孩子发生的最新变化。婴儿还不具备用语言沟通的能力，他们之间不可能建立自己的网络，但他们的聚会为这些大人建构了广泛的关系网络，许多妇女或老人正是通过婴儿聚会认识了许多邻居。一位从东北来的老人向我讲述她通过这种方式建立邻里网络的经过：

> 我从东北过来，开始很不习惯，这里不像我们老家，一开门都是熟人，走到那儿都有唠嗑的人。但这里熟人就我女儿女婿，后来我女儿生下孩子，情况就变了，我和女儿天天抱着小外孙去外面溜达，小孩子喜欢到外面溜达呀，走到那个华尔兹广场，好家伙，像赶集似的，多得不得了，都是带孩子的，大家见面都打招呼，我一下子认识了一大把的人，粗粗算一下，在这个小区里认识的人不下一百吧！（KC 东北老人）

幼儿聚会的地方和婴儿聚会的地方有所不同，KC 小区的幼儿大都集中在小区的几个儿童乐园，KC 小区总共有 7 个儿童乐园，这里安装了各种幼童游乐器械，由于幼童开始有基础的语言能力，所以他们也开始发展自己的社交圈，但因为自理能力和保护能力不足，尚需要大人看护。小孩在儿童乐园快乐地游戏，大人们在旁边看护，同时也互相闲聊，这样，看护的大人们通过这个儿童乐园建构了他们的社交网络。

在 KC 小区，设有小学和幼儿园，小区的适龄儿童都在这里就读，他们通过学校这个公共空间建构了自己的社交网络，他们和要好的同学一起玩耍，一起上学。他们的网络同样具有扩张能力，因为他们经常地聚会自然给他们的父母们增加了偶遇的机会，随着偶遇机会的增加，于是父母们又建构了新的网络；同时，学童还有串门的习惯，通过串门，孩子把彼此的父母联系起来。

婴儿、幼儿与学童，由于他们还保留着人类喜欢结社成群的天性，在他们的带动下，大人们也结成了自己的社交网络，所以，小孩就好像大人的黏合剂，也就好像是小区的黏合剂。

3. 由老人编织的社区网络

KC 老人多也是它的一大特色，这里的业主大多介于 30~40 岁之间，处于这个年龄段的父母正好都上了五六十岁了，在城市上班的父母都退休了，在农村劳作的父母则也到了休息的年龄。他们被儿女请到广州来，可以让子女有机会让他们享享清福，而父母也不是废物，他们一来可以为年轻人看看家做做家务，二来可以让父母给带带孩子。父母享受了天伦之乐，而子女也省下了一大笔请佣人的开支。KC 的年轻人尽可能地把自己的父母请到广州来，所以 KC 的老人就特别的多，绝大多数家庭都有老人。

老人多为 KC 社区网络扩展作出了贡献，从远在千里的老家过广州来，最害怕的是孤独，白天他们的子女都在外面忙碌，家里连个说话的人都没有，要消除这种孤独，老人必须走出家门，和其他的老人交流，而 KC 无处不见的公共场所也为他们之间的交往提供了基础，他们正是通过在这些场所闲逛或休憩，遇到了其他同样来这里聊天的老人，有着相同需求的人自然很快就一拍即合，许多老人通过这种方式建立了属于自己的社交圈：

> 我来这小区快一年了，你问我习不习惯这里的生活，习惯得很，和老家没有什么区别，到处都是熟人，我在这里认识的人一百肯定不止，你要问我怎么认识的，很简单，就像我和你一样，不就认识了吗，这个小区有很多的好，最好就是有这么多的椅椅凳凳，你也来坐坐，我也来坐坐，坐到一起自然就有话可说。（KC 老人 01）

在 KC 小区由老人编织的网络决不仅限于聊天网，除了聊天解闷，老人还有其他许多需求，比如健身、休闲、娱乐等等，这些需求为老人结网提供足够动力来源。

对于中产家庭的老人而言，解决了衣食之忧，健身成为一项重要的需求，根据不同的偏好，KC 组建了不同形式的老人健身网。这些网络的建构是一个自发的过程，没有人刻意去劝说和组织，而是老人们自发的选择和参与。他们喜欢集体健身的方式，因为这样可以起相互督促的作用，也可以起结识邻里的作用，同时，这些老人都是从计划经济时代走过来，有过集体生产生活的共同体验，集体健身可以让他们重拾对过去的美好回忆，再有，有些健身运动需要人多才有气势，才能助兴。所以，健身具有很强的网络再生能力。

一个老人向笔者介绍了他们的太极健身小组的发展经历：

> 我练太极有 20 多年了，每天早晨都会练上个把小时，到我儿子这里来之后，我也没有间断，我开始不认识其他人，就自个儿在中心广场练太极，第二天就有几个老人在旁边看，慢慢地也跟着我做起来，可能是看到我功夫好，反正这是看得见的，后来学的人越来越多，现在我的学员都有 150 多个了。早晨到齐的时候，中心广场都被我们占了一大块。（KC 老人 02）

老人健身还有其他多种方式，比如爬山、舞剑、扭秧歌、跳花扇舞等等，方式越多，组建的健身网络越多，社区网络的覆盖范围越大。有的老人有多种健身爱好，可能同时参与几种健身运动，成为几个健身网络的交集，从而建构一个庞大的多元交叠的社交圈：

> 我打小就爱好很广的，进这个小区之后，我就参加了我蛮喜欢的多种健身活动，比如爬山、打太极、扭秧歌，这些我都参加了，这样，爬山队、太极队、秧歌队的人我都熟，我儿子都说我是个外交家。（KC 老人 04）

笔者为了了解 KC 老人的网络状况，专门在小区租住房屋进行观察，在小区比较宽敞的广场，可以看到成群结队的进行各种各样健身运动的老年群体，根据笔者粗略的估计，这种老人健身队大概有 20 多个，这些健身网络虽然随着季节而有所变化，但总的说来，其网络的规模和数量还在不断增长。

有些老人喜欢各种文娱活动，比如棋类、牌类和唱歌，KC小区有宽敞的公共空间，为老人从事文娱活动提供了平台，笔者亲眼观察过 KC 老人的歌唱小组，这是一个开放性的非正式组织，组员可以随进随出，笔者有幸结识了 KC 老年歌唱队的发起人，这是一个快 70 岁的老人，他向我讲述歌唱队成立的经过：

> 我原来是总政歌舞团的老指挥，退下来了，闲不住，老回忆过去在歌舞团的快乐时光，后来我在小区认识了几个也很喜欢唱歌的老人，和他们合计一下，就在小区中心广场的遮雨棚下组织大家来唱歌，我做我的指挥，他们几个人唱，后来多起来了，每次都有三四十个吧，原来计划每个星期六晚上唱一次，后来大家觉得不过瘾，就每周二、四、六晚唱，后来参加的人更多了，拉二胡的也来了，拉手风琴的也有了，弹电子琴的也来了，还有，不光是老人，还有很多年轻人也吸引过来了。（KC 老人 05）

下棋也是一种具有较强建网能力的娱乐活动，一两个老人下棋，可以引来一大堆老人围观。笔者发现这样的下棋网在 KC 也颇具规模，在几个楼盘的夹层，夹层既通风又宽敞明亮也可遮风挡雨，中间又安设了不少宽大的四方形的木制大方台，这些大方台可坐可卧，可容纳八九人，在中间把棋盘一摆，就是一个下棋的好所在，既坐得舒坦，又可容纳多位旁观者助兴。所以这里几乎集中了 KC 喜欢下棋的老人，每天这里都有成堆成簇的下棋和看棋的老人。

KC 老人在具有很强的社区网络建构能力，无论从他们建构的网络的规模还是数量，都超过了 KC 其他的同辈群体。很多老人同时归属多个社交网络，这种重叠的网络归属具有多种动员功能，首先，这种情况促进了资讯的交流，从而也加速了决策；其次，这种情况也有助于形成不同小圈子之间的互信基础，使不同网络成员之间的联合行动变得更加容易。

（三）社区网络的激活——从日常网络到行动网络

要去统计 KC 小区的小圈子到底有多少，是非常困难的，笔者对两个地方的进行观察，一个是 KC 互动的网络空间，一个是 KC 互动的物理空间，在这两个公共空间，笔者看到业主之间频繁的互动，发现小圈子的数量和规模也非同一般。而且，这些小圈子并不是孤立零散的，由于 KC 这些社区网络建立在运动、休闲、健身、娱乐等需求之上，不会引起威权政体的关注和限制，所以无须刻意隐蔽和封闭以形成各种独占归属的小圈子；而且 KC 这些网络或小圈子没有在技能、身份和经济等方面特别设限，具有相当的开放性，只要愿意，任何社区成员都可以加入。这种社交圈的开放特质使得个体在这些小圈子中可能具有多重归属，即可能同时隶属多个社交网络，这种情况笔者在上文已经涉及。多重归属在整合同一集体行动里的不同范畴方面，扮演了重要的角色。尤其值得注意的是，个人在社区网络动态中的双重性。一方面，个人（不仅是集体行动的组织者，更常包括了一般活动者）在非正式网络中与其他的成员形成互动关系。另一方面，多重归属的存在，以及各种网络之间的个人接触，有助于网络之间的互动，成为搭建网络之间的桥梁。[1] 所以，许多集体行动的研究者主张建构一种强调弹性和开放性的网络模型：在这个模型里，个人可以自由地加入许多不同的团体，与这些团体的成员建立起各种关系，而非屈从于单一的、全控的、派系般的网络或组织（Melucci, 1984a）。

网络之间的互动在日常生活中在不知不觉中发生，一旦出现了涉及 KC 小区公共权益的重大事件，这种网络之间的互动和串

---

[1]　Donatella della Porta、Mario Diani：《社会运动概论》，苗延威译，巨流图书出版有限公司，2002，第 139 页。

联可能更为迅速发生，整个社区网络将被动员起来。KC 小区已经发生过几次公共权益危机事件，每次事件都将 KC 的社区网络快速激活，促使原来似乎处于孤立隔绝状态的许多小圈子的人迅速参与维护公共利益的集体行动之中。本文就以 KC 组织伏击队抵抗飞车党的故事为例，谈谈社区网络快速"联网"的动员过程。

KC 小区地处城乡结合部，属黄村管辖，在管辖面积较大的黄村，仅有一个 10 来个警员的派出所维持社会治安，警力十分有限，周边正好是流动人口较为集中的出租屋地带，也是违法犯罪分子较为集中的地方。KC 小区相对于周边小区，是一个较为富有的中产白领小区，这很快吸引了犯罪分子的眼球。在 KC 业主第一期业主入住之后，周边就开始出现以一个摩托出租为名飞车抢劫的犯罪团伙，KC 业主将他们称之为"飞车党"，到 KC 业主全部入住之时，"飞车党"抢劫活动已经十分猖獗，许多业主尤其是回家较晚的女业主或家属深受其害，恨之入骨。KC 业主向相关职能部门多次反映，终因警力有限而没有得到有效的控制。于是 KC 业主组织了自己的"伏击队"，走向了针对飞车党的自主组织的"自卫还击战"。

这个行动在整个 GZ 市都产生了很大的反响，南方最有名的媒体对这件事进行了报道。笔者找到当时的发起人也就是后来的领导者古，了解伏击队的组织过程：

> KC 人遭"飞车党"的侵扰已经有好长时间了，大家已经到了忍无可忍的地步了。我为什么要组织这个伏击队，是有一次我和我女友一道回家，趁刚下车一个飞车党就抢走了我女友的小提包，里面有 6000 块钱，还有一些重要的证件。这个家伙好可恶，抢走了东西还要冲我笑，样子很得意很猖狂，我当时就在心里发誓，不制伏这帮劫匪我就不是人。我当天晚上就在我们的网站上发了帖子，把今天被抢劫的经过说了，然后发起倡议，希望组建我们 KC 伏击队，在作案高

峰时段在高发地带进行伏击。我在上面留下了我的联系方式，希望有意愿的业主和我联络。在短短一个星期，我们就组建了一个 50 多人参与的伏击队。（KC 业主古）

南方周末有一个对 KC 伏击队的专访，其中有一段这样的描述：吃尽"飞车党"苦头的业主纷纷报名，一个纯义务性质的"伏击队"在同年 6 月 9 日成立。"伏击队"的业主成员中不但有国企干部、媒体记者、私营企业主、公司白领，甚至还有 3 名警察与军人。在成立后两个多月中，"伏击队"队员增至 69 人，有"战车" 8 部。

但实际卷入伏击行动中的人数远远不止这 69 人，先后参加伏击任务的有 150 人。还有这 150 个伏击队员的亲友，还有为伏击队出钱出物的 KC 业主。据伏击队的主要组织者回忆，如果将出钱出物的业主计算在内，那至少有 70% 的业主参与到了伏击行动中去。面对共同的威胁，KC 小区既存的社区网络之间不再是彼此独立，而是迅速串联起来。最先从网络上看到伏击飞车党倡议的业主通过他个人所属的网络把消息广泛地传递出去，由于个人不止是属于一个社交网络，所以信息可以通过一个人传播到多个社交网络之中。这种网络的交叠性可以强化网络传递信息的功能，也因此加快了网络之间的连接速度。另一位伏击队员讲述了通过他个人的网络传播信息的情形：

我当天晚上在网上看到了古的倡议，这正合我意，这种想法其实我早就有了，只是我怕发动不起来，所以没有公开倡议过，现在有人倡议，我第一个站出来。然后我把这个很好的倡议告诉了我爱人和父母，又打电话或发邮件告诉 KC 玩得好的朋友。通过我直接告诉这个信息的人不下 20 人，间接告知的人那是难以估计的，因为我爱人、我父母还有我的朋友在 KC 都有他们的圈子，他们也会很快将这个信息告诉他们圈子里的人。我的爱人第二天就向我汇报，她在那天

把这个事告诉了所有他遇到的熟人，我的父母也有好几个圈子，他们同样把这个事传了出去。（KC 伏击队员）

一个关系到 KC 所有业主公共利益的事件，将 KC 既存的看似孤立的各种各样的网络迅速连接起来。这种网络的链接并不单纯是解决了某一个公共权益问题，更为重要的是，它由此而扩张了原有的社交网络，而参与者可能由于过去共同参与运动的经验而产生凝聚感，而这种原已存在的关系品质也可能影响往后"再续前缘"的决定（社会运动概论，151）。KC 业主经历过几次将各种社交网络串联起来共同行动的经验，这种串联不仅加强了不同网络之间的互动与合作，扩大了社区网络的广度和密度，而且让行动参与者在维权过程中结下了较为深刻的战斗情谊，产生了强大的凝聚力，为往后的集体行动奠定了基础。

（四）KC 社区网络建构中的启示

在前面文献回顾中已经提及群体网络建构理论，在综合各方观点的基础上，笔者概括了网络建构的 3 个必备条件，即人际吸引、互动空间和交往实践。人际吸引基于互动能够满足双方的需求，地位、声望、人格特质、相似性、互补性、群体目标满足需求的程度都是影响人际吸引的重要因素；互动空间是人际互动的载体或平台，它既包括互动的物理空间，如各种公共设施、公共场馆等，也包括互动的网络空间，如互联网等；交往实践为业主提供了身体近距离接触的机会、也为业主提供了相互了解对方地位、声望、人格特质、需求的相似性和互补性等多方面信息的机会、也即为业主提供了产生人际吸引的机会。这 3 种因素相互促长，共同作用于社区网络建构过程。

KC 小区的网络建构过程中，人际吸引、互动空间和交往实践是否扮演着至关重要的角色？

人际吸引是业主之间发生互动建立关系的内在驱动，没有人际吸引，业主不会主动去建立联系。要分析 KC 业主之间是否存在人际吸引，首先考察是否具备产生人际吸引的条件。就地位声望而言，KC 业主大部分从事经济收入较高、社会声望较高的职业，属于中产白领，处在社会的中上层。这样的地位能产生较强的人际吸引力；就需求的相似性而言，KC 业主之间存在很多相似性需求，比如因为在自我保护方面存在共同需求，促成业主之间在购房时就开始建立联系，KC 小区地处郊区因而具有在社区范围内进行交往的需求；KC 老人有娱乐健身休闲的共同需求促使他们建立了各种小圈子；KC 年轻业主有锻炼身体的需求促使他们组建了各种运动队；KC 的年轻育龄妇女有获得经验支持的需求所以建起了育儿网络，诸如此类，不胜枚举。就相似性而言，KC 业主在人口来源、文化背景、经济地位、价值观等等很多方面具有极大的相似性；就人格特质而言，很多 KC 的业主领袖或积极分子具有积极正向的人格特质，如业主古就是一位有才华、有能力、正派、豪爽的人。就需求的互补性而言，KC 业主在资源占有上与政府和开发商存在较大的异质性，政府代理人占有权力资本、开发商拥有经济资本而 KC 业主在文化资本的占有上具有优势，他们之间易产生人际吸引。所以，总体而言，KC 业主之间以及业主与外部个体、组织之间能产生较强的人际吸引力，这为他们之间的交往提供了较强的内在驱动力。

互动空间是人与人之间发生互动建立关系的载体或者平台。KC 小区不仅具备足够适宜互动的物理空间，如在文中描述的各种运动场、广场、花园、会馆、凳椅、草坪等等，还开辟了快捷的互动网络空间，如社区业主网站等。这些互动空间的存在既为社区成员之间发现潜在人际吸引提供机会，也为业已产生人际吸引的社区成员之间的互动提供了物质载体；而与 KC 小区相比，JD 小区实在的互动空间明显不足，而虚拟的互动空间还处于稀缺状态。

就交往实践而言，由于 KC 业主人际吸引力较大，又有足够的互动空间，这就为他们身体近距离接触提供了机会；同时，一些公共设施也为拉近他们的身体距离提供了便利，比如在上班或下班时段在电梯上的拥塞、在 KC 楼巴上车时的排队等候、在来回 KC 的楼巴上的乘坐等等，都为 KC 业主创设了交往实践的机会和条件；还有 KC 物业公司或业主自己组织的各种集体活动，比如篮球比赛、组团旅游等等，都为那些还不相识的业主提供了获得交往双方地位、背景、价值观、人格特质等等信息的机会，因而也就为他们提供了产生人际吸引的机会。

相对于 KC 小区，JD 小区在这 3 个必备条件方面存在明显欠缺，业主之间的人际吸引力弱、小区的互动空间稀缺、业主之间很少有交往实践。

3 种必备条件的差异导致了两个小区业主之间以及业主与政府、房地产集团以及媒体之间互动机会的差异，进而影响到小区关系网络的密度和强度。由于 KC 小区的人际吸引较强、互动空间较适宜和充足、交往实践较多，所以相对于 JD 小区，KC 小区不仅业主之间有着高密度和高强度的联系，而且业主和外界也有着广泛的联系，所以 KC 小区建构的是一种融合性的社区网络。反之，JD 小区则不仅业主之间缺乏联系，而且业主和外界（除和自己原有的亲友圈外）也缺乏联系，因此，这个小区的关系网络处于离散状态。

表 10-3　网络建构的条件与社区网络特性的关系

比 较 项 目		KC 小区	JD 小区
网络建构 条　　件	人际吸引	强	弱
	互动空间	较充足	较稀缺
	交往实践	多	少
社区网络特性		融合性	离散性

KC 社区网络建构过程从经验上证明了人际吸引、互动空间和交往实践是影响网络特性的 3 个必备条件。这 3 个必备条件是与社区成员的资源占有密切相关的，若从整体上改变社区成员的资源占有，其社区网络必然发生改变。但是，要从整体上改变一

个社区的资源占有，这个过程是相当艰难而缓慢的。在社会怨恨处于一触即发的当下，必须采取及时的干预方式来形塑有利于集体行动准制度化的社区网络，达到及时释放社会怨恨因而促进社会整合的功能。协调社会关系，缓和社会冲突正好是社会工作的重要功能之一，因此，在处于多事之秋的新型社区引入社会工作，通过社会工作的介入来改变社区关系、缓和社区矛盾，不失为一种切实有效的策略选择。那么，社会工作当如何介入新型社区，以建构有利于集体行动准制度化的社区网络，正是笔者在接下来的章节要解答的问题。

第四节　社区网络建构中的 社会工作介入

社会工作当如何介入有利于集体行动准制度化的社区网络？影响社区网络建构的 3 个关键变量是人际吸引、互动空间和交往实践。因此，社会工作当从影响这 3 个变量来介入社区网络建构。通过改变人际吸引、互动空间和交往实践来重塑社区网络，以营造一个有利于集体行动准制度化的网络环境。社会工作介入可以从两个维度来进行讨论，其一是作为社会工作研究人员如何介入社区网络建构，其二是作为社会工作者当如何介入社区网络建构。

（一）现行社区体制批判

人际吸引力是影响网络建构的最为关键的因素，人际吸引的强弱在很大程度上取决于双方的资源互赖程度，也就是在需求上的互补性。交往双方资源互赖程度越高，则人际吸引力越强，也就越倾向于建立联系。

KC 小区业主与业主之间以及业主与外部组织和群体之间之所以能够建构融合性社区网络，很大程度上是因为他们之间存在较强的资源互赖，也就产生了较强的人际吸引。当然，像 KC 小区这样在内部和外部之间产生较强人际吸引、能够建立起融合性社区网络的新型社区并不多，大部分小区业主之间以及业主与外界之间的人际吸引类似于 JD 小区，其社区网络也类似于 JD 小区处于离散状态。

社区人际吸引力强弱与社区成员的资源占有息息相关，同时也与社区体制紧密关联。本研究将社区体制界定为对社区权利关系模式的制度性安排。按照这个定义，社区体制就是从制度上赋予社区成员某些经济资源和权力资源，可以说，社区体制在一定程度上决定了社区成员的部分资源占有，因此在一定程度上也就决定了社区成员之间以及社区成员与外界组织和群体之间的人际吸引力，也就在一定程度上形塑了他们的关系网络。

计划经济体制下的社区体制，是一种政府主导型社区管理模式。国家或单位几乎垄断了社区成员的经济资源、政治资源、教育资源等等关键资源的供给，因而社区成员产生对国家和单位的全面依附，同时，国家和单位也依赖于社区成员的政治忠诚和经济生产。除了国家和单位，还有社区成员的自治组织——居民委员会，它名义上是自治组织，实质上是政府职能的延伸，它通过掌握一定程度的体制内资源来对实现对部分边缘群体的社会控制，居委会向边缘群体提供一定的体制内资源，而社区的边缘群体则以服从社会控制作为交换。社区（一般以单位社区为主）成员则由于单位体制下的集中生产和资源的平均分配而使他们之间存在较强的人际吸引，因此，社区成员之间也建立了较为紧密的关系网络。计划经济体制下的社区体制，尽管是一种强制性的制度安排，但这种安排提高了社区成员之间以及社区成员与国家、单位和居委会的互赖性，因而强化了他们之间的人际吸引，从而有助于他们之间建立较为紧密的社区关系网络。

但是，随着计划经济体制向市场经济体制的转型，作为体制转轨产物的新型社区逐渐取代单位社区，其社区构成与权利关系发生了重大变化。国家和单位掌握的资源配置权减少，国家和单位向社区成员供给的资源减少。同时，社区成员对国家和单位的依赖程度降低，但是政府及其代理人仍然掌握了制定和执行规则的公权力，社区成员仍然依赖于政府的庇护，但另一方面则是社区成员缺乏对政府及其代理人的选择权和监督权，所以政府及其代理人不存在对社区成员的依赖。居委会作为政府职能的延伸很快渗透到新型社区，但由于居委会在人事安排、绩效评估、职能分工等等诸多方面由政府控制，因而居委会对政府仍然存在高度依赖关系，政府在一定程度上也依赖居委会对基层社区进行社会控制；就居委会和社区成员的关系而言，由于它向社区成员提供的体制内资源减少而使社区成员对居委会的依赖降低，不过由于它在社区内垄断了政务服务，所以社区成员对他的依赖关系依然存在。而居委会的产生、财政来源、政绩考评等等并未真正接受社区成员的选择和监督，所以，居委会不存在对社区成员的依赖或者依赖很弱。除了这些组织或群体，一些新的外生组织和内生组织在社区出现，这些外生组织主要是开发商和物业公司，开发商和物业公司垄断了对社区成员重要私人物品（如住房）和公共物品（如小区物业服务、安全服务、卫生服务等等）的供给，社区成员因此对开发商和物业公司存在依赖，但另一方面由于制度上赋予社区成员对开发商和物业公司的选择权和监督权十分有限或者缺乏可操作性，所以开发商和物业公司对社会成员的依赖程度很低；制度上虽然规定社区成员可以成立自己的自主组织——业主委员会来选择和监督物业公司，但是另一方面却给业主委员会的组建设置重重障碍，大大降低了社区成员对市场主体进行有效监督的可能性。居委会和新生的物业公司开始经历了一些摩擦，但新近出台的制度（GZ市地方条例）赋予了居委会对物业公司的部分监督权，居委会的一些工作也需要物业公司的配合，所以他们之间存在互赖关系。开发商和物业公司之间一般是非常紧密的互赖关系，物业公司通常就是隶属开发商的子公司，受开发商的全面控制，但另一方面开发商也依赖物业公司来维系在小区的利益。开发商和物业公司与政府及其代理人之间的互赖程度较高，政府依赖于开发商发展地方经济，开发商也依赖政府提供房地产的重要生产要素（如土地和贷款）。物业公司接受某些政府职能部门的监管，而某些政府代理人在一定程度上接受了开发商或物业公司的物质利益。

综上所述，政府及其代理人、开发商、物业公司、居委会之间存在较强的互赖关系，他们之间建立了较为紧密的关系网络。这些组织共同垄断了对新型社区成员重要私人物品和公共物品的供给，成为小区业主私人住宅、小区物业服务、政务服务和社会服务的唯一供给主体，笔者将他们总称为小区垄断集团。小区垄断集团的另一端是社区成员，由于他们异质性强、流动性大，居住年限较短，交往实践少。他们之间的资源互补性又尚待发现，因此，社区成员之间的人际吸引较弱，故而他们之间的关系网络处于离散状态。由于社区成员之间处于隔离松散状态，难以形成联合体，即使形成联合体（如成立业主委员会），也是一个松动软弱的联合体（凝聚力有限、没有法人地位）；而就社区成员与小区垄断集团之间互赖程度来说，小区垄断集团对重要私人物品（如住房）和公共物品的垄断强化了社区成员对他们的依赖，但另一方面是社区成员制度上没有被赋予对小区垄断集团切实有效的选择权和监督权。所以，小区垄断集团并不存在对社区成员的依赖或者这种依赖相当有限。因此，社区成员和小区垄断集团之间只存在单边依赖关系，即社区成员对小区垄断集团的单边依赖关系。这种单向依赖关系使得垄断集团和业主之间难以产生人际吸引，即使业主有和垄断集团进行互动的意愿，垄断集团不会产生和业主互动的意愿。因此，他们之间的关系处于断裂状态。

笔者将新型社区的关系网络概括为 9 个字，即"一头紧，一头松，中间断"，"一头紧"是开发商、政府、物业公司和居委会形成较为密切的联系，"一头松"是业主之间处于孤立松散状态，"中间断"是指小区垄断集团和业主之间形成的疏离关系。这种关系网络是在现行社区体制下产生的，主要根源于小区垄断集团对社区成员的单边垄断关系，因此称之为现行社区体制下商品小区的"单边垄断型关系模式"。

为了更清楚地表示现行社区体制下的商品小区的单边垄断型关系模式，笔者制图 10 - 2 加以显示。

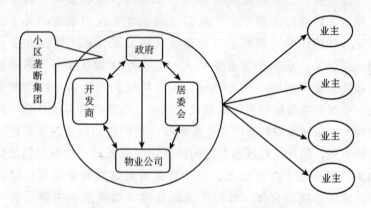

图 10 - 2 现行社区体制下商品小区的单边垄断型关系模式

显然，现行的社区体制在很大程度上降低了社区成员之间以及社区成员与外界组织之间的互赖性，有碍于将集体行动准制度化的社区网络的建构。因此，应当与时俱进，结合新型社区的实际情况改革现行的社区体制。

（二）社会工作研究人员对社区网络建构的介入

作为社会工作研究人员来说，要强化社区成员之间以及社区成员与各种组织之间的互赖性，促进融合性社区网络的建构。主要针对现行社区体制的弊端提出改良方案，以利于营建有利于集体行动准制度化的社区网络环境。为此，社区体制改革应致力于改变现行社区体制下单边垄断型关系模式。针对社区网络"一头紧"、"中间断"、"一头松"的离散和失衡特点，应采取"松一头"（就是松动小区垄断集团这一头，避免他们之间的关系过于紧密）、"紧一头"（就是强化社区成员之间的互赖关系）

和"连两头"（加强小区垄断集团和社区成员之间的联系）的
策略。

1."松一头"——弱化小区垄断集团的互赖关系

政府及其代理人、开发商、物业公司和居委会之间之所以结
成如此紧密的联系，当然与这些组织在资源占有和需求满足方面
的互补性息息相关，但是，现行的社区体制在一定程度上从制度
上强化了他们之间的互赖关系。因此，要降低他们之间的互赖
性，社区体制应当加以修正。

开发商和政府及其代理人之间存在非正式强连带，是因为政
府及其代理人掌握了部分重要资源的配置权、立法权和司法权，
这些权力资本对开发商的兴衰存亡发挥决定性影响。如政府及其
代理人对土地、资金的配置权，如果开发商无法得到土地和资金
这两种房地产基本的生产要素，则等于切断了开发商的命脉；政
府及其代理人所掌握的立法权和司法权，在很大程度上决定着开
发商的发展速度和发展路径。这些权力的行使由于缺乏有效监
督，为政府及其代理人提供了较为充足的寻租空间。而开发商私
人占有的雄厚的经济资本，为他们提供了租用这些权力资本的能
力和自主空间。要切断他们之间的不正当的交换关系，主要应对
政府及其代理人所掌握的权力资本的行使进行有效监督，比如房
地产重要生产要素由行政划拨转为由市场流通、房地产立法由房
地产主管部门单边立法转为房地产各利益相关主体多边立法
等等。

弱化物业公司和政府相关职能部门之间的互赖关系。房地产
主管部门掌握物业公司资质审批和监管权，物价部门控制物业服
务价格标准。由于物业公司尤其是作为开发商子公司的物业公司
和一些政府代理人建立非正式强关系，使得主管部门在物业立法
和行政中更多向物业公司倾斜。要弱化二者的互赖关系，应当将
资质审批和监管权分离，将对物业公司的主要监督权下放给业主
或业主组织，物业服务收费标准由物价部门定价转为由市场
定价。

弱化开发商和物业公司的互赖关系。按照物业管理条例，在业主委员会没有成立之前，物业公司一般由开发商派生或者开发商指定。这种规定必然使物业公司为业主提供服务变为物业公司为开发商服务。要切断他们之间的关系，应当实行开发商和物业公司分离制，前期物业不由开发商委派下属公司或指定物业公司管理，而应由多个部门组成联合招标小组对物业管理进行公开招标。

弱化居委会和政府的互赖关系。居委会从产生方式、人事安排、到财政来源与绩效考核受到政府的全面控制。这种制度安排使居委会由形式上的社区居民自治组织成为实质上的基层行政组织，居委会服务于政府的目标凌驾于服务于社会的目标。要弱化二者的关系，应当改变居委会的性质和职能，将居委会改造成社会服务机构——社区服务社，社区服务社隶属更大的社会服务机构，社区服务社人员、人事安排和绩效考评由上级社会服务机构控制，财政来源则由政府向服务机构购买政务服务的费用和社区向服务机构购买社会服务的费用组成。

2. "紧一头"——强化社区成员之间的互赖关系

社区成员之间的互赖关系较弱，除了异质性强、流动性大，居住年限较短，交往实践少之外，社区成员的潜在互赖性未被发现也是一个重要原因之一。社区成员其实存在较强的需求相似性和互补性，但是，由于缺乏沟通的机会，所以社区成员之间的互赖性也就缺少发现的机会。增加沟通机会是促进"互赖性发现"，因而是促进人际吸引的主要途径。为此，必须为社区成员寻求积极的组织者，在社区尚未发育成熟之前，社区服务社应当担当这一重任。当然，为了发挥社区服务社的组织积极性，社区要从社区公共服务经费中抽取一部分作为社区服务社的工作经费。社区服务社要把服务社区作为主要工作目标，通过创造合适的互动空间、通过组织集体活动来推进他们之间的"互赖性发现"。在发现互赖性之后，社区成员的人际吸引增强，在人际吸引力的驱动之下，社会成员将与相似性需求和互补性需求的其他社区成员建立关系网络，随着关系网络的扩展和交叠，将进一步促进"互赖性发现"，使社区成员的互赖关系网络更加紧密和扩大。此外，社区服务社应将扶持和协助组建业主委员会作为一项重要的任务，业主委员会的组建成本由社区成员共同支付。

除了要强化社区成员的互赖关系，还应加强业主委员会和社区成员之间的关系，为此，社区服务社在组建业主委员会过程中要充分发动社区成员参与，以保证业委会的代表性，同时，要扩大社区成员对业委会的监督权。

要强化社区服务社和社区成员之间的互赖关系，主要是通过社区向社区服务社购买社会服务的方式建立服务和被服务的关系。

3. "连两头"——强化小区垄断集团和社区成员之间的互赖关系

社区成员和小区垄断集团之间的关系处于割裂状态，主要是社区成员对小区垄断集团存在依赖，而小区垄断集团对社区成员不存在依赖或者依赖很弱。要改变两者之间的割裂关系状态，必须改单向依赖为双向依赖，即小区垄断集团与社区成员之间互相依赖。由于社区成员对小区垄断集团依赖程度已经比较高，因此主要是强化小区垄断集团对社区成员之间的依赖。只有形成双向依赖关系，才能促进两者的人际吸引，使断裂的"两头"连接起来。要改变社区成员在文化资源和经济资源占有状况需要一个长期的过程，相对而言，赋予社区成员对小区垄断集团的选择权和监督权可以在短期内得到实现。

将社区物业服务的自主选择权和监督权还给社区成员，根据《物业管理条例规定》，业主委员会应当自选举产生之日起30日内，向物业所在地的区、县人民政府房地产行政主管部门备案。而对于业主委员会是什么样的性质却未见任何法律、法规或规章提及。根据民法理论及民法通则的规定，在民事行为主体中，可大体分为公民、法人及其他组织，但是业主委员会显然不具备任何一种类型的特征与要求。因此，对于业主委员会的性质与地位，现有的规定既不明确也不准确，操作性极差，也会给权利的行使带来负面的影响。业委会的法律地位低，使得它难以成为真正代表和维护业主利益的权益组织，因而难以对政府和开发商等市场主体以及居委会进行有效的监督和制衡，也因此降低了业委会、政府、市场以及居委会之间的互赖关系。互赖程度降低，自然会减低他们之间的互动机会，有损于融合性社区关系网络的建构。同时，由于业委会职权有限，难以真正满足保护业主权益的需求，需求满足程度降低使得业主对业委会的认同和参与意愿降低，亦因此影响业主在以业委会为载体的互动机会。

有部分政府代理人参与的房地产利益集团，是一个权力与金钱结盟的分利集团。这个利益集团由于有权力精英的深度参与，商品房预售制度、物业管理条例等一系列房地产市场规则明显倾向维护房地产利益集团的利益，政府职能部门的执法行为亦倾向维护房地产利益集团的利益，使得房地产消费者难以对这个利益集团进行有效的制衡。消费者对市场监督权力的缺失使得二者之间不可能形成对等的互赖关系，也因此难以促进二者之间的良性互动。为此，在制度上应当进行有利于制约市场组织行为的改革，如废除商品房预售制度、建立商品房售前检查制度、物业纠纷案中政府相关职能部门负责人的责任追究制、开发商与物业公司分离制等等。总之，要从制度上遏制房地产利益集团对国家权力的侵蚀，强化消费者对房地产供应商市场行为的监督和制约。

总之，所有这些制度安排要着眼于建立和加强社区各个利益群体之间的互赖关系，增加各群体内部成员之间以及各群体之间的互动机会，促进融合性社区关系网络的建构，提高社会整合度。如果按照这样的思路来改革社区体制，商品小区将建构多边互赖型关系模式，为了直观的表示商品小区业主之间，业主与业委会之间，业主与开发商/政府/社区服务机构（由居委会改造而来）/物业公司之间，开发商与政府/物业公司/社区服务机构之间的多边互赖关系，特用图 10 - 3 加以显示。

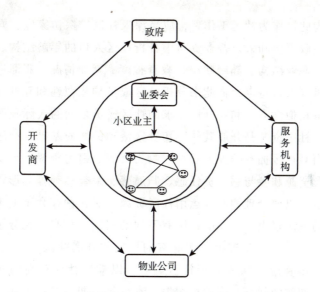

图 10-3　新型社区体制下商品小区的多边互赖型关系模式

（三）社区社会工作者对社区网络建构的介入

在社区网络建构尤其是在都市新型社区网络建构中，人际吸引、互动空间和交往实践发挥着关键作用，因此，社会工作者在都市新型社区的网络建构中应紧紧围绕促进人际吸引、创设互动空间和增进交往实践等几个方面着力。

1. 促进人际吸引

影响人际吸引力的主要因素有地位、相似性、互补性、人格特质、功成名就和群体活动或目标。要促进社区成员以及社区成员与外部组织的人际吸引，社区体制应该朝着有利于提高人际吸引的方向改变这些制约因素。社区工作者通过社区分析、社区发展、社区策划、社区组织和社区教育等多种工作模式介入社区网络建构。

首先，做好社区分析，充分了解社区人口、资源、问题与需要。这是运用其他社区工作方法介入社区网络建构的基础和前提。为此，作为社区工作者，应当深入社区、探访家庭，同时从人口户政资料和人口普查资料中分析社区人口的年龄结构、种族分布、职业结构、健康状况、教育程度、就业情况、犯罪率、离婚率等等人口特点，据此来分析社区成员的相似性和互补性，为促进有相似性需求和互补性需求的社区成员之间的人际吸引提供依据；社区资源是开展其他一切社区活动的物质基础，社区工作者应当对社区拥有的人力资源、物力资源、财力资源、组织资源等有形资源和参与感、责任感、归属感、荣誉感等等无形资源了如指掌，以便合理调配和运用社区资源开展各种有利于促进人际吸引的社区建设；不同的社区有不同的问题，只有在充分了解社区问题之所在的基础上，才能有的放矢的开展社区工作，为此，社区工作者应当深入开展社区调查，以掌握社区存在的问题状况，比如贫困问题、房地产纠纷、青少年犯罪、老年人照护、环境污染、邻里矛盾、家庭婚姻等等。在了解了社区问题的基础上，才能更进一步发现社区需要，社区工作者才能开展以满足社区需要为目标的社区建设。

其次，在准确评估社区需要的基础上进行社区策划。群体的活动与目标也对人际吸引产生相当重要的制约作用，群体的活动或目标越是能够满足成员的需要，则成员参与度越高，成员之间更容易产生相互吸引。因此，增加群体活动或目标对成员需要的满足程度，是促进人际吸引的重要手段。一些都市社区进行的社区策划，往往没有考虑社区成员的需要而过于偏重于政府的需要，或者没有准确评估社区的需要。结果造成社区建设中一头热（政府和社区工作者很卖力）一头冷（社区成员参与度很低）、费力不讨好的现象。低参与度不利于促进社区成员的社会吸引，有碍于社区网络建构。因此，社区工作者在进行社区策划时，应当准确估计社区需要，社区需要包括物质、关系、成长、机会及权利的需要。[①]

---

① B. S. Jahnson. 1984. Theory and Practice of Social welfare Policy: Analysis, Processes, and Current Issues. California: Wadsworth. p. 8.

社区工作者可以通过以下方法来确定需要，即（1）参与性方法，例如讨论会、访问主要人物、咨询专家及调查等；（2）社会指标，是指收入、教育程度、失业状况及犯罪数字等；（3）服务数字，例如现有接受服务的背景、等候服务的人数等。[①]

再次，以满足社区成员福祉为目标扶持和发展社区组织。在一些城市的社区建设中，社区工作者为实现政府目标，致力发展社区正式或非正式组织，但是，这些社区组织的组建和发展不是基于满足社区成员的需要，而是基于政府追求政绩的考量。因此成为只有形式没有内容、只有牌子没有资源的空壳组织。这样的社区组织也就无法真正实现满足社区需求的目标，因而无法吸引社区成员的广泛参与，难以增进社区成员的交往机会，促进社区成员的人际吸引。因此，社区工作者应努力纠正扶持和发展社区组织的目标偏移，将原来以政府目标为主转移到以社会目标为主。社区组织的目标有正式目标和操作目标之分，社区工作者应将促进社区或社群成员的福利、或促进社会公义、提高社区成员参与意识等作为发展社区组织的正式目标；由于社区组织内成员有不同的意见、喜好及利益取向，因此，制定操作目标时应经过成员平等的讨论和协商。同时，由于社区组织所处的环境会发生变化，组织成员亦可能发生更替，社区组织的操作目标也应当及时做出相应的调整。[②]

扶持和发展以满足社区福祉为依归的社区组织不仅有利于促进社区成员之间的内部吸引，而且有利于促进社区成员与外部组织或群体之间的人际吸引。社区组织各自拥有不同的资源，可以和其他社区以外的组织建立交换关系；社区组织亦可以联合成员的资源和力量，抵制政府或强势集团对社区公共物品的垄断，建

---

① W. Kimmel. 1983. "Needs Assessment: A Critical Prespective," in Readings in Community Organization Practice, edited by R. M. Kramer and H. Speckt (3rd edition); New Jersey: Prentice-Hall: 289 – 304.

② D. N. Thomas, 1983. The Making of Community Work. London: George Allen and Unwin: 89 – 108.

立互赖关系，从而达致促进人际吸引，推促社区成员与外部组织或群体之间的网络建构。

最后，以培植社区领袖作为社区教育的重心。社区教育是社区工作者的一项重要任务，目的是促进社区成员掌握自己命运的信心和能力，使他们能够积极投入社区服务，争取权益。社区教育常用的手法有知识及资料的传播、领袖训练、社会行动、群众动员、社区关系和互助运动等等。这些手法能否在都市新型社区富有成效地开展，在很大程度上依赖于社区关系网络的融合程度。对于离散型社区而言，应该把重点先放在建构融合型社区网络。为此，应该首先培植社区领袖，借用他们非凡的人际吸引能力来建构和扩展社区网络。如何培植社区领袖？社区工作者首先要深入调查和了解社区，发现可以作为社区领袖的人选，因为社区领袖必须具有较强的人际吸引力，而要具有较强的人际吸引力必须具有正向积极的人格特质或者具有较高的声望地位或社会地位，这些特殊人才需要社区工作者去调查和发现。发现之后，社区工作者主要扮演教练、导师、顾问的角色，按照个别领袖的情况及水平，设计训练内容，多以隐蔽或渗透方式诸如家庭探访、讨论和分享向社区领袖提供有关政策发展的背景资料和分析架构。通过对社区领袖的训练，鼓励和协助社区领袖在法律框架下建构融合型社区网络，以动员社区成员共同应对公共事务。

2. 增进交往实践

马克思认为交往实践是各种社会关系得以建立的桥梁和中介，组织行为理论认为身体距离是影响人际关系的一个关键变量。这两种观点可以找到相通之处，交往实践自然是一种近距离接触的社会交往行动，没有近距离的接触就不会产生社会交往，而没有交往实践，就难以拉近人与人之间的身体距离。因此，要在社区建构融合性社区网络，应当努力增进社区成员之间及其与外部群体或组织之间的交往实践。作为社区工作者，可以通过社区发展、社区教育和集体行动等工作方式来增进交往实践。

首先，以提高社区参与作为社区发展的主要介入目标。谭马士将社区发展的介入目标定为：（1）各种社会网络的重新建立；
（2）居民互动及交往的增加；（3）邻舍关系的改善；（4）居民及
团体之间重建紧密的联系；（5）居民醒悟参与的重要，并愿意承
担责任；（6）居民对社区更加认同及投入。① 所以这一切目标的
实现，都要以社区成员的参与作为基础，没有社区成员的参与，
其他一切目标难以实现，尤其是前4个目标，因为前4个目标都
关系社区网络建构。在社区发展进程中，如果没有或缺乏社区居
民的参与，意味着居民没有或缺少交往实践，没有近距离的接触
机会，则邻舍之间、居民与团体以及其他各种社会关系就无法建
立起来。因此，社区工作者在社区发展中要努力提高社区居民的
参与。为此，社区工作者在观念上抛弃那种社区问题要依赖外部
力量介入或社区精英解决或社区工作者解决的观念。在实践中要
扮演使能者、中介人和导师的角色，所谓扮演使能者的角色就是
指社区工作者主要运用非指导性的手法，协助社区成员界定社区
问题和社区需要并帮助表达对社区问题的不满，鼓励和协助他们
组织起来，帮助他们建立良好的沟通管道及人际关系，以及催化
共同目标的产生；所谓扮演导师的角色，就是协助社区成员解决
问题和组织的技巧，以及培养积极参与和自助互助的精神；所谓
扮演中介人的角色，就是在解决社区问题的过程中，协助社区各
个群体、组织或个人，促进他们之间的沟通与合作，以调动社区
资源，改善社区问题。

其次，以协助社会行动作为社区工作的一种重要的介入模
式。罗夫曼认为，社会行动是指处于不利地位的群体，需要被组
织起来，联合其他人去向整个社会争取资源及取得符合民主及公
正的对待。社会行动包括对话性行动、抗议性行动、对抗性行动
和暴力性行动。在威权主义政制之下，后3种社会行动是受到政
府的严格限制，但社区工作者可以协助社区成员联合起来进行对
话性行动，以减少抗议性行动、对抗性行动和暴力性行动的发生

① 冯国坚：《社区工作理论与实践》，香港中文大学出版社，1994，第109页。

的可能性，维护社会的稳定。通过联合行动，可以增强处于不利地位的社区成员的力量和声势，从而迫使强势集团和社区成员进行讨价还价的对话，增进社区成员与强势群体之间的交往实践。当然，最主要的是通过联合行动，可以促进社区成员之间的交往实践，以推动社区融合性网络的建构。在社会行动过程中，社区工作者要把提高社区参与和促成不同利益相关组织和群体之间的沟通作为社会行动的主要过程目标。为此，社区工作者在行动过程中要时刻牢记社区成员的主体地位，千万不可让社区成员成为被动的参与者或盲从者。尽管社区工作者在社会行动中可以扮演较为主导的角色，但并不意味着可以代替社区成员进行组织工作，还应该让居民参与和决定社会行动的目标、方式和策略等等。

除此之外，社区工作者也可以针对社区公共事务来动员社区成员联合起来促成共意性行动，在都市新型社区，由于社区关系处于重构和社区体制尚待完善之中，各种公共事务危机层出不穷，而且这些危机难以引起社区成员的醒觉、关注或者社区成员权能感低而无能为力。为此，社区工作者应及早发现社区问题，针对这些问题进行初步的资料搜集，准确评估社区问题的严重程度，然后召开业主大会或居民大会，广泛宣传社区问题，发动社区成员参与及商讨对策，同时还应当积极向外宣传，引起社会人士及政府的关注、同情和支持。共意性行动可以促进更多社区成员和社会人士及政府的参与和沟通，更加增进他们之间的交往实践，有助于建构融合性的社区网络。

3. 创设互动空间

任何交往行动都离不开互动的渠道和空间，社区成员之间及其与外部的社会交往同样需要以一定的空间为依托，而在住房供给模式改变之后，市场供给主体为了获取高额利润，将社区成员的公共互动空间尽量最小化，互动空间的缺失阻碍了社区成员与内部和外界的社会交往，成为制约社区网络建构的关键因素。因此，要在新型社区创造良好的互动空间，促进社区融合型网络的建构，应在社区内创设供社区成员进行交往的适量适宜的互动空间。

对于新型都市社区而言，尽管住房供给模式由政府供给转变为由市场供给，供给模式的转变在一定程度上取消了住房消费者的身份限制，增加了住房消费者自主选择权，但这种选择权受到住房消费者经济地位的严格限制，可以说，消费者的钱袋在很大程度上决定了他所能选择的社区及其社区的互动空间。尽管如此，社区工作者在创设社区互动空间中仍然可以从两个方面介入互动空间的再造。

一方面，积极动员社区成员根据交往需求再造社区互动的物理空间。为此，社区工作者应当首先充分了解社区内可供社区成员进行互动的物理空间，这些空间包括半私密性空间（如住宅入口、外廊、雨篷、屋檐等半室外空间和屋顶平台、庭院等室外空间）、半公共性空间（诸如宅前道路、可上人的绿地、公共庭院以及小型活动场地、花园等）和公共性空间（如社区会所、各类综合服务设施和居住区内的广场和公园等），还要了解社区成员的交往需求和对现有互动空间的利用率与满意度。在做好社区调查的基础上，分析社区互动空间问题的症结，是社区互动空间不足还是社区空间设计不适合交往。找出症结之后，社区工作者不应自作主张扮演主导者角色，还应扮演一个使能者的角色。应组织社区成员开展广泛深入的讨论，通过集体参与民主决策的方式改造或增设社区互动空间。社区工作者可以从两方面协助社区成员获得重建互动空间所需的资源，一是联合社区成员的力量争取从开发商或政府那里获取，一是动员社区成员募捐或建立社区公共财政以获得再造互动空间所需的资源。

另一方面，充分调动社区资源以建立社区成员互动的网络空间。通过网络空间进行互动不仅降低了社区成员的交往成本，加快了交往的速度，而且可以超越时空的限制、扩展交往的范围。因此，网络空间越来越受到社区成员的重视和青睐，在都市新型社区尤其是白领社区中网络空间越来越成为社区成员进行互动的主要载体。但是，网络空间的利用受社区成员经济地位、教育程度等等条件的限制，因此很多都市新型社区还没有开发和利用社区互动的网络空间。社区工作者应当充分调动和集中社区资源，或者积极和政府沟通，争取政府的援助，将互联网引入社区，并建立社区网站。让社区成员可以以互联网尤其是社区内部网站作为平台，顺利进行广泛而频密的社区互动。

促进人际吸引、增进交往实践和创设互动空间这 3 个方面是相辅相成的，具备了适量适宜的互动空间，社区成员就可以进行交往活动，有了交往实践，就为社区成员提供了彼此认知对方背景、价值观、态度、喜好、资源占有以及各种需求的机会，从而促进人际吸引。人际吸引又反过来为他们增进交往创设互动空间提供了内驱力。如此循环往复，相互促长，社区网络将日趋融合。

附　　录

附录1　对小区业主的访谈提纲

（一）关于互动机会

（1）和小区其他业主交往能否给你带来好处？是否意愿与小区其他业主交往？

（2）在小区内你觉得是否有合适的场所或地方和其他业主聊天或搞活动？

（3）你是否上网？是否在网上和小区其他业主有过交谈？

（4）你和其他业主近距离接触的机会是否经常？

（5）你和政府部门的人是否经常打交道？

（6）你和你们小区的开发商是否有私人关系？

（7）你和物业公司的人是否有私人交情？

（二）关于社区网络与情感

（1）你喜欢你的邻居和你的小区吗？

（2）你对你们小区的开发商有何评价？

（3）你对你们小区的物业公司有何评价？

（4）你对房管局的人有何评价？

（三）关于社区网络与解释

（1）你是否为能成为你们小区的业主而感到荣幸？

（2）你是否和其他业主参与了关于小区权益问题的讨论？

（3）你觉得那些带头的业主或小区公共舆论对小区存在的问题是否讲清了？

（4）你是否参与了关于小区如何维权的讨论？

（5）你对你们小区维权的策略是否满意？

（6）你是否向大家提出了自己的维权口号或标语？

（7）你是否赞同或支持你们小区提出了维权口号或标语？

（四）关于社区网络与理性

（1）关于你们小区维权的信息，你掌握了多少？是从哪里得到的？

（2）在小区维权中，你能否看到你所认识的业主所作的贡献的大小？

（3）你是否是维权积极分子，你是否受到了其他业主对你的感激和尊敬？

（4）你是否是组织者，你是主动还是被大家推举出来担任组织工作的？

（5）如果有业主因为维权而面临危险，你是否愿意为他提供保护或帮助？

（6）在你因维权面临危险的时候，你是否得到了在政府部门工作的亲友的帮助？

（7）你能否察觉其他业主的参与意愿，你能否据此来推测维权成功的可能性？

（五）关于集体行动的形态

（1）你觉得你们小区参与维权的业主比例有多高？

（2）在维权行动中，你是否愿意服从维权组织或组织者的安排？

（3）你是否希望采取何种方式（温和还是暴力）来维护权益？

（4）你认为你们小区的维权是否理性有序？

（六）关于集体行动绩效

（1）你觉得你们小区维权是否付出了很大代价，表现在哪些方面？

（2）你对你们小区维权的结果是否满意？

（3）经过这次维权，你是否认识了更多的业主？

（4）经过维权事件后，你对你们小区的感情有何变化？

（5）维权行动结束后，你对政府或开发商或物业公司的观感有何变化？

（6）如果以后再出现利益受损的情况，你选择采取何种方式来维权？

附录2　攻读博士学位期间发表的论文

1.《集体行动何以可能？》，《开放时代》（双月刊）2006年第1期。

2.《在集体抗议的背后》，〔美〕《当代中国研究》（季刊）2006年第2期。

3.《论房地产开发中的三种不和谐》，2005年7月7日《广州日报》理论版。

4.《广州市弱势群体生活状况调查》，华人社区服务研讨会论文，长沙，2003年10月。

参 考 文 献

中文部分

1. 戈国莲、赵四海：《我国城镇住房制度改革的背景和实践》，《社会主义研究》2004 年第 6 期，第 78 页。

2. 程浩、黄卫平、汪永成：《中国社会利益利益集团研究》，《战略与管理》2003 年第 4 期。

3. 汝信、陆学艺、李培林：《2005 年：中国社会形势分析与预测》（社会蓝皮书），社会科学文献出版社，2004。

4. 波普诺：《社会学》下册，辽宁人民出版社，1988，第 566～567 页。

5. 巴克：《社会心理学》，南开大学出版社，1984，第 178 页。

6. R. H. 特纳：《集群行为》，载 R. 法里斯主编《现代社会学手册》，1964，第 382～425 页。

7. 何明修：《集体行动中的情绪、仪式与宗教：一个涂尔干社会学的分析》，《社会理论学报》2004 年第 1 期，第 41～87 页。

8. Donatella della Porta、Mario Diani：《社会运动概论》，苗延威译，巨流图书出版有限公司，2002，第 34 页。

9. 刘能译：《社会运动理论的前沿领域》，北京大学出版社，2002，第 177 页。

10. 何明修：《政治机会结构与社会运动研究》，《国立政治大学社会学刊》2004 年第 37 期，第 57 页。

11. 乔纳森·特纳：《社会学理论的结构》，邱泽奇译，华夏出版社，2001，第 195 页。

12. 巴克：《社会心理学》，南开大学出版社，1984，第 178 页。

13. 科塞：《社会冲突的功能》，孙立平译，华夏出版社，1989，第 78 页。

14. 赵鼎新：《社会与政治运动讲义》，社会科学文献出版社，2005，第 6 页。

15. 冯国坚：《社区工作理论与实践》，香港中文大学出版社，1994，第 109 页。

16. 李强：《社会学》第 10 版，中国人民大学出版社，1999。

17. 刘继同：《社区就业与社区福利》，社会科学文献出版社，2003。

18. 埃莉诺·奥斯特罗姆：《公共事物的治理之道》，三联书店出版社，2000。

20. 齐铱：《中国内地和香港地区老年人生活状况与生活质量研究》，北京大学出版社，1998。

21. 艾伦·特韦尔威特里：《社区工作》，中国社会出版社，2002。

22. 陈伟东：《社区自治——自组织网络与制度设置》，中国社会科学出版社，2004。

23. 徐勇：《中国城市社区自治》，武汉出版社，2002。

24. 石志伟：《社会工作研究方法》，台湾红叶文化事业有限公司，2001。

25. 周雪光：《组织社会学十讲》，社会科学文献出版社，2003。

26. 李安：《社区发展在私屋——居民参与及管理》，香港屋宇事物促进会出版，1988。

27. 杨伟民：《社会政策导论》，中国人民大学出版社，2004。

28. 张庆东：《民主、官僚制与公共选择——政治科学中的经济学阐释》，中国青年出版社，2004。

29. 王名、刘国翰：《中国社团改革》，社会科学文献出版社，2001。

30. 景天魁：《社会工作理论与政策》，社会科学文献出版社，2004。

31. 王庆中、万育维：《人类需求多面向分析》，台湾红叶文化事业有限公司，2000。

32. 古学斌、阮曾媛琪：《本土中国社会工作的研究、实践与反思》，社会科学出版社，2004。

33. 李路路、李汉林：《中国的单位组织——资源、权力与交换》，浙江人民出版社，2000。

34. 杨伟民：《我国城市社区建设中的管理与自治》，《管理世界》2004 年第 2 期。

35. 杨团：《推进社区公共服务的经验研究——导入新制度因素的两种方式》，《管理世界》，2004。

36. 何海兵：《我国城市基层社会管理体制的变迁：从单位制、街居制到社区制》，《管理世界》2003 年第 1 期。

37. 迈克尔·欧克肖特：《政治中的理性主义》，张汝伦译，上海译文出版社，2004。

38. 刘泽华、张荣明：《公私观念与中国社会》，中国人民大学出版社，2003。

39. 王云骏：《民国南京城市社会管理》，江苏古籍出版社，2001。

40. 康德：《纯粹理性批判》，商务印书馆，1957。

41. 边燕杰：《市场转型与社会分层——美国社会学者分析中国》，三联书店出版社，2002。

42. 莫邦豪：《社区工作原理与实践》，香港集贤社，1994。

43. 刘继同：《社会工作宏观实务》，中国社会出版社，2004。

44. 郑大华：《民国乡村建设运动》，社会科学文献出版社，2000。

45. 孙柏瑛：《当代地方治理——面向二十一世纪的挑战》，人民大学出版社，2004。

46. 叶南客：《都市社会的微观再造》，东南大学出版社，2003。

47. 詹姆斯·科尔曼：《社会理论的基础》，社会科学文献出版社，1999。

48. 邓正来：《国家与市民社会》，中央编译出版社，2001。

49. 伊佩庄、张雅竹：《社区权力与公民参与》，中国社会出版社，2004。

50. 赫伯特·西蒙：《现代决策理论的基石》，北京经济学院出版社，1989，第45~62页。

51. 曼瑟尔·奥尔森：《集体行动的逻辑》，陈郁译，三联书店出版社，1968，第70~75页。

52. 潘正德：《团体动力学》，台湾心理出版社有限公司，1996，第40~44页。

53. 王思斌：《社会工作概论》[M]，高等教育出版社，1999，第115~116页。

54. 苏景辉：《社区工作：理论与实践》[M]，台湾巨流图书公司，1997，第144页。

55. 彼德·布劳：《社会生活中的交换与权力》，华夏出版社，1988。

56. 邓正来主编《布莱克维尔政治学百科全书》，中国政法大学出版社，1992。

57. 利普塞特：《民间社团的政治：个案研究》，商务印书馆，1993。

58. 时宪民：《体制的突破——北京市西城区个体户研究》，中国社会科学出版社，1993。

59. 孙立平等《动员与参与——第三部门募捐机制个案研究》，浙江人民出版社，1999。

60. 彼德·布劳：《社会生活中的交换与权力》，华夏出版社，1988。

61. 边燕杰：《城市居民社会资本的来源及作用：网络观点与调查发现》，《中国社会科学》2004年第3期。

62. 边燕杰、李煜：《中国城市家庭的社会网络资本》，《清华社会学评论》，2000。

63. 费孝通：《乡土中国生育制度》，北京大学出版社，1998。

65. 陆学艺主编《当代中国社会阶层研究报告》，社会科学文献出版社，2002。

66. 阮丹青、周路、布劳、魏昂德：《天津城市居民社会网初析》，《中国社会科学》1990年第2期。

67. 熊瑞梅、黄毅志：《社会资源与小资本阶级》，《中国社会学刊》，1992，第16页。

68. 张厚义：《私营企业主是中国社会阶层结构的重要组成部分》，陆学艺主编《当代中国社会阶层研究报告》，社会科学文献出版社，2002。

69. 张文宏、李沛良、阮丹青：《城市居民社会网络的阶层构成》，《社会学研究》2004年第6期。

70. 默顿：《局内人和局外人的视角》，《国外社会学》2001年第5期。

71. 叶启政：《进出"结构—行动"的困境》，台北三民书局，2000。

72. 汪胤：《论哈贝马斯关于劳动与相互作用理论及其现实意义》，《上海交通大学学报》（社科版）2001年第3期。

73. 哈贝马斯：《现代性的地平线》［M］，上海人民出版社，1997，第57~58页。

74. 哈贝马斯：《交往行动理论》（第2卷），重庆出版社，1994。

75. 姚大志、哈贝马斯：《交往活动理论及其问题》，《吉林大学学报》（社科版）2000年第6期。

76. 哈贝马斯：《生产力与交往——答克吕格问》，《天津社会科学》2001年第5期。

77. 郭忠志、胡桂华：《网络交往亟须道德文化支撑》，《科学技术与辩证法》2001年第5期。

78. 冯鹏志：《网络行动的规定与特征》，《学术界》2000年第2期。

79. 王思斌：《社会工作概论》，高等教育出版社，1999。

80. 甘炳光：《社区工作——理论与实践》，香港中文大学出版社，1998。

81. 徐中振：《上海社区建设的回顾与展望》载《上海社区发展报告》，上海大学出版社，2000。

82. 林尚立：《基层群众自治：中国民主政权建设的实践》，《政治与研究》1999年4月。

83. 卢汉龙：《单位与社区：中国城市社会生活的组织重建》，《社会科学》1999年第2期。

84. 马西恒：《社区建设：理论的方法与实践的贯通》，"社区建设与发展"全国理论研讨会论文，2000。

85. 施云华：《城市街道社区管理体制改革及其模式选择》，《社会学》1996年第2期。

86. 卢汉龙：《社区组织与基层重建》，上海大学出版社，2000。

87. 金盛华等：《心理交往学》，山东教育出版社，1992。

88. 金盛华、张杰：《当代社会心理学导论》，北京师范大学出版社，1995。

89. 达阿尼·舒尔兹：《心理学应用》，李德伟、金盛华、宋合义译，广西人民出版社，1987。

90. 柏拉图·斐多：《沈阳：辽宁人民出版社》，2000，第17页。

91. 戴维·波普诺：《社会学》，中国人民大学出版社，1999，第281页。

92. 弗兰西斯·福山：《信任：社会道德与繁荣的创造》，远方出版社，1998，第111~121页。

93. 丹尼尔·贝尔：《资本主义文化矛盾》，生活·读书·新知三联书店，1989，第198~200页

94. 黄厚铭：《网络人际关系的亲疏远近》，转引自黄少华，《论网络空间的人际交往》，《社会科学研究》2002年第4期，第93~97页。

95. 陈喜辉、付丽：《因特网的后现代主义文化特征》，《理论前沿》2004年第4期，第11~15页。

96. 多吉才让主编《城市社区建设读本》，中国社会出版社，2001。

97. 吴德隆、谷迎春：《中国城市社区建设》，知识出版社，1996。

98. 项飙、宋秀卿：《社区建设和我国城市社会的重构》，《战略与管理》1997年第6期。

99. 费孝通：《对上海社区建设的一点思考》，《社会学研究》2002年第4期。

100. 朱健刚：《城市街区的权力变迁：强国家和强社会模式》，《战

略与管理》1997 年第 4 期。

101. 王振耀：《论我国城市基层管理体制改革》，《城市街居通讯》1997 年第 2 期。

102. 孙立平：《社区、社会资本与社区发育》，《学海》2001 年第 4 期。

103. 马学理、张秀兰主编《中国社区建设发展之路》，红旗出版社，2001。

104. 赵孟营、王思斌：《走向善治与重建社会资本：中国城市社区建设目标模式的理论分析》，《江苏社会科学》2001 年第 4 期。

105. 徐勇：《论城市社区建设中的社区居民自治》，《华中师范大学学报》2001 年第 3 期。

106. 张秀兰、马学理：《中国社区建设解读》，《社会福利》2002 年第 1 期。

107. 王思斌：《我国城市居民社区参与意识探析》，《社会工作研究》1991 年第 2 期。

英文部分

108. Klandermans. Bert, 1989b. "Grievance Interpretation and Success Expectations: The Social Construction of Protest." *Social Behaviar*4: 113 – 25.

109. McCarthy and Zald. Social Movement in an Organizational Socirty, 17 – 18.

110. Bert Klandermans. 1989a. Organizing for Change: Social Movement Organizations in Europe and the United States. International Social Movement Research, Vol. 2. Greenwich, Conn.: JAI Press.: 123 – 26.

111. Bert Klandermans, and Dirk Oegama, 1987. "Potentials, Networks, Motivations and Barriers." *American Sociological Review* 52: 519 – 31.

112. Barrington Moore. 1966. Social Origins of Dictatorship and Democracy: Lord and Peasant in the Making of the Modern world. Boston: Beacon.

113. Ferree, Myra Marx, and Beth B. Hess. 1985. Controversy and Coalition: The New Feminist Movement. Boston: Twayne.

114. Melucci, Alberto. 1989. Nomalds of the present: Social Movements and Individual Needs in Contemporary Society. Philadephia: Temple University Press.

115. Aldon D. Morris, and Cedric Herring. 1987. "Theory and Research in Social Movements: A Critical Review," in Samuel Long ed., Annual Review of Political Behavior, Vol. 2. Norwood, N. J. : Ablex.

116. Lewis A. Coser, 1956. The Functions of Social Conflict. London: Free Press.

117. Kornhauser, William. 1959. The Politics of Mass Society. Glencoe, III: Free Press.

118. Jonathan H. Turner. 1998. The Structure of Sociological Theory (6th ed) . Wadsworth Publishing Company. 135.

119. Zald, Mayer N. , and Bert Useem. 1987. "Movement and Countermovement Interaction: Mobilization, Tactics and State Involvement," in Social Movement in an Organizational Society, ed. Mayer N. Zald and John D. McCarthy. New Brunswick, N. J. : Transaction Books.

120. Snow , Zuecher and Ekland-Olson, 1980. "Social Networks and Social Movements: A Microstructural Approach to Differential Recruitment. " *American Sociological Review* 45: 787 − 801.

121. Tarrow, Sidney. 1994. Power in Movement. New York: Cambridge University Press.

122. Calhoun, Forrest D. , 1989. Everyday Forms of Peasant Resistance. New York: M. E. Sharpe.

123. Zald, Mayer N. , and Bert Useem. 1987. "Movement and Counter-movement Interaction: Mobilization, Tactics and State Involvement," in Social Movement in an Organizational Society, ed. Mayer N. Zald and John D. McCarthy. New Brunswick, N. J. : Transaction Books.

124. Jaggar, James, and Jane Poulsen. 1989. "Animal Rights and Anti-Nuclear Protest: Condensing Symbols and the Critique of In-strumental Reason. " Photocopy.

125. Klandermans, Bert. 1989b. "Grievance Interpretation and Success Expectations: The Social Construction of Protest. " *Social Behabior* 4: 121 – 22.

126. Firedman and McAdam. 1992. "Collective Identity and Activism: Networks, Choices, and the Life of a Social Movement. " New Haven: Yale University Press. 161 – 170.

127. Laumamn, Edward O. 1973. Fonds of Pluralism: The Form and Substance of Urban Social Networks. New York: Wiley.

128. Granovetter, Mark. 1970. Getting a Job. Combridge, Mass. : Harvard University Press.

129. Bert Klandermans, and Dirk Oegama. 1990. "Erosion of a Movement's Support: The Unwanted Effects of Action Mobilization. " Submitted for Pubication.

130. Rule, James B. 1989. "Rationality and Non-rationality in Militant Collective Action. " *Sociological Theory* 7 : 57.

131. Feld, Scotl, &, Carter, W. C. Foci of Activity as Changing Contexts for Friendship. In H. G. Adam, G. & Allan, (Eds), Placing Friendship in Context UK: Cambridge University Press, 1998, pp. 136 – 152.

132. Blau, P. , 1977. A Macrosociological Theory of Social Structure, *American Journal of Sociology*, 83, 26 – 34.

133. Van der Poel, Mart. 1993. Personal Networks: A Rational-Choice

Explanation of Their Site and Composition Netherland: Swels & Zeitlinger B. V. Lisse.

134. Hechter, M, & Knataws, Satoshi. 1997. Sociological Rational Choice Theory. *Annual Review of Sociology*, 23, 191 – 214.

135. McCarthy and Wolfson. 1988. "Exploring Sources of Rapid Social Movement Growth: The Role of Organizational Form, Consensus Support, and Elements of the American State." Paper presented at the workshop on Frontiers in Social Movement Theory, Ann Arbor, June: 26.

136. Baker, WayneE. 1986. "Three-dimensiona block model Journal of Mathematical Sociology," 12: 191 – 223.

137. Barnes. 1954. Class and committeesina Norwegianlandparish. HumanRelation, 39 – 58.

138. McCarthy. 1978. "Resource Mobilization and Social Movements: A Partial Theory." *American Journal of Sociology* 82: 1212 – 41.

139. Firedman and McAdam. 1992. "Collective Identity and Activism: Networks, Choices, and the Life of a Social Movement." 161 –70.

140. Mann, Michael. 1993. The Sources of Social Power, vol. 2: The Rise of Classes and Nation-States, 1760 – 1914. Combridge University Press.

141. Melucci, Alberto. 1989. Nomads of the Present: Social Movements and Individual Needs in Contemporary Society. Philadelphia: Temple University Press.

142. Tilly, Charles. 1978. From Mobilization to Revolution. Reading, Mass. : Addison-Wesley.

143. Hirschman, A. O. 1970. Exit, Voice and Loyalty. Cambridge, Mass. : Harvard University Press.

144. Debra Friedman, and Toshio Yamagishi. 1985. "Explaining Variations in Free-Riding Behavior." Newbury Park, Calif. : Sage.

145. Festinger, Leon. 1954. "A Theory of Social Comparison Processes."

*Human Relations*7: 117 – 49.

146. Di Giacomo, J. P. 1980. "Intergroup Alliances and Rejections with a Protest Movement: Analysis of Social Representations." *Europan Journal of Social Psychology* 10: 309 – 22.

147. Gamson, William A. 1989a. The Strategy of Social Protest. 2d ed. Belmont, Calif. : Wadsworth.

148. Gamson and Modigliani, 1989. " Media Disourse and Public Opinion on Nuclear Power." *American Journal of Socliology* 95: 1 – 38.

149. Calhoun, Craig. 1988. "The Redicalism of Tradition and the Question of Class Struggle," in Michael Taylor, ed. , Rationality and Revolatuion. New York: Cambridge University Press.

150. Pinard, Maurice. 1975. The Rise of a Third Party: A Study in Crisis Politics. Montreal: McGill-Queen's Press. : 181 – 219.

151. Useem, Bert. 1980. " Solidarity Model, Breakdown model, and the Boston Anti-busing Movement." *American Sociological Review*45: 357 – 369.

152. Barry Wellman, 1983. "Network Analysis: Some Basic Principles," *Sociological Theory*, 55 – 57.

153. H. L. Smith and L. M. Krueger, 1933. "A Brief Summary of Literature on Leader-ship," Bulletin of the School of Education (Indiana University), vol. 9, no, 4.

154. D. W. Johnson and F. P. Johnson. 1991. Joining Together-Group Skill. Englewood Cliffs, NJ: Prentice-Hall.

155. George Simmel. 1956. Conflict and the Web of Group Affiliation, trans. K. H. Woft, Glencoe, IL: Free Press.

156. Ralf Dahrendorf. 1958. "Toward a Theory of Social Conflict," Journal of Conflict Resolution2: 170 – 183.

157. Theodore D. Kemper and Randal Collins. 1990. "Dimensions of Microinteractionism," *American Journal of Sociology*96: 32 – 68.

158. B. S. Jahnson. 1984. Theory and Practice of Social welfare Policy:

Analysis, Processes, and Current Issues. California: Wadsworth. p. 8.

159. W. Kimmel. 1983. "Needs Assessment: A Critical Prespective," in Readings in Community Organization Practice, edited by R. M. Kramer and H. Speckt (3rd edition); New Jersey: Prentice-Hall: 289 - 304.

160. D. N. Thomas, 1983. The Making of Community Work. London: George Allen and Unwin: 89 - 108.

161. Dorssemont, Filip. 2003. "The legal status of representative trade unions: On the complicated relation between the legal status of trade unions and the right to collective action" Dissertation Abstracts International, Volume: 62 - 07, Section: A, page: 2545. ; Promoter: M. Rigaux.

162. Halmo, David Brian. 2004. "Culture, corporation and collective action: The Department of Energy's American Indian consultation program on the Nevada Test Site in political ecological perspective" Dissertation Abstracts International, Volume: 62 - 06, Section: A, page: 2154.

163. Bosco, Fernando Javier. 2001. "The spatiality of collective action: Flexible networks and symbolic performances among the Madres de Plaza de Mayo in Argentina". Dissertation Abstracts International, Volume: 63 - 07, Section: A, page: 2651.

164. Gugerty, Mary Kay. 1999. "Savings, sanctions, and support: Essays on collective action and community organizations in Kenya." Dissertation Abstracts International, Volume: 62 - 04, Section: A, page: 1580

165. Basu, Rajashree Ranu. 2002. "The geography of neighbourhood-based collective action: A Flyvbjergian perspective on school closings in Toronto (Bent Flyvbjerg, Ontario).", Dissertation Abstracts International, Volume: 63 - 12, Section: A, page: 4420.

166. Fitzgerald, Scott Thomas. 1986. "Cooperative collective action:

Faith-based community development organizations and the state", Dissertation Abstracts International, Volume: 64 - 07.

167. Singleton, Sara Gail. 2003. "Commons problems, collective action and efficiency: The evolution of institutions of co-management in Pacific Northwest tribal fisheries", Dissertation Abstracts International, Volume: 55 - 09.

168. Brennan, William Joseph. 2001. "Overcoming transaction cost impediments to resolving the dilemma of collective action in the New England fisheries. ", Dissertation Abstracts International, Volume: 63 - 06.

169. Jones, Rise Dawn. 1995. "Collective action frames and community organizations: Factors affecting identity, injustice, and agency" .

170. Leon Festinger. 1953. "Group Attraction and Membership", in Group Dynamics, ed. Dorwin Cartwright and Alvin Zander (Evanston, III. : Row, Peterson,) . p. 93.

171. Myra Marx Ferree. 1985. "Mobilization and Meaning: Toward an Intergration of Social Psychological and Resource Perspectives on Social Movements. " *Sociological Inquiry*55: 38 - 51.

172. Gould, Roger V. 1991. "Multiple Networks and Mobilization in the Paris Commune, 1871. " *American Sociological Review*56: 716 -729.

173. Zhao, Dingxin. 2001. "The Power of Tiananmen: State-Society Relations and the 1989 Beijing Student Movement. " The University of Chicago Press.

174. Burt, RonaldS. 1980. "ModelsofNetworkStructure", Annual Review of Sociology, 6: 79 - 141.

175. Granovetter, Mark. 1974. Gettinga Job: A Study of Contacts and Careers, Cambridge, MA: Harvard University Press.

176. Krackhardt, D. 1992, "The Strength of Strong Ties. " In Nohria, R. & Robert Eccles (eds.) Networks and Organization, Cam-

bridge, MA. Harvard Business School Press.

177. Granovetter, Mark. 1982. "The Strength of Weak Ties: A Network Theory Revisited. " in Marsden, P. V. & N. Lin (eds.) Social Structure and Network Analysis, Beverly Hills: Sage.

178. Randall Collins. 1981. "On The Micro-Foundation of Macro-Sociology," *American Journal of Sociology* 86: 984 – 1014.

179. Argyle, M1, & Dean. 1965. "Eye contact, distance, and affiliation1 Sociometry," 28, 289 – 304.

180. Deaux, K1, & Wrightsman. 1984. "Social Psychology in the 80" California: Wadsworth Inc1, 1.

181. Hall. 1959. "The Silent Language" New York: Doubleday.

致　谢

　　我的博士学位论文终于完成了，三年下来，由于本人才疏学浅，我为这篇论文付出了从未有过的艰辛。同时，还有其他很多师友、亲人和社会人士为我的论文作出了巨大贡献，我的论文凝聚着他们的心血。

　　感谢我的导师罗观翠教授。三年来，罗老师在生活、学习、工作中给予了我无微不至的关怀。我的博士论文，从选题、构思、写作到修改，每个环节都有罗老师的耐心指导。在论文写作期间，我不知陷入多少次的苦闷彷徨，但每次经过罗老师指点，往往如拨云见日，令我茅塞顿开。三年下来，罗老师深切的人文关怀、敏锐的学术思维、严谨的学术作风以及宽广的学术视野，都给我留下终生难忘的印象。可以说，我的博士论文，没有我导师的循循善诱、谆谆教诲，是不可能完成的。

　　感谢广州市前进街街道办事处书记曾伟宇同志，在论文写作过程中，我有幸遇到了曾伟宇同志，他从事多年的街道工作、熟悉社区事务、热衷社区体制的改革探索，他为我申请课题、进入社区调查提供了大力支持和论文构思写作提供了富有见地的意见和建议。

　　我要感谢在攻博期间给我传授知识和提供帮助的老师。李伟民教授一直关注我的论文，他给我的论文提出了许多宝贵的意见，论文初稿完成之后，李老师从头至尾仔细阅读，还做了认真的批注；在论文开题报告中，王宁教授、刘林平教授以及贺立平副教授提出了许多启发性和建设性的意见；在论文预答辩中，王宁教授、刘祖云教授、李伟民教授和景怀斌教授给我提出许多宝贵的修改意见；香港城市大学的李炳伟博士在我论文写作过程中，为我在文献收集和论文写作过程中提供了难得的帮助。这些建议和帮助，对我的论文写作产生了巨大的助益。

在资料收集过程中，我得到了许多社会人士的热心帮助，广州市天河区民政局曾伟宇局长为了收集社区管理方面的法律政策提供了协助，天河区华标社区的居委会干部为我对新型社区进行实地考察提供了生活上的便利，中海康城的业主谷正中先生从百忙中抽出时间配合和协助我对小区的维权进行调查。

我要感谢我的同窗好友，读博期间，我在生活上学习上都得到了郑卫东、吴军民、李怀、徐建牛、戴利朝和叶崖剑同学的鼓励、指导、支持。能有幸和他们同窗共读，是我一生莫大的荣幸。

我要感谢我的许多师弟师妹，他们在我迷茫的时候给了我无私的支持和鼓励，在我论文写作过程中又真诚地提出一些宝贵的建议。他们是钟莹、李颖奕、行红芳、顾江霞、蔡前等等，这里要特别提出感谢的是李颖奕师妹，我论文中的一个案例就是李颖奕所居住的小区，在我进驻这个小区进行实地考察的过程中，李颖奕不辞劳苦，为方便我观察和访谈，特地为我在小区借到好友的住房、为我疏通各种关系、为我提供餐饮的便利。

最后，我要感谢我的爱人和我的家人，我爱人在我最艰难的攻博期间，在生活上给予我无微不至的关怀，在精神上亦给了我大力的支持。我的家人尽管不在我的身边，但他们一直在默默地关注我的健康、生活和学业。

在论文写作期间，为我提供帮助的人远远不止这些，由于篇幅有限，在这里我只能提及其中的一部分。值此毕业分别之际，让我向所有为我提供帮助的人们深深的一鞠躬。

原创性声明

本人郑重声明：所呈交的学位论文，是本人在导师的指导下，独立进行研究工作所取得的成果。除文中已经注明引用的内容之外，本论文不包含其他个人或集体已经发表或撰写过的作品成果。对本文的研究做出重要贡献的个人或集体，均在文中以明确方式标明。本人完全意识到本声明的法律结果由本人承担。

学位论文作者签名：曾鹏

2006 年 6 月 1 日

社会科学文献出版社网站
www.ssap.com.cn

1. 查询最新图书　　2. 分类查询各学科图书
3. 查询新闻发布会、学术研讨会的相关消息
4. 注册会员，网上购书

　　本社网站是一个交流的平台，"读者俱乐部"、"书评书摘"、"论坛"、"在线咨询"等为广大读者、媒体、经销商、作者提供了最充分的交流空间。

　　"读者俱乐部"实行会员制管理，不同级别会员享受不同的购书优惠（最低 7.5 折），会员购书同时还享受积分赠送、购书免邮费等待遇。"读者俱乐部"将不定期从注册的会员或者反馈信息的读者中抽出一部分幸运读者，免费赠送我社出版的新书或者光盘数据库等产品。

　　"在线商城"的商品覆盖图书、软件、数据库、点卡等多种形式，为读者提供最权威、最全面的产品出版资讯。商城将不定期推出部分特惠产品。

咨询 / 邮购电话：010-65285539　　　邮箱：duzhe@ssap.cn
网站支持（销售）联系电话：010-65269967　　QQ：168316188　　邮箱：service@ssap.cn
邮购地址：北京市东城区先晓胡同 10 号　社科文献出版社市场部　邮编：100005
银行户名：社会科学文献出版社发行部　　开户银行：工商银行北京东四南支行　　账号：0200001009066109151

·中山大学社会工作实务系列·

社区网络与集体行动

主　　编／罗观翠

著　　者／曾　鹏

出 版 人／谢寿光
总 编 辑／邹东涛
出 版 者／社会科学文献出版社
地　　址／北京市东城区先晓胡同 10 号
邮政编码／100005
网　　址／http：//www. ssap. com. cn
网站支持／(010) 65269967
责任部门／财经与管理图书事业部 (010) 65286768
电子信箱／caijingbu@ ssap. cn
项目负责／周　丽
责任编辑／孙振远　屠敏珠
责任校对／杜明月
责任印制／盖永东

总 经 销／社会科学文献出版社发行部
　　　　　　(010) 65139961　65139963
经　　销／各地书店
读者服务／市场部 (010) 65285539
排　　版／北京步步赢图文制作中心
印　　刷／北京智力达印刷有限公司

开　　本／787×1092 毫米　1/20
印　　张／16.5
字　　数／270 千字
版　　次／2008 年 3 月第 1 版
印　　次／2008 年 3 月第 1 次印刷

书　　号／ISBN 978 - 7 - 5097 - 0065 - 5/D·0027
定　　价／39.00 元

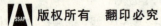